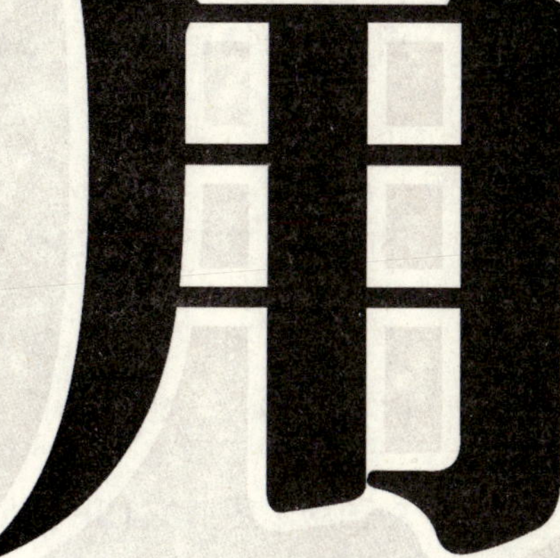

用人【三十六计】

YONG REN SAN SHI LIU JI

知人善任恰到好处的有效指南

善用人者，能够把人才放在最合适的位置上，最大程度地发挥其才能。而不善用人者，身边有人才不知道提拔，提拔了而不知道重用，结果只能是造成人才流失，坐失天下。

闻君 陈小春◎编著

用人准则

有德少才者可以放心使用
有才少德者可以谨慎使用
德才兼备者大可使用
无德无才者一律不用

时事出版社

图书在版编目（CIP）数据

用人三十六计/闻君、陈小春编著. —北京：时事出版社，2006

ISBN 7－80232－029－1

Ⅰ. 用… Ⅱ. ①闻… ②陈… Ⅲ. 人才管理学-通俗读物 Ⅳ. C962－49

中国版本图书馆 CIP 数据核字（2006）第 112390 号

出版发行：时事出版社
地　　址：北京市海淀区万寿寺甲 2 号
邮　　编：100081
发行热线：(010) 88547590　88547591
读者服务部：(010) 88547595
传　　真：(010) 68418647
电子邮箱：shishichubanshe@sina.com
网　　址：www.sspublish.net
印　　刷：北京雨田海润印刷有限公司

开本：787×1092　1/16　印张：20　字数：340 千字
2006 年 11 月第 1 版　2006 年 11 月第 1 次印刷
定价：35.00 元

前言

100 多年前，美国钢铁大王安德鲁·卡内基曾说：“带走我的员工，把工厂留下，不久后，工厂就会长满野草；拿走我的工厂，把我的员工留下，不久后我们就会有更好的工厂！”比尔·盖茨说得更为明确：“谁要是能挖走微软最重要的几十名员工，微软就完了。”而在德勤国际咨询公司近几年对全球 200 家成长最快的公司进行的跟踪调查中，曾有这样一个题目：让雇主和总裁们夜不成眠的事情是什么？调查结果显示，让雇主和总裁们夜不成眠的事情，排在最前面的三项依次是：如何吸引高素质的人才？如何留住主要雇员？如何开发现有员工的技能？

这些巨额财富的创造者都把目光不约而同地投向了聚集高素质人才、使用人才、开发人才资源上面，一句话，也就是怎样才能更好地使用人才？不单是“英雄所见略同”，也因为“惺惺惜惺惺，英雄重英雄”。

通用公司第 7 任 CEO 雷吉·琼斯，整整用了 7 年时间才挑选了杰克·韦尔奇，这一选择被称为通用公司发展史上最成功的决策。而当韦尔奇就任通用电气集团 CEO 时，公司机构臃肿、等级森严、反应迟钝，每年都有着巨额的亏损，韦尔奇上任以后，大刀阔斧地对企业内部进行了一番彻底的改造，使得这家以传统产业为主的百年老公司，焕发出了全新的光彩，使公司走上了“中兴”富强之路。在 1981—2001 年，韦尔奇任职的 20 年间，通用电气一直保持着两位数的增长，连续多年名列《财富》全球 500 强前列，并一度荣登全球第二的宝座。

而早在 1912 年，“钢铁大王”安德鲁·卡内基就以年薪 100 万美元聘请夏布先生出任新成立的“美国钢铁公司”第 1 任总裁，而夏布先生也不负所望，上任第一天就使其钢铁公司每班产量提高 15%左右，从每班产 6 吨升为 7 吨。一个月后，在同等的设备、人力和物力投入的情况下，产量成倍增加。卡内基的钢铁公司自从夏布任总裁后，迅速扭亏为盈，并获得惊人的利润，而没学过钢铁知识的卡内基也因而被推上了“钢铁大王”的宝座。

这些实例不必多举，它们都在向世人昭告一个道理：得人才者得天下，失人才者失天下。在高科技迅速发展的现代经济社会，人才是一个企业最重要的战略资源，是企业价值的主要创造者；企业里最值钱的已不是有形资产，而是无形的人力资本。传统经济往往是资本控制人才，人才追逐资本，而现代经济则是人才控制资本，资本追逐人才。人才不仅是资源，更是一种资本。因此，如何聚集更多的高素质人才，加大对人才的投入，更好地发挥员工的才能，其实质都是一种引资增资的投资行为，都能够产生出更多更大的回报。

人力资源的使用应包括两层含义：一是指充分发挥现有人才的作用，包括准确地选拔人才、合理地使用人才、科学地管理人才；二是指开发潜在人才、培养和造就未来人才。管理者在使用这些人才的同时，也应重视对这些人才的开发管理。一方面，领导者要善于知人善任，善于培育人才、爱护人才，如唐代韩愈《与袁相公书》中所云“不忍奇宝横弃道侧”；另一方面，是“贤士择主而从”，是人才走到哪里都是人才，这就要求领导者善于识才求才，且能够以身作则，有着尊贤重士、宽容大度之心胸。善用人者，能够把人才放在最合适的位置上，尽可能地使其各安其职，才能最大程度地发挥其才能，其结果，“勇者能竭其力，智者能尽其得，仁者能援其惠，德者能效其忠”。而不善用人者，身边有人才不知道提拔，提拔了而不知道重用，结果只能是造成人才流失，坐失天下。领导者、用人者能不知不诫乎？

本书用朴实流畅的语言，以传统《三十六计》的体例形式，有理有据地把“用人之术”、“用人之道”这个从古至今社会上都无处不在的学问，进行了比较全面、透切的分析。因此，我们相信，不管是领导者、用人者，还是有才华、有抱负的年轻人，只要翻阅本书均可从中获得有益的借鉴和启示，以促进自己的工作、事业，提升自己的人生境界。

目　录

第一套　求才计

第二套 集权计

第三套 授权计

第四套 育才计

第五套　容才计

人

第一套 求才人计

第一计　筑巢引凤

古语云"良禽择木而栖，贤士择主而从"，在聚集人才时，英明的领导人须有一定的心胸和才能，善于用才，并为人才的到来提供良好的栖身之所，为其才能的发挥提供广阔的舞台。这样，有才能的人士在此处能拥有安身立命之所，能得到发挥才能、建立功业的机会，同心同德，共谋大业，同奔前程。

黄金台招贤

《战国策·燕策一》记载：当年燕国与齐国有仇，齐缗王曾趁燕国内乱，命大将匡章率兵十万攻燕，占领燕地三千余里，把燕国的大半领土据为己有，从此结下了宿怨。燕太子平继位以后，称昭王。燕昭王一心励精图治，招揽天下人才，以重建家园，并报齐国侵燕之仇。可是世人认为燕昭王不过是叶公好龙，图求虚名而已。不是真的求贤若渴，于是，燕昭王始终得不到治国安邦的大才，终日闷闷不乐。一日他去向老臣郭隗请教。

郭隗回道："成就帝业的人与老师相处，成就王业的人与朋友相处，成就霸业的人与群臣相处，而亡国之君只能同仆役小人相处。屈己之意以侍奉贤者，恭敬地接受教导，那么超过自己才能百倍的人才就来了。奔走在人前，休息在人后，多多向贤者提问求教，那么超过自己才能十倍人的人才就来了。见面时他人有礼貌地快步迎上来，自己也就有礼貌地快步迎上去，那么和自己能力差不多的人才就来了。依着几案拿着手杖，斜眼瞧人，随意指使，那么其身边多的只是服杂役的仆人了。而如果对人狂暴凶狠，任意打骂践踏，那么就只有刑徒和奴隶在他身边了。这就是古时实行正道求得人才的方法。大王只要广泛选取贤者，登门拜见，虚心求教，让天下人都知道大王登门拜见贤者的事情，那么天下有才能的士人必定会迅速到燕国来。"

燕王点头称善，接着询问该拜访谁呢。郭隗便讲述了这样一个故事。

说是有一位国君愿意出千两黄金购买千里马，然而三年过去了，却始终没有买到。这时宫中一位涓人（洒扫清洁宫廷的人）请求愿去购买千里马。三个月后，发现了一匹千里马时，那匹马已经死了。涓人便用五百两黄金买回了那匹死马的头颅。国君生气地说："我要的是活马，你怎么花这么多钱弄一匹死马来呢?"涓人说："一匹死马尚且花了五百两黄金买它，何况活马呢？天下必定以为大王是能出高价买马的人。千里马很快就会被人送过来了。"果然，没到一年，就多次有人送来了千里马。"现在大王果真想要招揽贤士，就请先从我郭隗开始；如果像我郭隗这种才疏学浅的人士都能被国君厚待，那么，那些比我本事更强的贤者，又怎会以千里路远而不来呢?"

燕昭王采纳了郭隗的建议，拜老臣郭隗为师，为他建造了一栋华丽的住宅；同时，又在燕国的都城之外，易水的东南筑起一座高台，名"招贤台"，台上存放黄金，以馈赠四方贤士，故而又称黄金台。

黄金台一立，燕昭王爱才重贤的名声就更广为传播了。于是，齐国阴阳学派的哲学家邹衍从齐国游说至燕，昭王用衣袖裹着扫把一边退走一边扫地接待他，表示尊敬，又坐弟子之位请求授业，为邹衍筑碣石室；乐毅从魏国来，燕昭王与他几次深入交谈之后，深服其才能，便任他为亚卿；将才剧辛由赵国而来。一时间形成了"士争凑燕"的局面，落后的燕国一下子便人才济济了。燕昭王采纳乐毅论功授爵授禄的政治制度，并改革吏制，设相国和将军，分掌政治、军事大权；全国郡守和县令都由燕王任命；并制定严酷的刑法。燕昭王也去悼念死者，慰问活着的人，与老百姓同甘共苦。从此以后，一个内乱外祸、满目疮痍的弱国，日益强盛起来。

燕昭王看到齐缗王骄横自大，不得人心，而自己国家的军队在乐毅的整顿操练下实力大大增强了，就觉得报仇雪恨的时机到了，打算举全国之兵伐齐。乐毅建议燕昭王派人联合秦、楚、韩、赵、魏五个诸侯国。诸侯国也看不惯齐国的霸道，答应共同伐齐。燕昭王二十八年(公元前284年)，燕昭王拜乐毅为上将军，统率五国兵马，浩浩荡荡杀奔齐国。联军与齐军激战于济西。齐军大败，乐毅率燕军乘胜长驱直入，攻克齐国72城，并攻下了它的都城临淄。燕军烧了齐都宫庙宗室，将珍宝巨财抢掠一空。燕昭王封乐毅为昌国君。燕国至此达到鼎盛时期。

战国时期是我国历史上的大变革时代，各诸侯国纷纷实行人才战略，其中燕昭王招贤纳士，富国强兵，使燕国迅速崛起，令当时各国刮目相

看，并于 28 年后击败了齐国，报仇雪恨了。燕昭王的成功，无论在当世还是在后世，都产生了很大影响。

燕昭王黄金台招贤的故事一直作为求贤、招贤的典型事例，为世人所传颂。面对黄金台，一代又一代怀才不遇的士子都发出了向往“明主贤君”愿望，如陈子昂发出了“前不见来者”的悲歌，李白也有着“昭王安在哉”的慨叹。如今，在燕国都城遗址中，位于今易县县城东南的黄金台遗迹，永远昭示着人们——得人才者得天下，失人才者失天下。

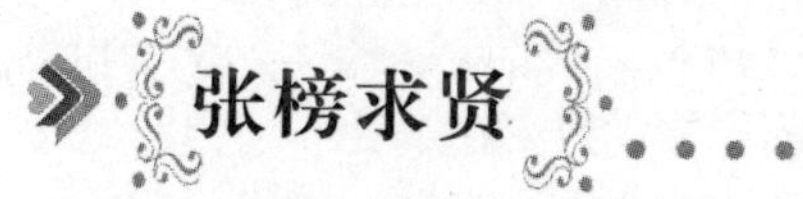

张榜求贤

当袁绍被推为各路英雄的盟主，与众英雄一同起兵讨伐董卓时，袁绍曾忧虑地问曹操：“如果我们举事不成功，将来到哪里去栖身呢?”

“您的意见呢?”曹操反问道。

“我想南面据守黄河天壑，北面凭仗燕的势力，还有戎狄的将士支持我，向南争夺天下，必定成功。”袁绍胸有成竹地说。

曹操却这样回答：“我依靠天下贤才的智慧和力量，用圣贤之道加以治理，这样就能无往而不胜。”

虽然还是早年，曹操一语便已透露出他对“得人才者得天下”之道的深刻认识。自古以来，赢得天下者，不在山河之固，而在得民心得人才。事实的发展也证实了这一点。袁绍虽有雄厚的兵力和优越的地理环境，却最后以失败告终；而曹操因为重视天下贤才，周围聚集了大批文臣武将，因此能够南征北战，无往不胜，奠定了曹魏一方天下。

当然，曹操的身边之所以能够聚集大批的文臣武将，是与曹操善于招贤用人的政策密切相关的。

东汉建安十二年（公元 207 年）春天，曹操回到邺城，召集文武百官，说：“从我起兵讨伐叛乱以来，到现在已经有十九个年头了。我每战必胜，这难道是我个人的功劳吗？当然不是的。这是各位贤能的文武官员献策出力的结果。眼下天下还没有完全平定，我要和大家一起继续努力。虽然平定天下有功，但这些功劳让我一个人来承受，我感到很惭愧。现在我要给大家评定功劳，论功行赏。”

于是，曹操大封有功之臣二十多人为列侯，其余的也按功劳大小依次受封。他还免除了战死将士子女的赋税劳役。文武百官为主帅不贪功为己有的作法深为感动，对曹操更加忠贞不二。

在长年的征战中，曹操对人才有了更深层的认识，遂于建安十五年春发布《求贤令》，第一次大胆提出惟才是举，并说："自古以来开国和中兴的君主，有哪一位不是得到有才能的人和他共同治理天下的呢？得不到人才就得不到天下。而君主得到有才能的人，往往不出里巷，这难道是侥幸碰上的吗？有人说现在很难找到人才，我认为不是人才难找，而是当政的人不去找。现在天下还没有完全平定，这正是求贤的时候。每一个人都要举荐那些地位低下的贤能之士，惟才是举，为国家的发展做贡献。"

同年冬天，曹操又命人在临漳县西修建铜雀台。铜雀台高十丈，有屋一百间，铸一只高一丈五尺的大铜雀放在楼顶，冀以招贤纳士。至此，天下有才能的人，纷纷投至曹操麾下，大展鸿图。而曹魏因有众多文臣为之出谋划策，武将为之效忠出力，国势一日比一日强盛，最终削弱、灭亡了蜀汉、孙吴政权。

能聚才者，本人须有一定的心胸和才能，善于用才，并为人才的到来提供良好的栖身之所，为其才能的发挥提供广阔的舞台。这样，有才能的人士在此处能拥有安身立命之所，得到发挥才能、建立功业的机会，同心同德，共谋大业，同奔前程。

用

修建自己的码头

2000 年美国《福布斯》杂志将吉利集团的董事长李书福列为大陆 50 富豪榜第 32 位，2001 年再列第 49 位。李书福出生在浙江台州一个农民家庭，四兄弟中排行第三，高中毕业开始做非常不起眼的小生意——开照相馆，他是怎么从再普通不过的小生意脱颖而出，成为亿万富翁的呢？

除了胆大过人，好与人竞争外，李书福的成功，恐怕要归功于他善于修建自己的码头，筑巢引凤，最大限度地利用人才了。

在招人用人方面，李书福认为用人不能用管的办法，毕竟你管得住人，却管不住心；人才要靠吸引，靠企业的魅力去吸引，靠企业为人才所能提供的良好生活条件，以及发挥的舞台。总之，也就是企业要修建好自己坚固的"码头"，让人才之"舟"安稳停泊，船来船往。

1994 年，李书福计划开发豪华型踏板式摩托车。初创期，资金紧缺，厂房未造，技术人员没来，李书福却划出 41 亩土地，投资 4000 多万元，

大张旗鼓地建造专家楼和职工宿舍。他还建立职工食堂，让几千名职工免费就餐。当时许多人都以为他这一举措有些荒唐。

实践证明，这一招“筑巢引凤”非常有效。人的本性是逐利的，人才也不例外，实惠引来了四川、安徽、江西等十多个其他省市的工程技术人员，他们一过来便落户于此，有了安心舒适的家。这些专家楼和职工宿舍，安置了 2500 多人。这一支有生力量，为李书福打拼出今日的天下立下了汗马功劳。

李书福还投资上亿元办大学。他这么做的目的，便是办一个专门生产人才的特殊“车间”，为明天培训企业优秀人才。而李书福办大学之举也非一时之功。从最早于 1993 年控股创办的职业技术学校，到捐资 1000 万元，与浙江工大联办吉利学院和吉利工业研究院，再到浙江经济管理专修学院，都是李书福坚定修建自己的码头的一贯思路。

李书福还通过合资的形式，投巨资，在北京办了一所国际性、开放性的高等学府——吉利大学，为吉利企业，也为社会培养优秀人才。

修建自己的码头，引得周围的“舟船”前来停靠接运，让他人自动前来为自己服务，舟船熙攘，船来船往。李书福建造专家楼和职工宿舍、食堂，办大学的举措，打动了无数人才的心，他们纷纷前来效力，为吉利集团的共同前程，发挥出各自的力量。

在今日这个创业的时代，许多成功人士，都是先成立自己的企业，举起创业的大旗，筑巢引凤，让优秀人才为自己服务，开拓创业，同举创业的大旗；并在创业发展中继续追加投资，扩大规模，进一步聚集天下更为优秀的人才，共创企业的繁荣。

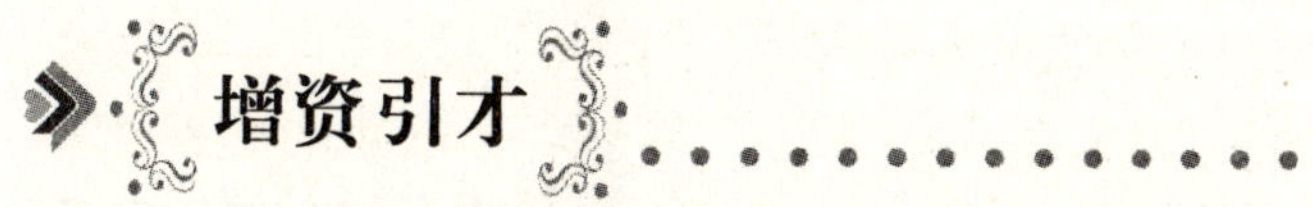

增资引才

楼忠福初任东阳三建公司经理时，公司状况十分糟糕，令人担忧。东阳三建公司虽然是一个建筑公司，但却没有一个合格的工程师，上千人动工的上百万资金的重大工程，竟还是凭着瓦刀木刨的老经验。同时，公司的施工设备也十分简陋匮乏，最先进的也就是几台卷扬机，公司固定资产总值不足 80 万，连建造一幢六层楼的宿舍都不容易。

设备简陋、人才缺乏，这两条严重的缺陷极大地束缚了公司的发展。楼忠福十分明白，公司要想有所发展，就必须改变设备、人才这两方面的局面。而怎样才能取得巨大的突破呢？

要在设备、人才这两个方面投资，可不是一笔小数目，以东阳三建目前的实力，简直是难以想象。唯一的办法，就是靠高额贷款。可是如此一来，到时候还不了贷款怎么办？自己倾家荡产怕也不济事。要是国营企业，冒些风险怎么样也还能拖过去，而自己不过是一个承包者而已，干吗要冒负债累累的风险呢？

可是楼忠福就是敢于靠贷款来增强公司的实力，而且对于设备投资，一定位就是160万元，相当于当时公司固定资产的2倍。因为他深信：只要突破了这个资金瓶颈，添置改造了公司的设备，打好了公司坚实的基础，就不愁引不来优秀的人才，而有了良好的设备、优秀的人才，企业上了等级、上了规模，就不愁还不起用于投资的贷款。

当时正处于国民经济调整时期，要谋求到这样一笔高额贷款，其困难是可想而知。为此，楼忠福带领几员干将，东奔西走，马不停蹄，动用所有的资源筹集资金。不仅如此，他还要承受来自公司内部的压力，因为风险巨大，谁都会感到压力，甚至还有人认为他这是在乱搞，将公司往泥潭里推。

在楼忠福等人的辗转奔波下，160万元的资金终于到位了，塔吊、搅拌机、沙浆机、汽车及其他设备陆续添置进来，公司形象焕然一新。接下来，就是引进高水平的人才，提高建筑队伍的整体素质，提高企业的生产能力。

公司形象大改，实力大增之后，便为人才的发挥搭好了宽广的舞台，如此，招纳优秀人才便是水到渠成之事了。在公司大张旗鼓地吸聚人才的举措下，各地优秀人才纷纷而来。招聘人员在选择人选时也能够底气十足，高标准高要求地挑选自己需要的优秀人才。

楼忠福以长远的战略眼光，为公司打下良好的基础。继第一年高额投资之后，此后的五年，也就是楼忠福的第一个承包期，楼忠福每年都要拿出100万元用于添置和改造设备，使公司拥有塔吊、搅拌机、沙浆机、汽车及其他机械设备达840台，固定资产总值增加至1200万元，完全能适应大跨度、高层次的建筑施工。

为了网罗各类精英人才，楼忠福除了在公司内部的管理、财务等部门引进了许多优秀人才之外，还在工程技术人才方面来了一个巨大的突破，设法协调各方面的关系，成立了浙江省建筑设计院广厦分院。这个设计分院集中了许多建筑界的精英，其中拥有高级工程师2名，一级建筑师和工

程师以及各类技术人员数十人。

在楼忠福的领导下，公司通过大胆的贷款投资，添置和改造设备，筑巢引凤，进一步引进一大批优秀人才，促成了公司实力从量到质的巨大转变，从而使公司得到了长足的发展。楼忠福敢于冒险的大胆举措，也为他自己带来了巨大的声誉和财富，终于在2001年跻身于《福布斯》中国大陆富豪榜之列。

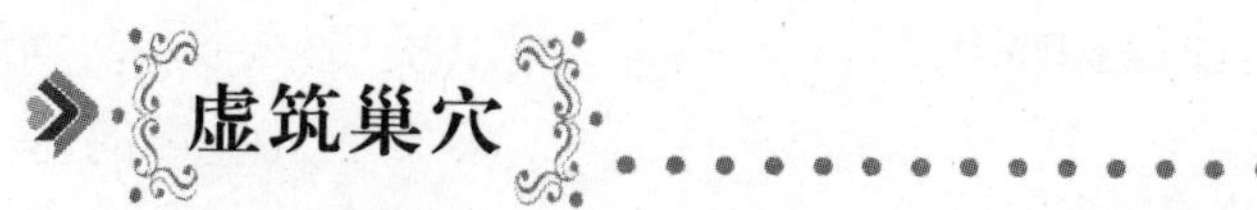

虚筑巢穴

哈佛商学院沃尔特·屈默勒副教授提到了两个年轻的创业者创办邮购公司的故事。

这是发生在20世纪90年代后期的事情。当时，这两位年轻人已经从一家风险投资公司那里获得了种子资金，他们需要迅速招募一支由20多人组成的经验丰富的营销团队，以编制首份邮购产品目录。这两位创业者当时还没有租办公室，他们的办公场所就在卧室外面，仅有的办公设备也就是每人一部手机和一台电脑。当时的劳动力紧缺，难以招聘到优秀人才，为了公司的成长壮大，他们必须招募到优秀的营销人才，这对魄力十足的创业者灵机一动，决定编造两个无恶意的谎言。

首先，他们在本国一份主要的商业报纸上登了一个引人注目的广告，将自己的公司描述成一家“迅速成长的跨国企业”。这一描述并非完全真实，但也不算完全虚假。因为这两位创业者解释说，他们确实有将公司业务扩展到该地区另外两个国家的计划。这则广告没有白做，一下子就吸引了1000多人来应聘。

接下来是面试。总不能让这一大批面试者就在自己的卧室外面面试吧。于是，揣着应聘者的个人简历，两位创业者又在当地的四季酒店租了一天的豪华套房，对经过初选的应聘者进行了面试。两位创业者当天的“假戏真做”进一步增强了公司的吸引力，由此吸引了优秀的人才，使得公司向成功又迈进了一步。到2001年，该公司的正式员工已经有600名，并且真的成为一家成长迅速的跨国企业。

创业初期，创业者都会遇到各种各样的困境。几乎创业生活的各方面都会有这样那样的问题出现，像是创业资金极为有限，公司设备简陋，不成规模，也因此吸引不了优秀的人才，在这种情况下，如果一味地墨守成规，照章办事，那只能是此路不通，死路一条。这时候就需要创业者大胆地突破成规，灵活地运用一些巧妙的游戏规则，借此突破创业的瓶颈，打通创业之路。例中的两位年轻人很清楚，除非能让外界认为他们是一家成熟的公司，否则优秀的人才是懒得费力劳神来参加面试的。然而，依他们的条件，他们是无法先“筑巢”再行“引凤”的。因此，他们便大胆地突破成规，一边“筑巢”，架构舞台，勾画宏伟蓝图，一边以此招徕人才，共同“筑巢”，同举创业大旗。当然，此举虽然有很大的功效，但同时又需冒很大的风险，创业者切记谨用慎用。

第二计　博求广荐

当今时代，市场竞争激烈，商海喧哗，正是立志有为者大显身手的最好时机。然而，要创立一番事业，单凭一己之力，一个人纵然有三头六臂，样样精通，每日里忙得焦头烂额，事业也难有所大成。因此，如果我们正着手创一番事业，我们就要善于借助他人的力量，广泛纳集贤才，以充分发挥人才的智慧和力量。另一方面，市场竞争激烈至每一个角落，对人才的争夺也演绎成了一场没有硝烟的战争，因此，我们还要博求广荐，并尽可能做到礼贤下士，抢先一步。

李世民夺得天下之后，实行了开科取士制度。有一回，李世民在城楼上望着应试的举人鱼贯而入，豪情、傲情齐发，大笑说："天下英雄尽入吾彀中矣。"想想也是，当初自己带领一帮英雄与天下群雄苦苦厮杀鏖战，出生入死，手下才得多少文臣武将，而今只需开科取士，天下英雄都成了他的猎物，能不得意？——由此也可见博求广荐的力量。

贤人举荐

在招纳人才方面，一个非常简单而又非常有用的办法就是：人才推荐的人选，通常就是人才。虽然不少人才或许有妒才之心，不大情愿推举其他人才，但只要他肯举荐，那么其所推荐的人才必然不差。因为，如果他是真心推荐，自会英雄识英雄；即便不是十分情愿，考虑到对自己的影响，他也会推荐一个上得台面的人才来。

三国时，年轻的鲁肃身材魁梧，好使奇计，学过击剑、骑射，还凭着家中可观的遗产，招聚一批年轻人，管吃管住，在山里讲武习兵，俨然私人部队。此外，鲁肃慷慨大方，在乱世之中常周济穷人，变卖家产，在所不惜，颇受乡人喜爱。因此，周瑜当居巢县长官时，对鲁肃之名也有所耳闻。有一年发生灾荒，粮食紧缺，周瑜便带人前去拜访鲁肃，希望能筹措一些粮食。鲁肃便打开家中仅有的两大仓谷粮，慷慨地让周瑜随便挑上一仓。周瑜非常感动，更加肯定鲁肃绝非等闲之辈。

鲁肃声名远播，袁术听说了，便派人前来招揽。但鲁肃发现袁术治理无术，难以有较大的发展，便带领一百多人，随周瑜南渡长江，另寻发展。

不久，鲁肃的祖母过世，鲁肃回老家办丧事。这时，有朋友写信给

他，劝他投靠一位叫郑宝的人，说是此人以土地肥沃的巢湖为据点，招兵买马，如今已有万余人马。鲁肃听了朋友的介绍，虑及眼下的处境，便答应了。

但周瑜力劝鲁肃，不要投靠郑宝。他引用汉朝马援回汉光帝的一句话来劝鲁肃："当今之世，非但君择臣，臣亦择君。"并向鲁肃推荐明主孙权。当时，孙策已经过世，其弟孙权刚继承大业，正在广招贤士，周瑜还说："我听前代贤哲秘论说，未来承受天命，代替刘家的，一定在东南方。"末了，周瑜说："这是攀龙附凤，大展才华的好机会。"

鲁肃听了周瑜的一番颇有条理的分析，加上周瑜先前已把鲁肃的母亲接到吴地安居，鲁肃没有后顾之忧，因此听从了周瑜的话，前往求见孙权。

见鲁肃有意投奔孙权后，周瑜便在孙权面前极力举荐鲁肃，说是以其才华，应该重用他。

后来，孙权在接见众宾客时，特别留意到鲁肃。尽管此时鲁肃才是个年仅 29 岁的小伙子，孙权一见就很敬重他。待众宾客告退后，孙权请鲁肃单独留下来，与之谈论，终日不倦。一日散朝后，孙权留鲁肃共饮，晚间两人同榻而卧，聊至夜半。鲁肃跟他分析了"汉室不可复兴，曹操不可卒除"的形势，提出了"榻上策"的战略决策，以及"剿除黄祖，进伐刘表"的具体步骤；后来又提出了联刘抗曹的战略方针。再后来，在赤壁之战爆发前，孙权众幕僚几乎是一面倒地认为，曹操太强，应该敞开大门迎接曹操，独有鲁肃坚持抗曹，并且建议把驻守在外的周瑜召回来共商大事，从而取得了赤壁之战的巨大胜利，奠定了三国鼎立的局面。

应该说，孙权能得到鲁肃这种人才，鲁肃能找到孙权这种领导，靠的就是周瑜的举荐。没有周瑜从中穿针引线，鲁肃是难以投奔到孙权的阵营中来的。鲁肃如不遇孙权，其一生固然可能受昏庸之主所累而湮没无闻；而孙权若没能延揽到鲁肃这样的人才，其局势的发展却也难以想象。

唐代韩愈《醉留东野》诗云："吾愿身为云，东野变为龙。"其意为：我情愿化为天上的云，让孟郊先生化为天上的龙。举荐人才者大力扶持新秀，并以所举荐的人才取得的成就为荣耀，这是勇于荐人的最高境界，当也是以举荐优秀人才为己任的伯乐们的肺腑之声。

李嘉诚的人才库

每当提起自己的成功时，华人首富李嘉诚便坦然告知，“良好的处世哲学和用人之道”，这二者是其今日成功的前提。

李嘉诚的处世哲学我们都知道，那就是讲求诚信，善于与人合作等，而为他的事业发展同样立有大功的用人之道却未必为人所尽知。其实，李嘉诚的用人之道同样是大手笔。

“马上打天下，却不能在马上治天下”，一个企业的发展在不同的阶段需要有不同的管理和专业人才。白手起家的李嘉诚，在与一帮创业人员艰苦创业共同努力下，使其长江实业集团发展到一定规模后，像大多数家庭化管理企业一样，面临着企业制度的瓶颈、新老人才的使用问题。不同的是，李嘉诚当时的企业所面临的“人才困境”尤为严重。由于当时社会的综合因素，工人文化水平差，多数人只有小学文化程度，技术管理方面的人员更是奇缺，那些曾和他一起出生入死打天下的元老重臣的知识结构和专业水平，达不到企业发展的要求，面对越来越激烈的商业竞争，要靠这样一支队伍创出佳绩显然是不可能的。

在这种情况下，李嘉诚“壮士断腕”，克服重重阻力，劝退了一批创业之初帮助他一起打江山的忠心苦干的“难兄难弟”，留下了广阔的空间，从而起用了一批年轻有为的技术、管理等方面的专业人员，为集团的发展注入了新鲜血液，并且重新引进了一套现代化管理制度。

在李嘉诚新组建的年轻的高层领导班子里，既有具有杰出金融头脑和非凡分析本领的财务专家，也有经营房地产的“老手”，既有生气勃勃、年轻有为的香港本地人，也有作风严谨、善于谋划运作的国际人才。可以说，李嘉诚之所以能取得如此巨大的成就，他的集团能成为纵横东西的跨国集团，是和他回避了东方式家族化管理模式，大胆起用国际人才分不开的。他起用的那些外国专家，在集团内部管理上把西方先进的企业管理经验带入长江集团，使之在经济的、科学的、高效益的条件下运作；而在集团对外方面，尤其是在西方，这些外国专家不但是李嘉诚接洽收购的先锋，而且是其集团进军西方市场的向导。

当然，不只是企业发展的不同阶段需要大批人才，需要各种不同才能的人，而且在企业发展的同一阶段，也一样需要一批不同才能的人，如此，才能取长补短，更合理、有效地发挥他们的才能。关于这一点，李嘉诚曾形象地说："大部分的人都会有部分长处、部分短处，好像大象食量以斗计，蚂蚁一小勺便足够。所以用人应该各尽所能、各得所需，以量材而用为原则。"因此，在李嘉诚的"智囊团"里既有朝气蓬勃、精明强干的年轻人，又有一批老谋深算的"客卿"。香港商界盛传李嘉诚是左右手与"客卿"并重，其中最令人注目的是精明过人、集律师与会计师于一身的李业广和叱咤股坛的杜辉廉。后者为李嘉诚在股票发行、二级市场上的收购立下了汗马功劳，特别是在 1987 年香港股灾之前，他为李嘉诚的集团成功集资达 100 亿港元。

白手起家的李嘉诚，通过半个世纪不懈的努力和奋斗，从一个普通人成为华人首富，取得了令人瞩目的成就。其中原因，固然与其勤奋和聪明、善于为人处世之道有关，也与其巧妙的用人之道有着十分重要的关系。

网罗高素质人才

在招纳人才方面，微软公司主要依据公司内部员工的推荐来求取人才，特别是当公司进入一个新的市场时；微软有将近 40%的员工是通过这个途径进入公司的。

当开发美国以外的市场时，微软公司宁愿用当地的人，而不愿从总公司派人。因为公司认为只有当地的人，才了解当地的价值观、工作方式、人们如何使用技术、谁是主要的竞争对手等。微软公司分布在世界各地的分公司，从开发软件到许可证发放等业务往来，都依靠电子邮件来完成。微软的所有分公司都遵循同样的领导者评估条例，它包括"管理组织的健康细则"，各地的员工就是通过细则上列出的 19 条标准（例如工作环境是否满意、分公司是否有明确的目标等）来对自己的经理进行评估。这便于比较各个分公司的经理，尽早发现诸如士气低下等问题，并及早纠正。

在就地取才的同时，微软还特别注意网罗高素质人才。微软认为，公司的首要任务就是寻找致力于通过软件的开发来改善人们生活的人才，不管这样的人才生活在何处，公司都要将他们网罗至旗下。对于公司需要的优秀人才，微软公司可谓是不惜重金。而在选人用人机制上，微软建立了一种"宁缺毋滥，人尽其才"的选人用人模式。在选拔人才上，公司尽可能提高门槛，挑选有潜质的高素质人才。比尔·盖茨说："在我的公司里，

我愿意雇用有潜质的人，而不是那些有经验的人。因为从长远来看，一个人的潜质更有价值。如果雇员以加薪或提升作为条件威胁要辞职，那么即使会造成短期的麻烦局面，我也让他们走，因为不受眼前因素左右的雇用政策，将有利于公司长远的发展。”

这一点也体现在公司薪金制度对高素质人才的倾斜上。微软是第一家用股票期权来奖励普通员工的企业。微软公司职员可以拥有公司的股份，并可享受15%的优惠，公司高级专业人员可享受更大幅度的优惠。公司还给任职一年的正式雇员一定的股票买卖特权。因此，微软公司职员的主要经济来源并非薪水，股票升值是主要的收益补偿。微软公司雇员拥有股票的比率比其他任何上市公司都要高，是“低工资高股份”的典范。但公司不给股票持有者股息，持股者回收到的利润纯粹来自于市场价格的攀升。这种不向员工保证提供某种固定收入或福利待遇，而是将员工的收益与其对企业的股权投资相联系，从而将员工个人利益同企业的效益、管理和员工自身的努力等因素结合起来的做法，具有明显的吸引、激励、留住高素质人才的功效。这一点，可以以今日微软拥有数以千计的百万富翁为证。

就地取才，尊重当地的企业文化，以“低工资高股份”的待遇网罗世界各地高素质人才，微软公司推出的这些最吸引人才、最有利于人才发展、最留得住人才的制度，大概也是微软在短短数年内迅速崛起，并成为世界顶尖企业的一大秘诀所在。

寻访将才托重任

美国著名的百货公司萨耶·卢贝克公司的创始人之一——理查德·萨耶是靠做小生意起家的。萨耶虽然也是商场好手，但当他的小生意做到一定规模时，他便自知自己不是商场奇才，难以自如地驾驭规模逐渐扩大的经营。那么，他又是如何将他的小生意做大，成为著名的百货公司的老板呢？那就是，虽然自己是商场上的“中驷”之才，但他属于寻求、使用商场上的“上驷”之才。

萨耶刚开始创业的时候，在明尼苏达州一条铁路上当运送货物的代理商。做这种代理商有个共同的烦恼：有时收货人嫌货物不好，拒收送到的货物；这时若再将货物带回，就会倒贴一笔运费。萨耶为了避免这种情况，想出了一个新招——邮寄。这样不仅退货率大为降低，也为买主增加了便利。这种“函购、邮寄”的方式，获得了意外的成功。

当创新取得了成功时，萨耶知道当务之急是尽快扩大规模，并提高同类经营的门槛。只是，如何扩大自己的规模呢？他知道，独木难支大厦，他应当寻求一位合适的合作人。他一边经营自己的代理生意，一边寻访自己想要的人才。然而，萨耶饱尝了“伙伴难找”的滋味。他踏遍铁鞋，却还是不知自己所需人才在何处。

五年后的一个晚上，一位名叫卢贝克的人，骑马到圣·保罗去买东西，不料中途迷了路，已经饥肠辘辘，人困马乏。月光下，正在散步的萨耶看见了他，遂邀请他到自己的小店中休息。两人一见如故，直谈到东方破晓。一席夜话之后，两人宛如多年的知交，当萨耶谨慎而又大胆地提出合作的建议后，热情的卢贝克略作思索，便毫不犹豫地答应了。两人隔着桌子共同商议、描绘了美好的未来。于是，以两人姓氏为名的“萨耶·卢贝克公司”就这样诞生了。

合作带来了充足的财力和全新的机遇。新公司第一年的营业额就比萨耶独立经营时增加将近 10 倍，达 40 万美元。第二年，公司更是长足发展，这种发展速度不仅为二人始料不及，而且他俩已明显感到才能有限，有些力不从心了。

一天，卢贝克说：“我们何不请一个有才能的人参加我们的生意?”萨耶一直把当年发现卢贝克视为一大快事，对他的这个建议由衷赞许：“好吧，我们为我们的生意找个经理人。”

为上百万美元的生意找个经理人，实在不比找一位伙伴容易。这种善于经营管理的“将才”本来就很少；而就是那么为数有限的“将才”，只怕在自己碰上之前，也早被他人拉走了，即便不被拉走，也会因为自己出不起重金而被他人抢走。几番谋划之后，二人决定换一种思维，到一般的小商人中去寻找。因为大公司的经理一般不屑于经营他们的“杂货铺”，好不容易花重金请来了，也多是抱着“帮帮忙”的心理，而在平凡的人物中选拔适当人才委以重任，他们一定会尽全力报效。

一天，萨耶下班回家，看见桌上放着一块妻子新买的布料，奇怪这种去年上市以来一直不好卖的布料，怎么会被妻子看中了。“我高兴嘛，”妻子任性地说，“料子或许不算太好，但花式流行。卖布的说，今年的游园会上，这种花式将会流行。”

妻子还告诉他，在游园会上，当地的社交界最有名的贵妇瑞尔夫人和泰姬夫人都会穿这种花式的衣服，而且还不许萨耶把这个情报说出去。萨

耶有些好奇，便问她这情报从何得知。妻子支吾了半天，才说这是卖布的让她不要再告诉其他人的。

萨耶只是笑笑，却并未将此事放在心上。甚至他店中的这种布料都被一个小布贩买走了，也没引起他的注意。直到游园会那天，全场妇女中只有那两位贵妇和少数几个女人，包括他妻子穿那种花色布料做的衣服，个个出尽了风头。游园结束时，很多妇女拿到一张通知单，上面写着：瑞尔夫人和泰姬夫人所穿的衣料，本店有售。这时，萨耶心头豁然开朗：整件事情从头到尾都是那个小布贩一手策划的。

第二天，萨耶约上卢贝克找上那家布店。只见布店门前人群拥挤，女人们争先恐后地在抢购。等他们走近一看，更是绝妙，原来店门前贴着的大纸上写着：衣料售完，明日有新货进来。那些抢购的女人，现在不是在买现货，而是唯恐明天买不到，在预先交钱。布店伙计解释说，这种法国衣料原料不多，难以大量供应。萨耶明白，这不过是布贩以“缺货”来吊女人的胃口而已。

“这个布贩就是我们要找的人!”萨耶和卢贝克都这样认为。然而，当他俩与店主见面时，却是大跌眼镜；原来这位布店店主就是经常到他们店里来批发布料的路华德。他们彼此已认识好几年，只是从没有深谈过。但是，此时重新打量一番，才发现他的目光中别有神采，一番交流之后，更见其思维敏捷。

此番见面之后，路华德就任了萨耶·卢贝克公司的总经理之位。路华德为报知遇之恩，在总经理之位上非常投入，大胆创新经营，最后取得了惊人的成就。萨耶·卢贝克公司声誉日渐兴隆。10 年过后，公司每年的营业额竟增加了 600 多倍，将近 70 亿美元。对于零售行业，这简直可以说是天文数字了。

萨耶就是这样借着与朋友的合作，获得了后来的成功，如果当年他不发现和利用人才，没有与卢贝克和路华德合作，他的事业就不可能在短时间内获得那么大的成功。

无数事实说明，实践是知人用人的标准。要想网罗人才，访求将才，就要在实践中察看一个人的真实才能。你可以从他以往取得的成就中衡量他的才能，也可以在即将展开的工作中细看他的为人，在大胆地托以重任中进一步考察、提升他的才能，务求知人善任，人尽其才。

当然，能运筹帷幄、独当一面的将才虽然不多，却也容易网罗，只是要在一定的时间内，寻找到非常适合自己公司事业的将才却是不大容易，这也就是人们常说的“生意好做，伙伴难找”的原因。因此，要想自己事业有成的人士，就必得要多多留心，多费工夫去寻找可托重任的将才了。

长城集团“三请高工”

三国时刘备“三顾茅庐”，请诸葛亮出山辅佐的故事已成千古佳话，妇孺皆知。而今天，温州长城集团高层“三请高工”的故事，有如“三顾茅庐”的现代翻版，在业界被传为佳话。

1998 年 8 月，当时公司董事长叶祥尧获知在某国有大型企业工作多年的一位高工退职在家，便派一位副总经理赶赴杭州，拟高薪聘请。但这位高工似乎对温州股份合作制企业不感兴趣，尽管这位副总苦苦讲了几个小时，开出了非常诱人的待遇，还是遭到了高工的婉言谢绝。副总无奈地回到长城集团公司，将情况向叶祥尧作了详细汇报，最后说看来请这位高工到“长城”工作希望很小。

事有蹊跷，叶祥尧几番思考后，觉得主要原因当是这位高工对温州和“长城”还不大了解。于是，他打电话到高工的家里，恳切地说：“您和家人先来我们这里看看，给我们公司也指导指导，顺便再到雁荡山风景名胜区看看。如果觉得不合适也没有关系，往返机票等差旅费全部由我们负责。”盛情难却，也想来雁荡山看看的高工不久便携妻带子来到“长城”。了解了公司的情况，又看了雁荡山美丽的风景后，高工也有些动心了。在这样的环境里发挥自己的余热和特长，成就一番新的事业，未尝不是一种幸福。只是他担心家里的老人没人照顾，心存顾虑，便推说回去后再考虑考虑。

高工一去半个月，也没有给“长城”公司一个明确的答复。其实叶祥尧在这半个月里尽管事务繁忙，但却一直惦记着这事。为了争取到高工，叶祥尧将手头的事务作了处理和交代后，便亲赴杭州同高工见面。一番促膝交谈，叶祥尧摸清了高工的实际情况，并提出了处理意见。听了董事长的一番肺腑之言，高工起身双手紧紧握住叶祥尧的手说：“到‘长城’工作，我是去定了；家里的事处理好后，我就去贵公司上班。”

9 月中旬，公司总经理又专程抵达杭州，将高工请到自己下榻的宾馆进行了长谈，并将高工未解决好的问题一一作了妥善安排。解除了后顾之忧的高工无牵无挂，高兴地说：“你们什么时候需要我去，我就去。”

9 月 22 日，一辆高级轿车从长城集团公司大门开出，向杭州方向直奔，去接高工赴任。

“三请高工”只是公司重才的一个例子。在对待人才方面，董事长叶祥尧有一句常挂在嘴边的话，即：“一流的人才办一流的企业，二流的人才办二流的企业。在人才面前我没有董事长架子，只要能请到真正的人才，我怎么做都可以。”

良好的用人制度带来了良性的循环，使长城集团聚集了一大批高素质人才，其中不少人都是公司高层“三请”、“四请”请过来的。这些人才在业务上是骨干、是先锋，在决策上是企业的智囊和参谋。而在待遇方面，公司舍得在人才方面花大钱。对已在“长城”工作的高级人才，公司都分配一套宾馆式房间，同时采取因人、因岗、业绩相结合的办法支付报酬，尽可能使他们住得舒心，吃得称心，干得开心。

视人才为企业发展的根本，视人才为最宝贵的财富，以诚相见，汇聚人才，善待人才，充分发挥他们的才干，这是企业能形成一股强大的凝聚力和创造力的根源所在。

丰满羽翼

刘邦后宫中的戚姬，容貌赛西施，技同弄玉，能弹会唱，多年来深得刘邦的欢心。仗着自己的美色和被宠爱，戚姬便产生了非分之想，要替儿子如意夺取太子之位。到得如意满十岁之时，戚姬更是加紧了夺嫡速度，她日夜在刘邦面前颦眉伤泣，苦苦求告刘邦改立刘如意为太子。

刘邦不免心动，终于下决心想废掉刘盈而改立如意为太子。不只是因为戚姬的苦求，还因为现太子刘盈秉性柔弱，太过温顺、善良，与自己的性格很不相似，不如如意聪慧。因此，在一次朝会上，刘邦便郑重地提出废立之事来。只是由于周昌的犯颜直谏，廷争之强，加上群臣一片反对，刘邦易立太子的打算只好暂且作罢。

退朝之后，吕后跪谢周昌，周昌却只说自己为公不为私，并不领她这份情便告辞而去。吕后明白，此次事件只是她与戚姬正面接火的开始，刘邦只是暂时的退让，重提册封刘如意当太子的行动，随时都会爆发，而自己在政治角逐中还难以应付自如，她必得要找到一个稳妥的办法才行。于是她便问计于足智多谋的张良。

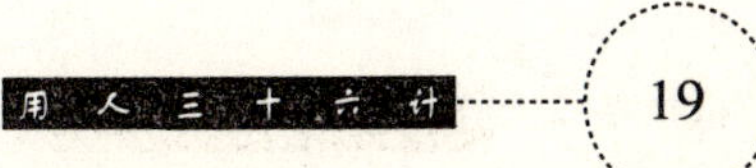

张良虽深知其中利害，不愿卷入这朝廷后妃之间的立嗣之争，架不住吕后一而再，再而三的请求，便向吕后派来的人讲了一个“商山四皓”的故事。

刘邦打下江山以后，曾派人去请四位德高望重的老人出来到朝廷做官。这四位老人是东园公、绮里季、夏黄公和甪里先生。这四位老先生听说刘邦要请他们上京都做官，就相约跑到商山隐居起来了，人称“商山四皓”。原来刘邦少年时是个浪荡子，沾染了许多流氓习气，在起事之初，他往往瞧不起读书人，爱骂人，对儒生不恭敬，怠慢他们，甚至将他们的帽子取下来撒尿。后来虽则他的恶习逐渐改掉了，但是他早期声名不佳的劣迹，传到儒生高士的耳朵里，还是引起了他们对他的厌恶和反感，不屑与他为伍。

讲完故事，张良说：“至今皇上念念不忘这四位贤人，仍然十分推崇他们。若太子能亲笔修书，准备好丰厚的金玉璧帛，用最谦恭的语言，以最诚恳的态度，恭请他们做他的宾客，时时相随就行了。”

吕后得太子信大喜，当下便安排专人奉太子书信，携带大量金玉璧帛，“卑辞安车”，去请“商山四皓”。在太子的诚意邀请下，四位德高望重的老人终于下山了。

“商山四皓”不久就显示了作用。公元前 196 年，驻防安徽寿县的淮南王英布反叛，病中的刘邦有意让皇太子刘盈率军平叛。吕后认为事情重大，便找来他们商议。“商山四皓”说：“此次出征，无论胜负都与皇太子不利。若是打了胜仗又有何功？皇太子位极人臣，不能再升官矣。可若是败了，这可不得了，皇帝要废掉他时，倒有了借口。”吕后听罢，深以为是，找到刘邦，一把鼻涕一把眼泪地向他哭诉平叛对于汉家江山的重要，说什么英布是天下猛将，很不容易对付，太子前去岂不是羊入虎口！而诸将又多是太子的叔伯辈，只怕难以心甘情愿地俯首听命，又说只有皇上亲征才能马到成功。刘邦听后，便龙心大悦，决定带病出征。这样一来，吕后不但免去了太子出征的巨大风险，而且也赢得了使刘邦缓易太子、自己寻求对策的时间。

刘邦扶病出征，虽然很快就平定了叛乱，但也不幸身中流矢，伤口溃烂。回到长安，病势沉重，戚夫人日夜啼哭。刘邦预感到自己不久于人世，担心戚氏母子不是吕后对手，遂发狠心重施废立计划，再次召集群臣计议。没想到这一次，奉常叔孙通带头廷争，使刘邦一时之间又下不了决心，于是不欢而散。

见时机已到，吕后便召来太子办了一席家宴，请“四皓”作陪。刘邦光临后，见刘盈身后有四位鬓发斑白的老人在侍候刘盈，心中不觉诧异，待听罢四位老人自报姓名后，更是一惊，瞪大了眼睛慢慢地说：“朕多次请你们，你们却躲了起来，小儿有何德何能，劳驾四老相辅?”

“商山四皓”答道：“陛下轻慢士人，我们不想做官，不愿受辱，才拒绝跟陛下见面。皇太子忠厚仁孝，天下士人都愿意为太子效命，如今能蒙太子诚意相邀，我们自然愿意侍奉左右。”刘邦听后叹了口气，只是吩咐道：“你们要好好地爱护太子。”接着兴致全无地退出了这场“家宴”。

至此，刘邦废立太子的心意荡然无存。回到后宫，刘邦对戚姬说：“我本来是决心立如意为太子的，可朝中没人赞成，现在刘盈又有了‘商山四皓’辅佐，羽翼已丰，难以动摇了。看来吕雉将成为你的主人了。”

俗话说“一个篱笆三个桩，一个好汉三个帮”，个人的力量毕竟有限，如果一个人没有羽翼或羽翼未丰，不管他有多大能耐，他人要废弃或除掉他都还容易，因为这还不会造成过大的损失，不会对整个集团伤筋动骨。而一旦一个人羽翼丰满之后，实质上他已不是一个人，不只是一个人的力量，而是一个集团，拥有一个难以轻估的强大力量。如果说一个人是一棵树，那么一个集团便犹如一片森林，不止根深叶茂，还是水草丰厚，有着整片森林的综合生态平衡。砍掉一棵树容易，而要破坏一片森林，势必会破坏整个生态环境，引起大面积水土流失；要除掉一个集团，则犹如撕破一张巨大的关系网，牵涉到各方面的利益关系，其困难可以想象，而其后果不可预测。

因此，在太子刘盈拥有众大臣的支持，又请来了“商山四皓”全力辅佐之后，便形成了一个强大的太子集团。这时，摆在刘邦面前的，要么什么都不动，要么是废掉此时羽翼已丰的太子集团。而如果要废掉太子集团的话，则整个国家都要伤筋动骨，会引发意想不到的灾难，危及整个王朝的安全，这是任何一个稍为清醒的人都不愿看到的。所以刘邦一看到太子身边有着自己千方百计想罗致都不得的“商山四皓”时，便只有对着戚姬哀声叹气的份了。正如其哀歌所云：“羽翼已就，横绝四海”，一个人身边有了众多德才兼备者的支持，羽翼丰满之后，便可横绝四海，即便是贵为天子，都觉阻力重重，难奈其何，何况他人！

第三计 鉴人有术

会识人者自会用人，会用人者也多会识人。古今那些善于用人的君主将相、智者贤人以及创业有成的人士，也多是识人鉴人的高手。那些成功人士，在常人看来，似乎都身怀一种隐秘的技巧，善于了解他人的性情、特点，掌握他人的苦乐、嗜好，了解他人的才智及其种种优缺点。这种技巧，在一般人看来有些高深莫测，但其实我们只要学会了其中的一些基本知识，加上平日的经验和摸索，也是可以做到这一点的。那些善于识人的，只不过平日里对他人常常忽略的细节、琐碎处，都非常留心罢了。一到真正用人时，他们便会根据一个人过去做什么，现在做什么，还有其性情表现出来的细节，来判断此人的人品、性情，并据此推断他以后会做什么，遇到关键问题时会做出什么样的反应。掌握了种种情况，他们便很容易能做出相应的用人决策，以更顺利地发展自己的事业。

管仲识人用人术

公元前645年，齐国宰相管仲患了重病，齐桓公前来探望。就在病榻前，齐桓公询问管仲谁可以接替其相位。

管仲说："国君应该是最了解臣下的。"

齐桓公欲任鲍叔牙，管仲诚恳地说："鲍叔牙为人清廉纯正，是个真正的君子；但他善恶过于分明，一旦知道他人的过失，终身不忘，这是他的短处。有这样的短处，不可以为相。"

齐桓公问："易牙、开方、竖刁怎样?"

管仲说："易牙为了满足国君的要求，不惜烹煮自己的儿子以讨好国君，没有人性，不宜为相。卫公子开方舍弃了做千乘之国太子的机会，屈奉于国君十五年，父亲去世都不回去奔丧，如此无情无义，没有父子情谊的人，如何能真心忠于国君？况且千乘之封地是人梦寐以求的，他放弃千乘之封地，俯就于国君，他心中所求的必定过于千乘之封。国君应疏远这种人，更不能任其为相了。竖刁不爱惜自己的身体，违反人情，这样的人又怎么能真心忠于您呢？请国君务必疏远这三个人，宠信他们，国家必乱。"

管仲说罢，见齐桓公面露难色，便向他推荐了为人忠厚、不耻下问、居家不忘公事的隰朋，他说："隰朋对自己要求很高，能做到不耻下问。对不如自己的人哀怜同情；对于国政，不需要他管的他就不打听；对于事务，不需要他了解的，就不过问；他人有些小毛病，他能装作没看见。不得已的话，可择隰朋为相。"

此后不久，易牙听说齐桓公与管仲的这段对话，便去挑拨鲍叔牙，说管仲阻止齐桓公任命鲍叔牙。鲍叔牙笑道："管仲推荐隰朋，说明他一心为社稷宗庙考虑，不存私心偏爱友人。现在我做司寇，驱逐佞臣，正合我意。如果让我当政，哪里还会有你们容身之处?"易牙讨了个没趣，深觉管仲交友之密，知人之深，于是灰溜溜地走了。

可惜的是，后来的历史表明，齐桓公并没有听进管仲的话。

管仲一生的智慧和阅历，自然是看人至深至透。但管仲独到的识人术，在今天看起来其实也并不复杂。只要我们有心，我们也是可以学会识人用人这一套的。

在识人用人时，我们需要掌握一套自己独有的识人用人术，以知晓其性格才能，并且洞悉对方的心理，这样我们才能更好地使用人才。

相人形神

人的形貌神气是在人的美丑善恶、才气性情中非常明显地表现出来的外在的东西，因此，从一个人的形貌神气可以判断、探测出一个人的气质、性情、才气、骨气、度量、心性等方面的特征，这就是相人之术的依据。根据形貌神气察人的方法有很多，譬如以人的全身体形、头部相貌、眼眉形貌、头面五官、面相神气、骨气外貌等等，来观察人的才气性格。

神气是一种气质性的东西，能在后天的环境发生变化。它有着天生的阴阳调和成分，且来自后天的成长与磨炼，来自于经验知识的积累、升华。一个人的"形"就是其容貌外形，集中体现于一个人的面部，而"神"则藏之于形内，依附于形，并通过一定的形貌，尤其是眼睛散发出来。面相神气乃识人精妙之处，一如曾国藩所说："一身精神，具乎两目；一身骨气，具乎面部。"

譬如相貌，我国古代相人术里就有一整套详细而系统的相貌相人术，其中也不无精华，一些伟人名人就曾从中获益不少。从相貌可以在一定程度上把握一个人的内在特征。美国总统林肯就曾说过："人到40岁就应该对自己的相貌负责。"这是为什么呢？

当时，林肯的一位好朋友曾向他推荐了一位人士，但因为其长相很是不雅而受到拒绝，朋友不解地问道："怎么能单凭相貌来判定一个人的好坏呢?"面对朋友的疑问，林肯这样回答："40岁以后，每个人都得对自己的相貌负责。"原来一个人智慧的深浅、心志的高低，品质的好坏，都会在长久的岁月中影响到他的相貌，渗透于其中。

相人、识人，要观其内在的结构，也就是要通其神气。相人以形，通之以神，虽然并不能最终断定一个人是否有着过人的才能，但却是用人艺术中比较重要的一步，是人们识人用人时所普遍遵循的一种方法。虽然是没有科学的标准或原理，然而却是实践上比较常用也较为有效。在观人面相神气以识人用人时，我们不妨参考《神相全编》之五相术家刘邵提出的"观人八相法"识人术。

"观人八相"根据各人不同的体貌精神，将人分成八个类型，分别为威、厚、清、古、孤、恶、薄、俗，并认为八相各有不同的命运主属。

一为威相。"尊严可畏谓之威。"其人体貌高大，仪态威严，神情庄重，性情勇猛，不怒自威。生此相者，掌重权，具有很强的决断力和行动力。

二为厚相。"体貌敦重谓之厚，主福禄也。其量如苍海，其器如万斛之舟，引之不来而摇之不动也。"就是敦厚稳重之相，正直厚实，举止中正，性情温顺和气，心胸宽大能容，行动老成持重。此相主有福有禄。

三为清相。"精神翘秀谓之清，如桂林一枝，昆山片玉。清而不厚，则近乎薄。"即体貌清秀疏朗，姿容朴实端庄，神情自若，仪表温雅，性格爽朗，举止轻捷，聪明睿智，灵活机巧。此相主大贵。但此相若只是清秀而不厚实，便近于刻薄了。

四为古相。"骨气岩棱谓之古。古而不清近乎俗。"此相有古朴和古怪两种。古朴者性格孤僻内向，性情耿直孤傲，有骨气，但缺少灵活圆通。古怪者体形奇怪，甚至是粗俗丑陋。但有古相而不清秀者，便近乎俗相了。古相主命运的吉凶。古而清，命运亨通，大吉大利；古而浊，命运不济，人穷命蹇。

五为孤相。"孤者，形骨孤寒，而项长肩缩，脚斜脑偏。其坐如摇，其行如攫，又如水边独鹤，雨中鹭鸶。"即孤独贫困之相，体形虚弱，神色萎靡，脖子偏长，两肩内缩，脚腿斜拐，脑袋侧偏，坐无坐相，身体四肢摇摆不定，行走时全身不稳，双手无定，如同要抓什么东西一般。有孤

相者性格内向，心胸狭窄，性情乖戾，了无情趣，自是命运孤寒。

六为恶相。“恶者，体貌凶顽，如蛇鼠之形，豺狼之行，或性暴神惊，骨伤节破，皆主其凶暴，不足为美也。”即凶神恶煞之相。有恶相者，心地狭窄，性情卑劣，不论人情，不讲理智，阴险狡猾，无恶不作。这种人一定要多行善事，否则命运凶险。

七为薄相。“薄者，体格劣弱，身轻气怯，色昏而暗，神露不藏，如一叶之舟泛重波之上，见皆知其薄弱，主贫，下贱。”有此相者，体貌形状单薄瘦弱，性情孤僻内向，为人怯懦，意志软弱，愚昧无知，无有主见，全无心机。命运终是不济。

八为俗相。“俗者，形貌昏浊，如尘中之物，陋而浅俗。纵有衣食而多也。”即粗鲁俗陋之相。有此相者意志不坚，不能自持，性情喜怒无常，智力低下，愚昧不化，心胸狭窄，贪图小利，忘恩负义，命运一般平常。

当然，古人相其形、通其神的鉴人方法，当也只是我们鉴人识人的一个有用的参考。有丰富的鉴人识人经验者，并不是简单地只看一个人体貌，就判断其为人，也不是只看其品德方面，或者只看其才能方面，而是通过其外形及言行举止，将一个人的品德、才能、性格、感情、骨气等各个方面综合起来，作为一个整体来把握，加以鉴别、判断，这样才能准确地判断一个人是否贤能之士，还是平庸之才。

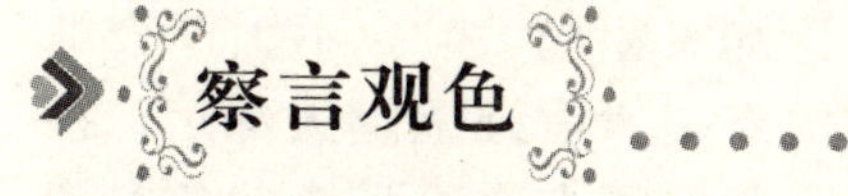

察言观色

往往很多时候，并不允许有很多充足的时间让我们去充分地了解一个人，而只能通过短暂的接触去观察、了解自己不熟悉的人。在招人用人之时，很多情况下，我们与自己所招纳、使用的人才没有较多的交往，这就需要我们掌握一些在短时间内了解他人的基本技巧，以便对他人的性格、能力，做出自己初步的、不致有较大出入的判断，从而恰如其分地招纳、使用人才。

就像形相神气能透露一个人的才能性格的秘密一样，一个人的外部特征，也能在一定程度上，从各个侧面反映出其人的才能性格、精神风貌。因此，除了形相神气之外，我们还可以根据一个人的行坐姿势、说话方式、声音、面部表情、服饰发型，还有待人接物、处事方式、生活习惯等等个人的外部特征，加以综合分析，判断、探测对方的心理特征、性格特点以及其他深层次的特征。

譬如，通过观眼神判断一个人的内心，便是一种比较准确而实用的鉴人方法。眼睛是心灵的窗户。一个人或许可能通过伪装面部表情来隐瞒自己的情感和意图，但眼神却难以伪装，从而透露出其内心的真实来。因此，人们一般认为，观察一个人的善恶，再没有比观察他的眼神更好的方法了。一般来说，心胸纯正，眼神就清澈，明亮；心胸不正，眼神就昏暗，有邪光。从一个人的眼睛可以清清楚楚地辨别一个人品质的高下，心术的正邪。简单地说，观眼识人术大致包括下列内容：

1. 眼神闪闪发光，表示对方是个精神焕发，精力充沛之人。

2. 眼神呆滞黯然，表示这是个没有斗志而索然无味的人。

3. 眼神飘忽不定，说明此人三心二意，或者内心紧张不安。

4. 眼神忽明忽暗，说明此人工于心计，或将有所行动，但尚未决断。

5. 目光迥迥，表明此人有胆有识，为人正直。

6. 主动与他人交换视线，说明此人心胸坦荡。

7. 不敢正视或回避他人的视线，表明此人内心紧张不安，或心口不一，有所隐藏。

再如，一个人的言行举止之间，也能透露出一个人的品格才能方面的特征来。因此，我们可以观察一个人的言行举止，来观其为人。这方面，商谋子《识人用人管人》一书总结出了如下结论：

在我们的身边，有人侃侃而谈，高谈阔论却又粗枝大叶，不大理会细节问题，琐碎小事从不挂在心上。这种人的优点是考虑问题阔大深远，善于从宏观、整体上把握事物，大局观良好，缺点是理论缺乏系统性和条理性，论述问题不能细致深入。

有的人言辞锋利，抓住对方弱点后就严厉反击，看问题往往能够一针见血，有时不无尖刻。在用人时，应考虑他在“大事不糊涂”方面有几成火候。如果从大局着眼，就是难得的粗中有细的优秀人才。但是如果处理不当，或性情过于执著的话，往往容易得理不饶人，而冒犯他人，不利于团队合作。这一点要努力克服才是。

有的人有着极强的毅力，不屈不挠，公正无私，原则性强，是非分明，立场坚定。这种人可以安排在一些需要道德操守较强的岗位上，其缺点是处理问题固执、呆板，不善于灵活变通。

有的人知识丰富，言辞激烈而又善于隐藏锋芒，对人情世故理解得深刻而精当。这种人做力所能及的工作，完全可以让人放心。必要时也可以

让其独当一面，尝试委以重任。

有的人知识面广，随意漫谈也能旁征博引，各门各类都可指点一二，显得知识渊博。其缺点是脑子里装的东西太多而芜杂，系统性差，思想性不够。这种人如能增强分析问题的深刻性，培养扎扎实实地处理问题的方式，会成为优秀的博且精的全才。

有的人接受新生事物快，听到新鲜言辞就能在日常生活中运用，而且有跃跃欲试的冲动。这种人的缺点是没有主见，不能独立，如能沉下心来认真研究问题，磨练意志，大多会成为业务高手。

还有的人说话时很容易地就说出偏颇的言辞。这种人的性格大多有片面、偏激之处，因为言辞偏颇，其看事物就不能全面，其性格也往往突出于某些方面而在别的方面有所缺陷。这一点，就像一位古人所说："放荡的言辞我知道它沉溺在何处，不正当的话我知道它背离在何处，躲躲闪闪的话我知道它理屈在何处。"

有的人性格宏度优雅，为人宽厚仁慈。缺点是反应不够敏捷果断，转念不快，属于细心思考、长思考型人才，如能加强果敢之气，对新生事物持公正而非排斥态度，将会变得从容平和，有长者风范。

有的人用意温润，性格柔弱，不争强好胜，不轻易得罪人。缺点是意志软弱，胆小怕事，雄气不够，怕麻烦，如能磨练胆气，知难而进，勇敢果决，会成为一个处有宽厚、内存刚强的刚柔相济的人才。

有的人独立思维好，好奇心强，敢于向权威说不，敢于向传统挑战，开拓性强。这种人缺点是冷静思考不够，易失于偏颇，可利用他们做一些有开创性的事情。

总的来说，通过观察一个人言行举止方面的外部特征，人们可以揣测、判断对方的以下内在特征。

1. 了解对方的性格特征。

所谓性格特征是一种表现在思想、行为上相对稳定的一种个性特征。每个人由于成长环境、受教育情况、家庭和社会等等不同因素的影响，各有不同的性格。根据其性格的不同，兴趣爱好、处世的态度、处理问题的方法等方面也会有很大的差异。譬如其性情是悲观还是乐观？阴郁还是开朗？活泼还是安静？是果断还是优柔？有无耐心毅力？如此，我们就可根据不同性格的人决定应采取何种方式加以对待。

2. 了解对方的道德品性。

与人相交共事，了解对方的道德品性很重要。道德品性优良的人，做事品行端正；相反，卑劣者则手段卑下，为了达到目的，无所不用其极。因此，你必须对一个人品性了解清楚后，再决定与之相交的深浅，而这些，往往可以通过生活的一些微小细节、个人的独特生活习惯等观察出来。

3. 了解对方的心理活动、表情

心理活动是一个人内心真实的反应。这往往能通过人外部的表情和身体的姿态等处自然地流露、表现出来。如他是否有强烈的兴趣或欲望？是否有足够的自信？是自傲还是自卑？是全心全意还是满不在乎？是由衷的赞成还是不以为然？如此等等。如果你能通过他外在的流露了解到他的心理活动，便可以知道他的真实想法，这样，你对他的说法和做法才能采取正确的措施，处理事情才能做到因人而异。

只有了解了对方的这些内在特征，我们才能够进一步了解对方的才干和智慧，了解其长处和局限。如此，我们在识人用人之时，才能分清哪些人可以使用，哪些人不能使用；哪些人可以重用，托以重任，哪些人不能过多授权，哪些人又不可重用；才能决定自己应当采取何种方式。不然，若对对方不甚了解或根本就不了解，也就是兵法所云“不知彼”，而只看其工作简历或听其一面之辞，只能是随便招人用人，其结果，要么大材小用，不能人尽其才，要么用人不当，事情弄得零乱不堪，甚至反过来被人利用。

精于识人用人的曾国藩在察言观色方面就颇有心得。一次，李鸿章向曾国藩推荐三位人才，恰好曾国藩散步去了，李鸿章示意三人在厅外等候。曾国藩散步回来，李鸿章说明来意，并请曾国藩考察那三位，曾国藩便说：“不必了。面向厅门、站在左边的那位是个忠厚人，办事小心，让人放心，可派他做后勤供应之类的工作；中间那位是个阳奉阴违、两面三刀的人，不值得信任，只宜分派一些无足轻重的工作，担不得大任；右边那位是个将才，可独当一面，将来作为不小，应予重用。”

李鸿章听后很是吃惊，问曾国藩是怎么考察出来的。曾国藩笑着说：“刚才散步回来，走过他们身边时，左边那个低头不敢仰视，可见是位老实、小心谨慎之人，因此适合做后勤工作一类的事情；中间那位，表面上恭恭敬敬，可等我走过之后，就左顾右盼，可见是个阳奉阴违的人，因此不可重用；右边那位，始终挺拔而立，如一根栋梁，双目正视前方，不卑不亢，因此是一位大将之才。”

后来的事实证明曾国藩所言不虚。特别是他慧眼独具，一眼便指出的那位“大将之才”，正是后来担任台湾巡抚的刘铭传。由此也可看出察言

观色识人术有着较强的操作性。

当然，世事复杂，人心难测，知人自也不易。古人就曾有云：“事之至难，莫如知人。”因此，我们在察言观色识人时，还需要注意二点：一是谨慎留心他人是否虚言、谎言，骗取信任；是否故出豪言、狂言，引人注目；是否阿谀奉承，意图投机钻营，等等；二是勿为假象所蒙蔽，以识别真人。世事多有似是而非者，人的表里也未必一致，如刚直开朗者貌似刻薄，暗地贪污者貌似清廉，柔媚阴毒者貌似忠厚，诽谤造谣者一脸无辜，海阔天空者腹内空空，反应迟钝者貌似老成，辞锋犀利者未必能干，言语木讷者却时有真才，如此等等，鱼目混珠，真假难辨，这就需要我们细心观察，结合自己的经验、其他判断方法做出判断，同时不要急于做出结论，而要给双方以更多的相处时间，在实践中进一步加深认识。

李克“五视”识人法

战国时魏国的国君魏文侯要选国相，他召见大臣李克问道：“先生你经常对我讲‘家贫思良妻，国乱思良相’，现在我要从魏成子和霍璜两人当中挑选一位国相。对这两个人你是怎么看的呢?”

李克回道：“大王您只要观察一下他们过去的表现就可以判断了。居，视其所安；富，视其所与；达，视其所举；穷，视其所不为；贫，视其所不取。大王通过此‘五视’识人法来观察，就可以判断谁最适合做国相了。还需要我发表什么意见呢?”

魏文侯听了后就说：“先生请回去休息吧。听了你的话，我的国相可确定了。”

李克的“五视”识人法，大意如下：

“居，视其所安”，即观察其日常生活的衣食住行，看他安于怎样的生活方式。

“富，视其所与”，即观察其在富有时，援助的都是些什么样的人。

“达，视其所举”，即观察其在居官时，推荐和提拔的是哪些人才。

“穷，视其所不为”，即观察其在不得志时的所作所为，特别是他不去做的事情。

“贫，视其所不取”，即观察其在贫困时，对待财物取舍的态度，特别是他拒绝什么样的财物。

李克的“五视”识人法，其实也就是通过观察一下他人生活、工作中的表现，还有处于富贵、贫穷时的不同处世做事态度，就可知道其性格才能了。

三国时，孙策任用吕范主管东吴财政大权。孙策的弟弟孙权此时年少，总是偷偷地向吕范要钱，吕范则一定要请示孙策，从来没有独自答应孙权。因这事孙权对吕范很有意见。后来孙权出任阳羡县令，建立了自己的小金库以备私用。有一次，孙策过来查账，周谷为孙权涂改账目，造假单据，这样一来，孙策找不到破绽，孙权也就此得以蒙混过关。后来，孙权接替孙策统管东吴大事，因为吕范忠诚，对他是信任有加，而周谷却因为善于欺骗和更改账目，始终没有得到孙权的重用。

再如司马光推荐刘器之进入史馆之事。一天，在史馆工作的刘器之来拜访司马光，公事之余，司马光提说道：“器之，你可曾知道，你是怎样进入史馆的？”

刘器之回答说：“完全是君实（司马光字）兄有念旧之情而推荐的……”

“哈哈！这点你就说错了！我的故友旧交倒确实不少，如果仅因念旧而推荐故人，那朝廷里不到处都会有我的故人?”司马光接着说道：“在我赋闲居家时，你经常去我那里。我们在一起谈文论史，各抒己见，有时还争得面红耳赤。回想起那段生活，还真有些意思。我当时心境不好，你常常宽慰我，鼓励我。我那时无权无势，能有你这样的朋友，真是幸事！后来我做了官，如今已是宰相，那些过去的泛泛之交，甚至仅见过一面、对答过几句话的人，都纷纷给我来信，借叙旧之名，行要官之实。只有你是从不给我来信的人。你并不因为我居高位而生依附之心，你对我一无所求，依旧读书做学问。对失意人不加冷眼，对得意人不加趋附，这就是你与其他人最大的不同处。我就是冲这一点竭力向朝廷推荐你的……”

刘器之听罢，起身对司马光深深一揖：“君实兄知我，我由此更知君实兄!”

这些名人识人用人的事例，都在告诉我们：从一个人生活、工作中的言行，以及其待人处世的态度，可以很准确地了解其人，识别其人的品性才能。

在生活中，当我们观察一个人时，应当留心，他有哪些比较特别的生活习惯？他全神贯注的是什么？他常常忽略的是什么？他有何喜怒哀乐？他因何而动怒？什么事情使他感到震惊？他骄傲的是什么？他不满足的又是什么？只要我们掌握了他人的这些性格特点，我们也就能深入了解、掌握此人，就能预测在某种特殊环境下，此人会有怎样的感受和行动。

比如，出了事情，或有了困难，一个人究竟如何去做，我们一下子或许难以断定。但是，如果我们事先对此人的上述生活习惯、性格特点有所观察和了解，那么我们就可以根据他以往处事的情形，根据他经历的或者干过的那些事情中去寻找线索，找出他有可能对此类问题做出行为和反应。像是有些人，每逢烦闷或不顺心时，就爱一支接一支地抽烟，或者喜欢将手插在裤袋里，低头走路，不多说话，也不大看人。旁人一见他这个样子，便知道了他这段时间的处境和心境都很不顺。如果再结合近段时间他的言谈内容，以及特别或反常的行为，就能够大概猜出他这段时间做了些什么事情，事情的顺逆成败程度又如何。

最好的介绍信

一位私营企业的老板在报纸上登了一则广告，要雇一名勤杂工到他的办公室做事。约有五十多人闻讯前来应招，但这位先生却只挑中了一个男孩。"我想知道，"他的一位朋友问道，"你为何喜欢那个男孩？他既没有一封介绍信，也没受到任何人推荐。"

"你错了，"老板说，"他带来了一封最好的介绍信。他在门口蹭掉脚下带的泥土，进门后随手关上门，说明他做事小心仔细。当看到那位残疾老人时，他立即起身让座，表明他心地善良、体贴他人。进了办公室他先脱去帽子，回答我提出的问题干脆果断，证明他既懂礼貌又有教养，还有一定的办事能力。而其他所有人，"他接着说："他们都从我故意放在地板上的那本书上迈过去，而这个男孩却俯身拣起那本书，并放回桌子上。当我和他交谈时，我发现他衣着整洁，头发梳得整整齐齐，指甲修得干干净净。难道你不认为这些小节是极好的介绍信吗？我认为这比介绍信更为重要。"

一个人的言行举止、待人接物，以及遇到紧急情况时的反应，所有这些细节表现，都可以反映出其修养程度，透露出其性格才能，他对生活的看法、对工作的态度。如此，只要我们用心观察前来应聘者的言行举止，懂得从细节中分析其为人，那么，我们就能更准确地识别谁是人才，谁是庸才，谁是自己最想要的人了。

第四计　沥沙淘金

明冯梦龙《古今小说·张道陵七试赵□》有云："剖开顽石方知玉，淘尽泥沙始见金。"在当今这个人才竞争激烈的社会，如何从众多人才中寻找到优秀而又适合的人才，就需要用人者去广加筛选，细心选择。

有德少才者可以放心使用，有才少德者可以谨慎使用，德才兼备者大可重用，无德无才者一律不用，这是任何时代任何情况下均不变的一大用人准则。

诚实的晏殊

北宋大词人晏殊年少聪慧，还没有成年时便和一班比自己年龄大的人一同参加殿试。他看到皇上所出试题正是自己前时已经做过的题目后，并不像一般人想象的那般内心狂喜，而是恭敬地禀奏："我十天前已经做过这道题目，而且文章草稿还保存着，请皇上换别的题目吧。"宋真宗对此大加赞赏，遂又出了一道题目。晏殊也是才气过人，很快就挥笔而就。

又有一年，宋真宗允许臣僚们挑选胜地举行宴会。各级官员都踊跃参加，连市楼酒店也都设置帷帐以供宴会和旅行住宿需要。晏殊这时手头拮据，没钱出游，便独自居家与兄弟读书论理。这时，宋真宗挑选辅佐太子的官员，出人意料地在百官中选任晏殊。宰相问真宗的用意，真宗解释说："我听说各级官员，无不游山玩水，大吃大喝，通宵达旦，歌舞不绝，惟有晏殊闭门与兄弟读书，如此谦厚，正可担当辅佐太子的重任。"

没想到晏殊听后，便老老实实向真宗禀奏："我并不是不喜欢游乐吃喝，只是因为我现在手头紧张。如果手头宽松的话，这些宴会我也会参加的。"

如此，宋真宗越发赏识晏殊为人之诚实，兼之晏殊颇具才干，深懂为政之道，便越来越重用他。到宋仁宗时，晏殊被任命为宰相。

品格是一个人真正的本质。一个具有重大影响力的人，必定有着过人的品格。优秀的品格，像是诚信、宽容、仁爱、正直、谦虚、坚忍等人类美好的品格，都能带给人们以幸福、平安、舒畅以及事业成功的欢乐。相

反，人性中的一些不良品格，像自私、自利、自负和任性等，都必生出恶果，结局乃是困苦或败亡。

这一点，西方哲人葛拉西安也曾这样阐述过："性格与聪明乃发挥人之天赋资源的两个依托。凡欲使其天赋得到自然发挥者，须使其才华依托其性格与聪明二者。若只依靠其中一个，则只能获得一半的成功。光靠聪明成不了大事，你还得有一个适合你的聪明性格才成。"也就是说，聪明才智，须配上优秀的品格，才能共同支撑人生和事业的大厦。

有些人为了获取财富，采取不正当的手段，不惜损害他人利益，或为了得到权力，极尽投机钻营和阿谀奉承之能事，不惜丧失人格与尊严……凡此种种人格低下者，难以受人尊重，更不会对社会有益，又怎能担当重任？

有德少才者可以放心使用，有才少德者可以谨慎使用，德才兼备者大可重用，无德无才者一律不用，这在任何时代任何情况下都是不变的一大用人准则。

常用的考核方法

对人才的选用和提拔有多种考核方法，如从定性或定量方面加以考核，便有多种不同的考核标准。一般情况下，对人才的筛选和提拔，用得最多也最实用的就是笔试考核和口试考核。此外，在选拔领导管理人员时还有环境分析法等。有关这三种筛选方法，《松下用人之道》一书中进行了综合分析。

其一是笔试考核。笔试考核的目的，在于了解被选拔者真才实学的实际水平和能力。笔试考核的方法主要有以下两种：

一种是论文笔试。这种考核是让应试者以长篇文章表明自己对某一问题的见解。这种考核方法的优点是能够全面地考核被选拔者的真实才智，可以测出应试者的文字表达能力、推理判断能力、发明创造能力以及对各种各样的材料的归纳分析能力、总结整理能力。不过，这种考核也有它的缺点，就是评分缺乏客观标准。

另一种是试题笔试。考核试题一般有选择法、填充法、对比法等方式，来考察应试者的思考能力、记忆能力。缺点是不能测出应试者的推理判断能力、创造能力与文字表达能力，且试题难定，应试者在选择判断题中，可以猜度、碰运气。

对重要领导人才的选拔，不能偏于一方面，如果把两种方法结合起来使用，就能达到全面的笔试考核要求。

为了使笔试考核达到预期的效果，还应当注意以下三点：

首先应注意的是有效性。考核是否有效，主要取决于考核的内容是否与应试者将要担任的工作职务相吻合。只要考核的试题与应试者将要担任的工作相关，而且考试成绩又好，那么这名应试者基本上能胜任这一工作。

其次应该注意客观性。笔试的客观性，应包括两个方面，其一是评分应不受评分者主观因素的影响。如果笔试选拔的是组织内部的成员，最好找外单位的行家来监考评分。其二是考试成绩不会因应试者的身分、民族、宗教、党派、性别、籍贯、年龄甚至容貌等因素而受影响。

最后还应注意广博性。这是指考试内容必须广泛到他将担任工作所需要的每一种能力。这一点在选拔领导人，特别是高层领导人时，尤为重要。现代的领导人，应是专家中的杂家，专才中的通才。作为领导者，若是知识广博，便可以避免许多不必要的失误。

其二是口试考核。人才管理专家们认为，口试考核是发现真才奇才的重要方法。口试考核可以随机应变、灵活掌握。用人者欲考察其学识，可提出各种知识方面的难题；欲考察其判断思维能力，可问之以各种富有机敏性的问题；欲考察其社会经验、成熟程度和性格、风格，在特殊情况下，还可以对应试者施加一定压力来进行口试。

根据考核不同的需要，口试的方式又有多种：

（1）提纲式口试。主试者在口试之前，先调查应试者的背景、资料，审察其笔试考核的情况，对于已经清楚的问题不必再问，对于不大清楚的问题，或者需要更进一步了解的问题，拟定出一份详细的谈话提纲，口试时逐一加以询问。

（2）交流式口试。这种口试方法比较自由、轻松，主试者首先可以轻松自在地与应试者交流，以打消应试者的紧张心理，然后从中抓住线索，并逐渐把话题引到正题上来，达到主试者所要考核的目的。

（3）提问式口试。主试者事先拟好一套问题，提出来要应试者回答，或者加以解决和完成。这些问题可以是应试者将要负责的工作中必须解决的问题，也可以是组织内现存的棘手的问题，这样更能考察应试者解决实际问题的技巧和决断才能。

（4）压力式口试。在口试中，压力式考核是一种比较特殊的方法，主试者有意对应试者施加各种压力，使之处于尴尬或困境之中，以考察其在

特殊情况下的应付能力。

另外，主试者应掌握一些有效的口试方法。口试考核和笔试考核有很大的不同，这种考核是否成功、有效，很大程度上与主试者的素质和水平有着极大的关系。口试中，主试者需要注意以下问题：

主试者自己谈得多。口试考核中切忌主试者谈得太多，如果主试者自己谈的无关紧要的东西太多，那么倾听的机会必然减少，应试者没有充分的机会表达自己的想法，有时候主试者还可能不知不觉地忘掉了自己打算要考核的项目。

不给应试者提问的机会。一般说来，选拔人才总得两厢情愿。即使工作岗位最好，最有吸引力，优秀的应试者依然会提出一大堆问题来。如果他的问题提得越深，表明他的能力越强；如果他提的问题很肤浅，就可以断定他能力有限。

不注意用语。主试者的用语，主要有两种不良倾向会影响应试者：一是当应试者的自传、简历、笔试考核成绩都很好时，主试者谈话时，有意无意地透露出挽留之情，或竭力宣传这份工作的重要。须知，履历和笔试并不一定能确认他就是真正的英才。二是谈话中，滥用咄咄逼人的问话，造成真正的人才觉得此人刚愎自用，难以相处，从而打消在其手下共事的念头。

如果在特殊情况下确实需要出难题时，也要使应试者对主试者有一种才高望重的敬佩之感。在口试中，主试者切忌对应试者耍花招，故意捉弄人，这样会造成很坏的影响。

要想对应试者有真正的了解，只有使应试者顺畅自然、无所顾忌，才能使才华显露，主试者也才能从中体察入微，对应试者的德、才、学、识一览无余。

不管是哪一种口试方法，主试者在口试之前，都必须作好充分准备。主试者至少应从书面考核中已经能确认应试者是不是一位合格的人才，在此基础上，主试者在口试中寻找最适合的人选。因此，在正式口试时，主试者需要了解的最重要的方面，不再是应试者的技术才能，而主要是考察他的组织才能、领导才能以及人格品性，诸如他能不能按组织原则办事？会不会与上级的整体目标合作无间？他会不会瓦解领导层之间的团结？他是不是一位专会阿谀奉承的庸俗无能之辈？一般说来，应试者在谈话中，总会有意无意地流露出他的这些表现，这时的主试者只要留心、有意，并加以诱导，从中加以探索、鉴别，就能了解到所需要的一切。

方法之三：环境分析与婚姻状况。

对领导管理人选的选拔、考核，除了口试、笔试之外，对其所处的环境分析，也是很重要的一环。近来，管理学者们特别把婚姻状况作为对领导人才的选拔、考核标准，也是有其道理的。

一般来说，已成家的人，较尚未成家的人工作更有责任感；一个能孝敬老人，教育子女，勇于承担家庭责任的人，他在事业上也必然有较强的责任感；一个家庭温暖和睦，夫妻之间懂得互相尊重，互相宽容体贴的人，他的工作情绪和干劲一定较大；而如果当丈夫回到家里以后，妻子只会唠叨、抱怨不停，那他的斗志就会完全消失。此外，高层领导者，往往需要为工作做出很大的牺牲，将更多的时间和精力投入在工作中，因此，妻子是否能谅解丈夫，是否猜度、怀疑，甚至发展到家庭破裂，当也在考察之列。

准确定位招聘职位

招聘者要想从大量的求职者中招聘到理想的人选，首先要弄清楚所招聘职位的工作要求，要有一个准确定位。如此，他才能做好一个成文的职位描述书提供给雇员，也可以为你提供一系列可供发问的问题，以便从中选拔合适的人才。

首先，要充分了解这一职位的需要，拟定一个对工作所需技能的职位描述书。你可以从各个方面了解这个职位的具体工作要求，比如，你可以通过前一任在这个职位上的员工的工作报告了解，也可以从与这个职位密切相关的其他职位上的员工处了解。只有当你充分了解这一职位的需要后，你才能够准确而恰如其分地描述你的职位要求，从中发现合适的人才。

职位描述书相当重要，它可以为你提供一系列可供发问的问题。试想你有几位候选人，如果你不向他们每个人询问同样的问题，那么这种挑选显然是不够公正的。制作工作技能简报的另一个重要原因在于，你也许不一定需要一个最佳的人选，但候选人必须是一位最有可能将这件工作做好的人。对一个职位的描述可以参照以下几点：

这个职位需要何种教育背景？

需要何种计算机水平？

是否需要某一种特定的软件工具？

应聘者是否需要具备商业经历？应该具备何种商业经历？

需要什么沟通技巧和解决问题的技巧？

除了一般的要求外，还需具备其他什么技能？

当然，在制作这个职位描述书时，一定要注意面向有前景的雇员，提高这个职位的重要性。同时，还要保证这个职位的描述既准确明了，又能在接下来的广告战中获得优胜。

如果一位职位描述书没有明确其工作职能，没能清晰设定一定范围内具有内在联系的相关职责，而是一些不相关任务的杂乱组合，这样不只会浪费应聘者的精力，同样也会给招聘者带来很大的麻烦。职位描述书不准确，招聘者不做前期的自我淘汰，致使后期投入的人力、物力要高出预期，其成本也要高出预期标准；而如果在招聘广告中对岗位要求详细说明，那就可以使一些不合格的潜在求职者对自己进行自我淘汰。

理想的职位描述书应该与特定应试者，也就是目标应试者的人生和职业目标紧密结合。如果通过一系列正式或非正式的探询，用人者依然无法清晰描述工作，那么在招聘时他便会发现，评价应聘者会很难，自然，要寻找一位工作表现长期杰出的应试者也非常困难。譬如，招聘者会在实力相差无几、各有所长的候选人之间大伤脑筋，不知道到底该挑选谁。而招聘过来后，又会造成人才浪费的现象。在大部分工作场合，要求公司“担当重任的人才”来做清洁或者长时间地向计算机系统输入大量数据都是一个昂贵的错误，它将无可避免地导致某些用人者陷入长久的“求贤”状态。如此一来，不可避免的，招聘者所挑选的人才将在一个更好的机会来了之后跳槽而去。

同时，有了一份准确定位的职位描述书，就可以避免用人者以个人好恶选取人才。有些用人者，凡事都以自己为中心，喜欢以个人的主观标准来判断人才的高低，以个人的喜好来决定用人取舍，自己认为对的就是最好的，自己认为错的就是最坏的。事实上，每个人心中都有不同的标准，你认为好的，他人未必有同感。应该从大局出发，从公司的利益和职位的需要出发来选择人才。

总的来说，招聘者如果事先有了一份准确定位的职位描述书，就有了衡量雇员的客观标准，就能够将招聘程序正式化。招聘者对所有应聘者都要坚持正式聘用原则。列出空缺职位的详尽资格列表，保持客观、公正地评价其优缺点，并着重看其是否适应他将要担任的职位。

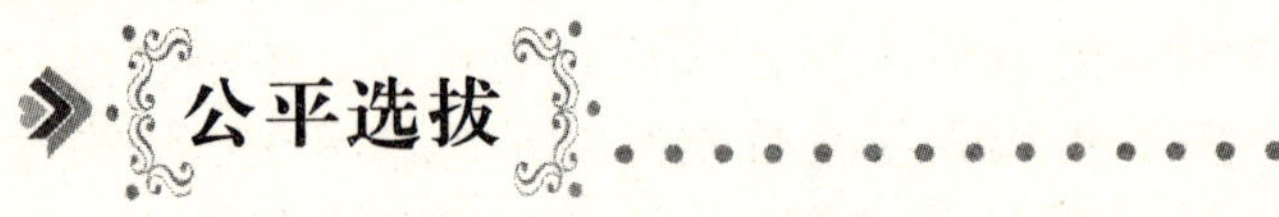

公平选拔

这里我们举一个例子来说明职位描述书对于选拔人才的作用。

前几天，总经理查理·怀特所在公司的市场部经理，由于个人原因向公司提交了辞呈，虽经公司多次挽留，仍然没有改变他的决定。现在，公司急需任命一位新的市场部经理。但是怀特和公司其他部门的几位负责人讨论了几天，也没有达成一致的意见。

这两天，有人又透露给怀特一个消息：某公司市场部经理罗斯最近与老板闹翻了，正要辞职不干。我们何不趁此机会把她挖过来呢？她的能力我们都清楚，绝对没有问题。怀特听后，觉得也是一个办法。但考虑后，又觉得不太妥当。罗斯虽然同样负责市场部，是一位难得的人才，但她能否很快熟悉本公司的业务，理顺各种关系，有效地开展工作呢？再说，这样做很可能会挫伤本公司市场部门人员的积极性。

于是，怀特决定从内部进行选择提拔。

怀特认为现任市场部副经理汤姆不错，可以升任市场部经理一职。但这个想法却遭到其他人的强烈反对，人事部经理首先反对说："汤姆有很强的分析能力，在环境变化中能很快适应，但我认为他个性太强，甚至有点刚愎自用，很少听取他人的意见。如果由他当市场部经理，下面的人会牢骚满腹；而且，他只有自考专科的文化程度，下面的人多数都是大学本科毕业生，让一个低学历的人来担任经理，他们会服气吗？"

销售部负责人也插言："汤姆干得的确不错，但是过分的热心和乐观令人感到有点不安，这有可能导致他无法进行正确而实际的市场调查和研究工作。"

怀特又想到了市场部另一位副经理莫尔。和汤姆不同，莫尔做事不好张扬，为人非常随和，最善于团结下属，手下人会很好地跟他配合，办起事来也很有韧劲，在工作上莫尔的表现总是很出色。但怀特还是犹豫不定，因为莫尔有时心太软，在他手下，有几位表现很差的销售员，按理说应该辞掉，可莫尔却不忍心这样做。

面对这些候选人，怀特犹豫不决，感到左右为难：到底该选谁担此重任？

专家指出，在面向内部提拔人员时，怀特犯了以下错误：一是怀特身为总经理，具有绝对的权力来决定由谁来担任市场部经理，没有必要与下

面的部门经理商量，因此不应当优柔寡断，致使公司在人事的决定上出现混乱；二是怀特没有一个内部人员评价和岗位预测补充机制，还没有建立选拔管理领导人才的制度，致使他出现了仓促选择的情况，而在这样有限的时间里，又在缺乏制度保障的情况下，很难保证找到的是最佳人选；三是怀特的用人标准很不清晰，对于这个职位的用人标准是不明确的，对岗位的最主要的需求也没有清醒的认识。

一般来说，企业选拔新的领导人，当以内部提拔为主，外部引进为辅，所以在对罗斯的聘用问题上则需要谨慎行事。而同是内部提拔，对于一个中层领导人才来说，最主要的选拔标准就是看候选人的工作能力和经验，看他有没有能力提高组织的效率，其他因素则并不十分重要。尤其是在高科技企业，工作能力强的部门经理才能够最大限度地赢得下属的尊重。

因此专家建议，制作一份准确的职位描述书，用人才测评来解决怀特的难题，应是最好的办法。同时，这样一来，也有利于建立公平、公正、公开的人才选拔机制，有利于激励优秀人才脱颖而出，并使多数成员时刻处在跃跃欲试的备赛状态，可以解决伯乐相马一眼定终身而导致群马不求上进的问题。案例中候选人各有特色，可以通过这个方法一争高下。

最适合的才是最需要的

据记者报道，汉高（中国）投资有限公司中国区人力资源总监张国维在接受采访时，面对“优秀人才就可以畅通无阻地进入跨国公司吗?”这个问题，他想都不想便摇了摇头，并回答说：“最优秀，最适合，两者缺一不可。”

张国维说，优秀人才可以从专业、工作背景、学历等方面比较容易地做出判断，但我们更关心的是，他是否属于适合的人才，也就是他能不能适应公司的环境而充分发挥个人才干。因此，张国维在招聘人员时，经常会问应聘者诸如“有什么个人发展计划”，“喜欢什么样的工作环境”这样的问题。他解释说，比如有人喜欢大型企业，而汉高公司正在精简人员，规模不大。所以，那些喜欢集团军作战、喜欢统帅很多人的人才，虽然能把工作做好，但几年以后可能会不安心甚至跳槽；比如有人希望工作环境宽松，压力不大，但汉高公司随着内地市场兴起，工作量会越来越大，所以必须是抗压能力强的人，才能适应公司的环境；再比如有人一开口就要高薪，但汉高公司进入中国不久，规模不太大，在薪资、福利方面可能不如一些高薪企业，它更注重的是给员工一种稳定感、职业的安全感，所以招聘时，公司会注重不是为金钱而工作的人。

在当今这个人才竞争激烈的社会，优秀人才多的是，但如果只是选择优秀人才，一旦招进公司来，就有可能出现与企业文化相抵触、与团队人员闹矛盾、不满意于公司的环境、水土不服等种种情况，这些情况都可能导致人才的压抑或者离职。因此，不管是多么优秀的人才，也要能适合公司的环境才行；也就是说优秀的人才还要能适合公司的环境，才是公司需要的人才。

面对拒绝

一位刚毕业的女大学生到一家公司应聘财务会计工作，面试时即遭到拒绝，因为她太年轻，公司需要的是有丰富工作经验的资深会计人员。女大学生却没有气馁，一再坚持。她对主考官说："请再给我一次机会，让我参加完笔试。"主考官拗不过她，答应了她的请求。结果，她通过了笔试，由人事经理亲自复试。

人事经理对这位女大学生颇有好感，因她的笔试成绩最好。不过，女孩的话让经理有些失望，她说自己没工作过，唯一的经验是在学校掌管过学生会财务。他们不愿找一个没有工作经验的人做财务会计。人事经理只好敷衍道："今天就到这里，如有消息我会打电话通知你。"

女孩从座位上站起来，向人事经理点点头，从口袋里掏出 1 美元双手递给人事经理："不管是否录取，请都给我打个电话。"人事经理从未见过这种情况，竟一下子呆住了。不过他很快回过神来，问："你怎么知道我不给没有录用的人打电话?"

"您刚才说有消息就打，那言下之意就是没录取就不打了。"

人事经理对这个年轻女孩产生了浓厚的兴趣，问："如果你没被录用，我打电话，你想知道些什么呢?"

"请告诉我，在什么地方不能达到你们的要求，我在哪方面不够好，我好改进。""那 1 美元……"

没等人事经理说完，女孩微笑着解释道："给没有被录用的人打电话不属于公司的正常开支，所以由我付电话费，请你一定打。"

人事经理马上微笑着说："请你把 1 美元收回。我不会打电话了，我现在就正式通知你，你被录用了。"

就这样，女孩用 1 美元敲开了机遇大门。

细想起来，其实道理很清楚：一开始便被拒绝，女孩仍要求参加笔试，说明她有坚毅的品格，财务是十分繁杂的工作，没有足够的耐心和毅力是不可能做好的。她能坦言自己没有工作经验，显示了一种诚信，这对搞财务工作尤为重要。即使不被录取，也希望能得到他人的评价，说明她有直面不足的勇气和敢于承担责任的上进心。员工不可能把每项工作都做得十分完美，我们可以接受失误，却不能接受员工自满不前。女孩自掏电话费，说明了思维的灵活性，她巧妙地展示了自己公私分明的良好品德，这更是财务工作不可或缺的。

有很强的责任感，能够直面挫折和失败，勇于自我反省，弥补自身的不足，并能想办法寻求突破的人，必定是工作的好手，对这样的人才，用人者永远会向他们敞开大门。

不同的升迁

两个同龄的年轻人同时进了一家公司，并且在同一岗位上拿着同样的薪水。后来，吉诺得到了不断的升迁，而乔尔却仍在原地踏步。乔尔很不满意这不公正的待遇，终于有一天早上他到总经理那儿发泄他的不满，埋怨总经理好用阿谀奉承的人，却不喜欢用脚踏实地的人。总经理一边耐心地听着他的抱怨，一边在心里盘算着怎样向他解释清楚他和吉诺二人之间办事能力的差别。

"乔尔先生，"总经理开口说话了，"您到集市上去一下，看看今天早上有什么卖的。"

乔尔从集市上回来，向总经理汇报说："今早集市上只有一个农民拉了一车土豆在卖。"

"有多少？"总经理问。

乔尔赶快戴上帽子又跑到集市上，然后回来告诉总经理一共 40 口袋土豆。

"价格是多少？"

乔尔第三次跑到集市上问来了价钱。

“好吧，”总经理对他说，“现在请您坐到这把椅子上，一句话也不要说，看看他人怎么说。”于是他派人找来了吉诺，以同样的话交待他说：“你到集市上去一下，看看今天早上有什么卖的。”

吉诺很快就从集市上回来了，汇报说到现在为止只有一个农民在卖土豆，一共40口袋，价格是每口袋多少钱；土豆质量很不错，他带回来一个让总经理看看。这个农民一个钟头以后还会弄来几箱西红柿，据他看价格非常公道。昨天他们铺子的西红柿卖得很快，库存已经不多了。他想这么便宜的西红柿总经理肯定会要进一些的，所以他不仅带回了一个西红柿做样品，而且把那个农民也带来了，他现在正在外面等回话呢。

此时总经理转向了乔尔，说：“现在你肯定知道为什么吉诺的薪水比你高了吧?”

人的一生中，一切只能靠自己；要做什么事情，也多是靠自己，他人的指导与帮助，不可能把所有该注意的事项都无一遗漏地告诉你，为你包揽一切。问一句答一句，推一下动一下，像乔尔这种做事不动脑筋不考虑他人意图的人，再怎么勤恳卖力，也只能是在他人的手下接受差遣的工作，不能加以提拔。而吉诺能够从总经理交待的一句话中，做出如此出色的回答，乃是因为善于用心思考，见机行事。能够将工作做得如此周到，将上司交待的事情做得滴水不漏，上司有了什么事情，自然会放心地交给他做，有了职务空缺，也自然会首先想到他，加以提拔重用。

第五计　示以利害

在为人处世上，一方面诚信、正直是人之所守，事之所本，“人而无信，不知其果也”，一方面是“天下熙熙，皆为利来；天下攘攘，皆为利往”，谁都具有趋利避害的本能，如此，当二者之间出现矛盾冲突时，一个人所做出的选择、表现，往往能显示其人生价值的取向，显露其品性才能的优劣。因此，领导者有意示人以种种利害得失之事，往往便能从对方做出的选择、表现中准确而有效地识别、探测其品性才能。

动态识人术

诸葛亮在识人选人时，有一套自己独特的识人方法，内容如下：

其一，“问之以是非而观其志”，即从其对孰是孰非的判断来考察其将来的志向，看其是否胸有大志；

其二，“穷之以辞辩而观其变”，即提出尖锐的问题对其诘难，看其观点有什么变化，能否随机应变；

其三，“咨之以计谋而观其识”，即就某方面的问题咨询其看法和策略，看其知识经验如何，计谋运用如何，是否有很强的分析问题和解决问题的能力；

其四，“告之以祸难而观其勇”，即观察其在祸患灾难面前的表现，看其有无知难而进的勇气和处变不惊的良好心理素质；

其五，“醉之以酒而观其性”，即以美酒佳肴款待，有意使其酒醉，看其人格品性如何，是否表里不一，阳奉阴违；

其六，“临之以利而观其廉”，即观察其在金钱财富面前的表现，看其是否能经得住物质利益的诱惑，保持良好的心态；

其七，“期之以事而观其信”，即托付其以比较困难的事情，以视其诚信如何，是一诺千金，还是信口开河。

诸葛亮的这些识人观点，都是有意将人才放在利害、困境中加以考察，以此观测其是否具有应变处理能力，是否有较强的处世办事能力，因此，我们不妨称之为“动态识人术”。诸葛亮的这种动态识人术在今天看来都有着很强的现实意义。我们可以借鉴其经验，拓宽我们在识人用人之道上的思路。

譬如摩托罗拉公司在招聘员工时，会故意问应聘者几个难堪的问题，如结婚没有？什么时候要小孩？你选择男（女）朋友的标准？你乐意性开放吗？当然，他们问这些问题，主要目的并不是想以此了解你对这些事情的标准或真正态度，而是有意侵犯你的个人隐私，看你在这种情境下会有什么表现，以此来探测你的为人品性。对那些以个人隐私为由拒绝回答者，公司持赞赏态度，他们认为这些应聘者有个性，有尊严，做事果敢，不会因个人的眼前利益而屈服压力。这种品性表现在工作上，那就是坚持原则，经得起压力或是诱惑，而能够始终以公司利益为重。

再如美国电报电话公司在招纳人才中有这样一项考验，那就是整理文件筐。他们一般先给应聘者一个文件筐，要求应聘者将所有杂乱无章的文件存放于文件筐中，规定在十分钟内完成。一般情况下，文件多而杂乱，一个人难以在这么短的时间内完成，公司乃是故意交给应聘者以艰巨、繁杂的任务，借此观察应聘者在巨大的困难面前是否具有临机应变的能力，是否分得清轻重缓急，以及在办理具体事务时是否条理分明。在这项考验中，那些临危不乱、作风干练的应聘者自然能获得高分。

以假测假

李云勇拿着自己公开发表的十几万字的作品和薄薄的两张个人简历满街去寻找工作，因为文凭太低又不善言辞，不断地碰壁。这一回，又有一家广告公司让他去复试。笔试过后，他庆幸自己发挥得不错，自然，他从几十名应聘者中脱颖而出，成了最后几名有资格参加面试的候选者。最后总经理面试，在等待的过程中，想起自己这段时间寻找工作的惨痛经历，他不由得心虚起来。

总经理并非想象的那么严肃，挺年轻的，三十多岁，很友善。总经理让他坐下问道：“如果你进入广告圈，该从何做起呢？”

“做人。”他不假思索地回答。

“以前看过一些广告方面的书吗？”

“看过。”

“广告界前辈奥斯登的作品如何?”

他从脑海中苦苦地思索了一会，奥格威、贝拉……就是没有奥斯登这个前辈的印象。他只好回答：“这个前辈的作品我没能读过。”

接下来的许多问题他虽都有似曾相识的印象，但就是不知怎么具体回答，只好千篇一律地回答：“不知道。”

第二天，他背起行李准备退出这个城市，另赴他乡。在去车站的途中，他收到了公司方面的回复：“你已经被公司正式聘用，请你三日之内到公司报到。”

后来，他在公司里与同事一起闲聊时，他问老总：“当初面试时，你问我的许多问题我都回答不上来，你为何还录用我?”老总微笑着对他说：“你的才华从笔试中我已充分感触到，但你的为人我却不了解。其实我问的许多问题都是假的，我期望最好的答案是不知道，这就是诚实。我不需要不切实际、夸夸其谈的人在我身边。”

在人才遍地皆是的时候，那些不是人才的人，也往往打肿脸充胖子，在招聘面试时，尽可能对招聘者提出的问题装作在行或有所了解的样子，企图浑水摸鱼侥幸过关。“知之为知之，不知为不知”，经理所提问题的答案并不在于答案本身，他考验的是一个人对问题的真实，对自己的诚实，当我们做到时，“不知道”也能成为问题的最好答案。真诚地对待他人，你也会得到真诚的回报。

诚信、正直是人之所守，事之所本。事实上，谁都知道诚信正直的重要，然而一旦置身纷繁复杂的社会，便可能会出现偏离，特别是面对与自己有切身利害关系的事物时，能否坚守诚信正直，往往是对人们内心的一场激烈的考验。用人单位在招聘人员时，大都是品格与才能并重，因此，在考察应聘者才能的同时，往往还会考察其品格。有意在应聘者面前显示一种可供选择的潜在利益，看其在利益面前的选择、表现，足可以看出应聘者的为人品性了。

再忍耐一下

卢俊生毕业后被分配到一个海上油田钻井队工作。在海上工作的第一天，组长要求他在限定的时间内登上几十米高的钻井架，把一个包装好的漂亮盒子拿给在井架顶层的主管。

小卢抱着盒子，快步登上通往井架顶层的狭窄舷梯。当他气喘吁吁、满头大汗地登上顶层，把盒子交给主管时，主管也不打开盒子，只是在上面签下自己的名字，又让他送回去。于是，他又快步走下舷梯，把盒子交给组长，而组长也是同样在盒子上面签下自己的名字，让他再次送给主管。

小卢看了看组长，犹豫了片刻，又转身登上舷梯。当他第二次登上井架的顶层时，已经浑身是汗，两条腿抖得厉害。小卢没想到的是，主管和上次一样，只是在盒子上签下名字，又让他把盒子送下去。年轻人擦了擦脸上的汗水，转身走下舷梯，把盒子送下来，可是，组长还是在签完字以后让他再送上去。

事不过三，年轻人终于开始感到愤怒了。他有一种被愚弄的感觉，仿佛他们达成了联手捉弄人的默契。但他还是尽力忍着不发作，擦了擦满脸的汗水，抬头看着那已经爬上爬下了数次的舷梯，抱起盒子，步履艰难地往上爬。当他上到顶层时，浑身上下都被汗水浸透了，汗水顺着脸颊往下淌。当他第三次把盒子递给主管，主管看着他慢条斯理地说："把盒子打开。"

小卢撕开盒子外面的包装纸，打开盒子——里面是两个玻璃罐：一罐是咖啡，另一罐是咖啡伴侣。那两个瓶罐优雅地并排躺在那儿，仿佛也在和他开着黑色幽默式的玩笑。年轻人终于无法克制心头的怒火，把愤怒的目光射向主管。主管又对他说："把咖啡冲上。"

此时，年轻人再也忍不住了，"啪"地一声把盒子扔在地上，说："我不干了。"说完，看着不再并排躺着的两个瓶罐，心里痛快了许多。

这时，主管站起身来，双眼直视着他，说："你可以走了。不过，看在你上来三次的份上，我可以告诉你，刚才让你做的这些叫做'承受极限训练'，因为我们在海上作业，随时会遇到危险，这就要求队员们有极强的承受力，承受各种危险的考验，只有这样才能成功地完成海上作业任务。前面三次你都通过了，只差这最后的一点点，很遗憾，你没有喝到你冲的甜咖啡。现在你可以走了。"

在这场事先不曾告知的"承受极限训练"中，用人者至少可以探测出小卢的两项才能不够突出：一是在于他的忍耐度的有限，承受力不是十分坚强；二是在于他的思维的不够开阔，只从常规来判断事情，而不曾意识到这是他试用期的一项考验。一般来说，我们都不会否认对目标的坚持对于我们成功的重要性，可在现实生活中，我们却常常因为社会的复杂性、目标的不明确、价值的是是非非等种种原因，而对自己所遇到的挑战力不从心，或者无法承受，甚至对我们的坚持也有所怀疑。很多情况下，特别

是处于生存困境中时，都需要我们首先对自己坚持的事物，对自己的选择充满信心，这就需要我们有着开阔的视野和思维，有着混乱纷纭中辨别是非好坏的判断能力，并且，还需要我们敢于向困难挑战，在挑战的过程中，学会忍耐，培养自己坚强的承受力。只有这样，我们才不会在面对随时可能到来的艰巨挑战时，因为“无法承受”而轻易撂下挑子，半途而废，或功败垂成。

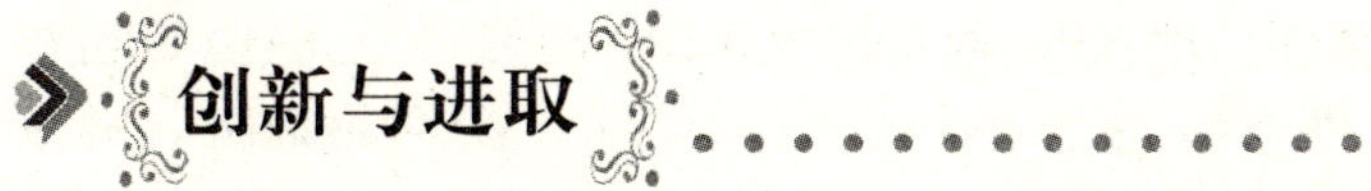

创新与进取

阿龙应聘一家独资公司。该公司把前来应聘的人安排在会议室分三天做三次考核。

第一次考试，阿龙便以 98 分优异的成绩排在第一，跟在她后面的是一位名叫冰冰的女孩，她考了 95 分。

第二次考试试卷一发下来，阿龙感到纳闷，当天的试题和第一次的试题完全一样。开始她认为发错了试卷。但监考人员一再强调，试卷没有发错。既然试卷没有发错，阿龙也懒得去想，自信地把笔一挥，还不到考试规定时间的一半，试卷便全填满了。阿龙把试卷一交，其他应聘的考生也陆续地将试卷交了上去。每个人都是一身轻松，一脸笑意，显然，个个都认为自己胜券在握。第二次考试考分一出来，阿龙仍以 98 分优秀的成绩排在第一，而仅以一分之差紧跟在她后面位列第二的还是那位冰冰姑娘，全场只有她交卷最晚。

第三天准时进行第三次考试。“这次该不会拿同样的题目给我们考吧?”进考场前，应聘的考生们议论纷纷。但等得试卷一发下来，考场上顿时像炸开了锅一般，因为试卷和前两次完全一样！

“安静，安静，大家听我说，这次考题和前两次试题都一样，都是公司的安排。公司怎么安排，我们就怎么执行，如有谁觉得这种考核办法不合理，你可以放下试卷，我们随时放你出考场。”监考人员把桌子拍得“啪啪”响。

众人一看监考人员发怒了，只好老老实实低下头去答卷。这次考试更省事儿，绝大部分考生和阿龙一样，根本用不着看考题，“刷刷刷”就直接把前两次的答案给搬上去，不到半个钟头，整个考场都空了。只有那位叫冰冰的姑娘仍在紧张地应战，绞尽脑汁冥思苦想，时而修改，时而补充，直到收卷铃响才把答卷交了上去。

第三次考分出来，阿龙长长舒了一口气。她仍以98分的成绩排在第一，不同的是，这次她没有独占鳌头，冰冰这次也以98分的优秀成绩和她并列第一。但阿龙一点也不担心被她挤下来，分明是三场考试自己与冰冰一比，乃是二胜一平，绝对胜出。

第四天录用榜一公布，阿龙傻眼了：上面只有冰冰的名字。阿龙当时就找到总经理办公室，理直气壮地质问他："我三次都考了98分，为什么不录用我而录用了前两次考分都低于我的考生呢？你们这种考核公平吗？"

总经理笑呵呵地凝视着阿龙一会，才说："小姐，我们的确很欣赏你的考分。但考分的高低对我们来说只是录用职员的依据，并非最终结果。你次次都考了最高分，可惜你每次的答案都一样，一成未变。如果我们公司也像你答题一样，总用同一种思维模式去经营，能摆脱被淘汰的命运吗？我们需要的职员不单单要有才华，更要有不断创新，不断进取，精益求精的能力。只有职员不断创新不断进取，公司也才能不断创新不断进取。我们公司之所以分三次用同一张试卷对你们进行考核，不仅仅是考你们的知识，也在考你们的不断创新不断进取的能力，难道你不以为是这样吗？这次你未能被录用，我实在抱歉。"

阿龙哑口无言，羞愧难当地退出了总经理的办公室。

在今天这个日新月异的时代，创新和进取乃是不少用人者所需人才的一项可贵的品质。只有不断地创新和进取，我们才能拥有自己一席不败之地。而要创新和进取，意味着勇于舍弃昨日的成就和荣耀，甘冒一定的风险，甚至于牺牲眼前利益、不顾个人得失的心胸。

同时，阿龙更应该想到的是，当公司连续三次以同样的试题来考查应聘者，也就是事情出现了异常现象，让人一时摸不着头脑时，公司方面必有其合理的考评依据，以及独特的考查意图。单是这一点便值得警惕，值得深思，因此也应该考虑采取相应的对策才是。

第六计 不拘一格

此计语出龚自珍诗句："我劝天公重抖擞，不拘一格降人才。"我们知道，"金无赤金，人无完人"，因此，领导者在求才用人方面，要做到不拘一格，求贤不求全，一切惟才是举，要善于选用各种有真正才识、能办实事的人才，并且善于利用一些有特殊专才的人士。选贤任能需要坚持一定的标准，但不能苛求。对人才若是过分苛求，就难以招纳到杰出的人才，也难以充分发挥人才的才能。因此，不以门第取人，不以偏短废才，不以品行拘才，不以资历堵塞才路，不拘一格，惟才是举，惟才是用，使得有这样那样的缺点或局限的才干卓异者得以脱颖而出，这才是真正的选才用人之道。

曹操惟才是举

在长年的征战中，曹操对人才有着全面而独到的认识，遂于建安十五年（公元210年）春发布《求贤令》，大胆突破当时的门阀士族观念，第一次提出"惟才是举"的方针："假如用人必须要求品行方正才用的话，则齐桓用什么称霸于世！当今天下难道没有心怀大材而被埋没的人……惟才是举，我得而用之。"

建安十九年、建安二十二年，曹操又先后发布《取士无废偏短令》、《举贤勿拘品行令》，主张对于有缺点的人才，不能废弃不用。不管是卑贱的，甚至是"不仁不孝"的，只要是有"治国用兵之术"，都要推荐。曹操指出，"有行之士，未必能进取；进取之士，未必能都有行德。"

由于曹操采取不讲门第、不拘品行、不论资历的"惟才是举"的用人政策，各地有本事的人纷纷前来投奔。谋士荀彧投靠曹操时才29岁，因其屡立奇功，从司马升至尚书令；郭嘉27岁就被曹操拜为祭酒，曹操与其纵论天下事，深为其才智所折服，留在身边11年，亦多立奇勋。许褚只是一名乡间壮士，一到曹操手下就被拜为都尉，赏劳丰厚，许褚亦不负曹操重望，作战勇猛无比，多次在危急时刻，舍身救下曹操性命。

在用人是否不拘一格，惟才是举上，曹操就与袁绍兄弟之间发生过一场尖锐的冲突。当时以袁绍为盟主的十八路诸侯在汜水关前被董卓的大将华雄连斩数员大将，诸侯军中无人敢出营迎战。这时，关羽自告奋勇，愿前往斩华雄首级，献于帐下。袁绍问是何人，任何职位。公孙瓒介绍关羽是跟随平原县令刘玄德的马弓手，袁术一听，即时大怒说："你敢欺我各路诸侯没有大将？凭你一名小小的马弓手，就在此胡言乱语，给我打出去!"袁绍也说用一名马弓手出战，必被华雄耻笑。这时，曹操出来打圆场，坚持让关羽出战，他说："此人既出大言，必有勇略；试教出马，如其不胜，再责未迟。"并叫人斟热酒一杯，以壮行色。正是在曹操的大胆坚持之下，关羽这才能够"温酒斩华雄"，立下"威镇乾坤第一功"。

这时，鲁莽的张飞见兄长斩了华雄，便鼓动诸侯乘势杀入关中，要活捉董卓。袁术又是怒喝道："俺们诸侯尚且谦让，量一县令手下小兵，怎敢在此耀武扬威！都给我赶出帐去。"曹操再次仗义执言道："得功者赏，何在乎贵贱高下!"袁术便以"公等既只重一县令，我当告退"相要挟，无奈，关羽、张飞还是被赶出了大帐。曹操于是又悄悄派人送酒肉给刘、关、张三人抚慰。

可见，早在十八路诸侯讨伐董卓时，曹操的不计资历、惟才是举的选才用人主张，便已经充分显现，而袁氏兄弟论资排辈的用人旧观念也表现得淋漓尽致。两种不同的选才用人观，很大程度上导致了日后袁氏兄弟的覆灭和曹操的胜利。正是曹操不拘一格、惟才是举的选才用人政策，使得曹魏拥有众多的文臣武将。他们宛如众星捧月，围绕在曹操的身边，或出谋献策，或效力疆场，为曹魏的发展强大立下了巨大的功勋。由此亦可见，不以门第取人，不以偏短废才，不以品行拘才，不以资历堵塞才路，使得有这样那样的缺点或局限的才干卓越者得以脱颖而出，这才是真正的选才用人之道。

不计前嫌

春秋时期齐国国君齐襄公被杀。襄公有两个兄弟，一个叫公子纠，当时在鲁国（都城在今山东曲阜）；一个叫公子小白，当时在莒国（都城在今树东莒县）。两个人身边都有个师傅，公子纠的师傅叫管仲，公子小白的师傅叫鲍叔牙。两个公子听到齐襄公被杀的消息，都急着要赶回齐国都城临淄争夺君位。

在公子小白回齐国的途中，管仲早就带领人马在路上拦截。当小白一行急急赶路经过时，管仲拈弓搭箭，对准小白射去。只见小白大叫一声，倒在车里。

管仲以为小白已经死了，就不慌不忙护送公子纠回到齐国去。没料到的是，公子小白只是诈死，而在公子纠和管仲、以及鲁国派人护送的人还未抵达齐国国境时，小白和鲍叔牙早已抄近道抢先回到了国都临淄，小白当上了齐国国君，即齐桓公。齐桓公即位以后，便通过外交手段，让鲁国派人杀死公子纠，并把管仲送回齐国治罪。

管仲和鲍叔牙二人是相知极深的朋友，自是深知其才能，因此，当管仲还被押在囚车送回齐国时，鲍叔牙立即向齐桓公推荐管仲。齐桓公听后，气愤地说："管仲曾拿弓箭射我，差点要了我的命，我还能用他吗?"

鲍叔牙说："那时候管仲身为公子纠的师傅，用箭射您，正是他对公子纠的忠心。论本领，管仲可比我强得多。主公如果想要做出一番大事业，管仲可是个极其有用的人。"

齐桓公听了鲍叔牙的忠告后，不但没有严惩管仲的罪责，还破格提拔管仲为宰相，让他管理国政。

在管仲的全力治理下，齐国开始大力整顿内政外交，广开富源，逐渐变得富强，并称霸于诸侯。

领导用人需要宽宏大量，因为你用人的时候，不是看谁跟你有过节，谁跟你关系最好，而是看谁最有能力，谁能为你的事业做出巨大的贡献，谁是你最需要的人才。领导者宽宏大量，不计私仇，不计个人恩怨，而以事业为重，惟才是举，不只能发挥其才能，还能赢得世人的钦佩，赢得人才的归附。

举人不避亲仇

唐代韩愈《原人》："一视而同仁，笃近而举远。"其意为一样看待、施于仁爱而不偏颇，宽厚对待亲近的人，推荐疏远的人。用人者、荐人者在推荐人才、使用人才上，必须一视同仁，惟才是举，惟才是用。只要是人才，你可以大胆举荐你的亲朋，而不是因了私心而有意抬高或是压低自己的亲朋；反之，你也不能因为人才与你私交不合或有仇隙而弃而不举。这一点，《左传·襄公二十一年》就曾指出："外举不弃仇，内举不失亲。"

《左传·襄公三年》记载：晋国大夫祁奚，字黄羊，任中军尉，掌管晋国的军机大事。由于祁奚足智多谋，英勇善战，又爱兵如子，赏罚严明，曾为晋国屡立战功，不仅国君欣赏他，官兵拥戴他，连其他诸侯国的将士也都敬畏他。年近古稀之时，祁奚向晋侯提出了告老还乡的请求。晋侯当然舍不得这位德高望重的老臣，无奈祁奚年事太高，退意坚决。鉴于中军尉位高权大，关系到国家的兴衰安危，晋侯遂向祁奚征求朝中谁有能力接替他的职位。

“解狐接替我的职务最合适。他一定比我强，能把军队治理好。”祁奚胸有成竹，毫不犹豫地向晋侯说出了自己的意见。这个回答大大出乎晋侯的意料，解狐对自己忠心耿耿，的确也有才干，但他是祁奚的死对头，两人私交不合已不是什么秘密。晋侯对祁奚的举荐觉得不可思议，便问道：“解狐不是你的仇人吗?”

祁奚先是一笑，继而郑重回答说：“大王是问我谁有能力接替我的职务，并没有问谁是我的仇人啊!”晋悼公听后对祁奚的大公无私深为叹服。于是，他当即决定，让解狐接替祁奚的职务。

遗憾的是，解狐还没来得及走马上任，就因急病去世了。待处理完解狐后事，晋悼公又问祁奚：“如今解狐不在了，您看谁还可以胜任中军尉之职?”

“祁午!”祁奚又是胸有成竹，毫不犹豫地作了回答。

这次又让晋侯吃了一惊，他连忙问：“祁午？他不是您的儿子么？您推荐他，不怕他人说闲话吗?”

祁奚依旧笑了笑，随即郑重答道：“大王问我谁还可以接替中军尉，并没有问谁是我儿子啊!”

晋侯若有所思地怔了一下，顿时分外高兴。他不久即召见祁午，任命他为中军尉，接替他父亲的位置。

祁午上任以后，学习其父的榜样，军纪严肃，赏罚分明，爱兵如子，又身先士卒，很快赢得了上下左右的赞扬。而祁奚荐贤的事迹，也由此而广为流传，成为千古佳话。

我们再看另一段“内举不弃亲”的历史。

东晋孝武帝时，北方的前秦日益强大起来，东晋的北面边境经常遭到前秦兵的骚扰。朝廷想找一个文武全才的将军去防守边境。谢安向孝武帝推举了自己的亲侄谢玄。

中书郎郗超虽然一向与谢玄不和，听说此事也不由慨叹说：“谢安不

顾众人议论推举亲侄，是心地光明的表现。谢玄一定不负所举，他有这个才能。”当时众人都对他这种说法不以为然。郗超说：“我和谢玄曾同在桓温府内共事，见他用人能做到人尽其才，就是职务很低的人也得到他的任用，所以我了解他。”

于是，朝廷召谢玄回朝，任他为建武将军、兖州刺史兼广陵相，掌管江北的各路人马。

后来历史上著名的淝水之战中，就是这位谢玄带领他的“北府兵”，担任前锋都督，带领八万军队前往江北抗击，以少胜多，打败了苻坚八十万前秦军。

祁黄羊、谢安之所以能举人不避亲仇，关键在于他们大公无私，襟怀坦荡，一切以国家和事业为重，以举荐人才为己任。他们既无意借机压制自己的仇敌，也不有意因为私心抬高自己的亲朋，又因为避嫌而压低有才能的亲朋。

外举不弃仇，内举不弃亲，惟才是举，一视同仁，这才是求取人才之道。在现代商界，IBM、柯达等众多优秀500强公司都鼓励员工举荐有才能的亲朋好友，公司对员工的信任以及员工的大胆无私举荐，造就了这些公司盛容强大的人才大军。

招募落榜秀才

同治四年（1865年），在金陵古城恢复已中断十二年之久的江南乡试，初任两江总督的曾国藩亲自主持。在忙碌而有序的乡试结束后，曾国藩收到一封有关治理两江方略的书信《上曾侯书》，署名为江苏无锡落榜秀才薛福成。这封万言书大胆提出了“养人才、广垦田、兴屯改、治捻寇、澄吏治、厚民生、筹海防、挽时变”等八项建议，并且还在每一项建议中附有具体实施方法。此外，全篇呈词条理清晰，文笔清新流畅。曾国藩读完此书信，大为嘉许，不久便召见其作者薛福成，与他进行一番细谈。在谈话中，曾国藩得知薛福成饱读经世之作，不仅有治国平天下的大志，还在改革内政外交方面有自己独到的见识。只因薛富成不喜欢也不擅长众多条条框框束缚的八股文，才在乡试中名落孙山。曾国藩乃识人高手，深知眼前的人有着真正的政治才能，便不在乎其在自己所主持的乡试落第，当即招其入幕。

此后，薛福成不负曾氏所望，一直随其南征北战，做出了非常出色的成就。光绪十六年（1890 年）正月，薛福成出任驻英、法、意、比四国公使，以后又越次升补为左副都御史，并以其所撰写的大量的政论、奏疏等文章，被公认为当世谈时务的巨匠。

曾国藩作为一个文人统帅，自己一手培育一支强大的军队，军中人才济济，带领的湘军之所以能作战勇猛，多打胜仗，取得军事上的巨大胜利，这是与曾国藩能够不拘一格善于识人用人有着很密切的关系。这一点，从薛福成自一个落榜秀才成为一名出色的政治家的成长历程中，当可以略知一二。

蔡元培用人

当教育家蔡元培先生初任北京大学校长时期，北大还是一所比较保守的大学，聘用教授、讲师等都还比较重视资历。蔡元培认为用人当不拘一格，不必拘于资历，必须打破这种常规，才能吸引更多有实际才干的人才，为社会培养更多有用的人才。因此，他一上任，便四处寻觅、网罗全国各地有真才实学的人士前来讲课。

梁漱溟青年时代即刻苦好学，在报刊发表了多篇研究古印度哲学的论文，引起了人们的注意。然而，这样一名优秀的年轻人，在报考北京大学的时候却没有考上。蔡元培早就了解梁漱溟的才学，一方面对他没有被北大录取甚为惋惜，另一方面也深以常规考试所有的漏洞为病，便想借此机会来表明自己对人才的渴求，对培养真正有才学的优秀人才的决心，便大胆地聘请梁漱溟来北大授课。他不无幽默地说："梁漱溟想当学生没有资格，那就请他来当教授吧!"

"落榜生"梁漱溟来到北大做教授，引起了人们的好奇与议论。不少人都不相信梁漱溟能胜任教授之职，一些人甚至抱有等着看笑话的心态。而事实却证明了蔡元培的远见。一段时间后，梁漱溟不仅能胜任教学工作，而且还很快写出了重要学术著作——《中西文化及其哲学》，轰动了中外学术界。不少保守人士此时才开始信服蔡元培不拘资历用人的主张。不少有才华的青年学者听说后也纷纷涌向北大，全国青年学子也慕北大之名而来，北大也因此成为当时最为开放的学府。

第二套 集权以计

◆第七计　树立权威

◆第八计　恩威并用

◆第九计　身先士卒

◆第十计　调兵遣将

◆第十一计　众志成城

◆第十二计　亲贤远佞

第七计　树立权威

对于一个领导者而言，有权未必有威。领导者的权威不是天生固有的，也不是上级或组织恩赐的，更不是自封的，而是在实际的领导过程中树立起来的。一般来说，权威可分为强制性权威和非强制性权威两个组成部分。非强制性权威由“非权力影响力”而来。非权力影响力指并非由职位权力，而是由个人的道德情操、人格魅力、智慧才能等非权力因素所带来的感召力、凝聚力和影响力。非权力影响力实际上是领导者个人素质的综合反映。在今日社会，市场经济占主导的时代，人们更多使用的是非强制性影响力。换言之，领导者要善于在品德、信用、才能、知识、情感、实绩等六个方面塑造好自己的形象，树立自己的权威。

领导者的个性和品德可以形成独特的魅力。一个领导者责任感强，使命感强，大公无私，不谋私利，为人真诚，讲求诚信，公平待人，善于沟通协调人际关系，又具有鲜明的个性特征和高尚的道德品质，那么他的影响力就较强大，权威也会很高。而知识、经验和才能也就是力量，是一种丰富的权力资源，因此，领导者拥有渊博的学识和丰富的经验阅历，有着过人的认知、判断、决策才能，或协调、管理、应变以及专业技术方面的才能，都可以为自己树立权威。当然，过人的实绩则是树立权威的根本。知识再渊博，才能再强，都不如实实在在的实绩摆在那儿，令人信服。只要有了真正的实绩，领导者的权威才能真正树立起来。此外，领导者如果能够设身处地地理解他人，尽己所能地帮助他人，满腔热情地关爱他人，并以自己对事业强烈的热忱来鼓舞部属，那么大家就会由衷地信服领导者，打心眼里拥护领导者，领导者的权威自然而然地树立起来了。

一个领导者可以根据自身的特点、优势来树立一个或几个方面的权威。但是，这六个方面的权威都只是属于非强制性影响力的范畴，因此，领导者在树立这些权威的同时，不要忘记还有强制性影响力的存在，在有些时候，还要结合具体情况，适时适度地运用法定权、强制权和奖励权。

深明大义得人心

元末至正十九年（公元1359年）春，朱元璋准备挥师攻打浙江一带，他先派主簿官吏蔡元刚前往元庆，希望能招降其主将方国珍，以减少不必要的流血牺牲。

方国珍乃老奸巨滑之辈，见朱元璋使者前来招降，便对部下众将说：“看来元朝大势已去，灭亡只在早晚而已。我看各路英雄豪杰中，也就是朱元璋所统辖的军队纪律严明，势不可挡，如果我们与他抗衡，无疑是拿鸡蛋碰石头，自找苦吃。不如就暂且佯作归顺，一来可以等待时机，观察时局变化，二来还可以朱元璋为援，告诫西面敌人张士诚和南面陈友谅不得窥视。”情势逼人，众将自是同意。于是方国珍修书一封，遣使者送给朱元璋，答应归顺他。为了获取朱元璋的信任，还将温州、台州、庆元之郡奉献给朱元璋，并安排次子方关到朱元璋处作人质。

朱元璋得知后，重赏方关并让他回到父亲身边，同时带回朱元璋的话：“古时候联盟双方结盟发誓，是怕有人不守信用，后来，因为盟誓也不能约束住一些不守信用之徒，才想出了交换人质做抵押这种不友好的办法。现在你们既然已经归附我，只要以诚相待就够了。没有必要送什么人质。”不久，朱元璋就为方国珍封官晋爵。方国珍心怀鬼胎，又找不出推辞的理由，便假称有病，迟迟不肯赴任。朱元璋识破了他的诡计，立即修书给以警告：“当初我认为你是识时务的俊杰，才封官晋爵，让你统领一方，不料你却欺骗了我，想利用你儿子作人质来获取我的信任，窥探我虚实。请不要忘记，聪明的人可能转败为胜，贤明的人也可因祸得福，其主要原因就是要以诚待人，希望你三思。”

方国珍见朱元璋如此洞察细微，无计可施，只好命人带着金银珠宝、饰物鞍辔等物前来谢罪。朱元璋语重心长地对其使者说：“请转告方国珍，我统一天下所急需的是文武将相栋梁之才，是粮食、布匹，珍玩奇宝都不是我感兴趣和需要的。”言毕将礼物原封不动地退回。

此事一经传开，大江南北的仁人志士都为朱元璋的深明大义所感动，纷纷投奔其阵营，这为他日后一统天下，建立明王朝打下了坚实的基础。

朱元璋之所以能在元末的农民起义队伍中，由一个亲兵而逐渐取得领导地位，树立自己的权威，并带领队伍不断发展势力，扩大地盘，最终推翻了元朝的统治，建立明王朝，这是与他富于谋略且深明大义，善于树立权威，聚集天下仁人志士等卓越的领导素质分不开的。

言必诺，令必行

作领导要想树立良好的权威，让人们充分地信任你，你就必须讲求诚信，言必诺，行必果，有功必赏，有罪必罚，以赢得人们的信任与支持。

据《商君书》记载，商鞅被秦孝公任命为左庶长，并制定了新的法

律，开始在国内实行变法。商鞅明白，要顺利推行新法，关键在于民心，在于能否获得老百姓的信任和支持。于是，他便在国都的南门口竖起一根三丈高的大木，并张贴告示说，谁要能将这根大木扛到都城北门去，就重赏 10 两黄金。但围观的群众只是用猜疑、好奇的目光看来看去，就是没有一个人出来愿意一试，人们根本就不相信有这等好事，有些人甚至还担心因此而遭遇不测。

商鞅知道老百姓并不相信他的命令，便又下了一道命令，把赏金提高到 50 两黄金。重赏之下，必有勇夫，果然，有一个人站了出来说愿意试一试。他真的把大木扛到了北门。商鞅当场兑现，赏给他 50 两黄金。此事过后，老百姓都纷纷点头赞许："左庶长办事认真，下命令一点都不含糊。"从此，商鞅推行的新法令，都能够很顺利地执行。

第二年，太子驷的老师公子虔、公孙贾故意唆使太子犯法，给商鞅出难题，意图阻挠新法的推行。由于不便对太子施刑，商鞅说服了秦孝公，将公子虔处以劓刑，将公孙贾处以黥刑。从此秦国国内大治，没有贵族、大臣胆敢触犯新法了。

要想树立良好的权威，在某些时候，作领导的有必要采取行动，向大家旗帜鲜明地表达自己的决心，释去大家的疑虑，打消某些人的侥幸心理，以贯彻执行自己的指令；同时，对那些敢于以身试法者，则要加以严惩，维护自己的权威。在以奖赏与惩罚两方面相结合来树立权威时，商鞅采取的行动取得了良好的效果，正如陆贽所说："执行法治先从贵族开始，再远及卑下的人，就使他们不敢违犯了；执行奖赏先从卑下的人开始，再到贵族，这样功劳就不会有遗失之处。"

而要想让人们充分地信任你，那你必须做到一诺千金。为了确保说话算话，不失信于人，就要注意以下几点：

1. 发布命令必须明确。

2. 发布命令要详尽，不给听令者留下退路。

3. 发布命令必须有的放矢。

4. 没有把握办到的事就不要轻易许诺；即便有把握的事情，在允诺时要明明白白，同时不要把话说满，为日后留些余地。

5. 不要做出无能力坚持下去的决定。

6. 不要发布无力强制执行的命令。

当你做出承诺，就一定要确保自己能够履行它。第一次失诺或许可以原谅，但是，若你连续多次犯同样的错，那你将会失去员工对你的信任，没人会愿意自觉自愿地努力工作，其效果自然是有违初衷。

总之，不要轻视自己所做出的许诺，有了许诺就一定要遵守，哪怕最后会带来一些比较严重的损失。须知，做领导的说话不算话，那他失去的就远不只是那些看得见的损失可比，他失去的，是自己的权威，是员工的信任，而损害的，是整个团队的凝聚力。

增强领导素质

领导者的个性和品德可以形成独特的魅力。一个领导者责任感强，使命感强，大公无私，不谋私利，为人真诚，讲求诚信，公平待人，善于沟通协调人际关系，又具有鲜明的个性特征和高尚的道德品质，那么他的权威就会很高，影响力也较强。

作为领导者，都应该比下属更成熟老练，更有礼貌，更能始终保持自己的风度和尊严。一个成熟老练的人，能够在不触犯任何人的前提下，适时地把话说得圆满，或把事情做得得体，不管事情如何棘手，他都能够对他人的感情加以设身处地的考虑，机智灵活地处理事情。而礼貌在与人进行交往时，是对对方的一种尊重，因此，也构成了处世成熟老练的一部分。无论你在与上司打交道，还是与下属打交道，你都不能有不客气、不礼貌的表现。在人际交往中，你要想他人对你以礼相待，你就必得以礼待人；你要想赢得他人的尊敬，你就得首先尊重他人，并随时维护自己的尊严。

成熟老练、彬彬有礼、懂得尊重他人同时也维护自己的尊严、严以律己，等等，是一个领导者不可或缺的驭人术；反之，有头无尾、放任自己则是领导之大忌，必定会失去下属对你的尊敬，无法建立起自己的权威。

其次，知识、经验也就是力量，是一种丰富的权力资源。开发这种资源，可以帮助你树立权威，帮助你获得其他许多的好处。被部属，被他人视为有知识、有丰富经验者，肯定可以赢得尊敬和信任，赢得他们的信赖。知识、经验有两种，一种是专业技术方面的，另一种是领导管理方面的，这两种知识和经验都很重要，要树立权威最好是将这两种知识和经验结合起来，同时具备这两个方面的知识和经验。

因此，领导者要时时有好学不倦的精神，以丰富自己的学识，增广见闻，提升自己的才能，最终增强自己的领导素质。拥有深厚的学识和丰富

的经验阅历，有着过人的认知、判断、决策才能，或协调、管理、应变等方面的才能，都可以为自己树立权威。

化影响力为实际权威

虽然说有了一定的实力，有了一定的影响力，就可以树立权威，但实力、影响力还不等于实际权威。有不少有实力的人没能成就大事，也有不少有影响力的人没能树立自己的权威。有时候，虽然你有了一定实力，一定的影响力，上级部门也有意提拔你，便安排你负责一些领导管理工作，可是由于某些原因暂时还不能赋予你以头衔，在这种情况下，他人可能会听你的，也可能不听你的，因为他没有接受你差遣的义务。这是事业生涯中的一个尴尬时期，也是逆水行舟，不进则退的一段时期。你应该学会面对这种时期，并从中想方设法寻求突破。

实际上，要想利用影响力树立实际的权威，并非可遇而不可求之事。对于这种情况，《总经理手册》一书提出了以下几点建议：

1. 学会察言观色。因为你的影响力难以测量，上级主管也不会明显地表现出对你的信任，此时，必须运用你的眼光和头脑判断自己在他人心中的位置。

2. 保持清醒。在他人还摸不清风向的时候，你若能保持清醒，就会拥有更大的权威。

3. 显示大将风度。一般人不仅愿与智者接近，也愿与有大将风度的人为伍，愿意跟随在他们的左右。

4. 主动提案，大胆尝试。不要消极等待，要主动出击，能率先提出或推动某种观念的人会在这方面获得更大的权威。

5. 不吝赞美。在合适的场合、合适的时候称赞他人，能振奋士气，赢得好感。

6. 善于掌握分寸，在影响力和权威之间取得恰当的平衡。

7. 要循序渐进，不可操之过急。增进自己权威的过程可能是很缓慢的，不可能一步到位，因此沉稳、有毅力、沉得住气的人，才不会自乱方寸。

8. 当机立断。有成就的人不一定都才智过人，他们更了解自己的影响力，而且会毫不犹豫地加以利用。

林肯"独断"

作领导的虽说要善于听取他人的建议，虚心纳谏，但是，也不要轻易就放弃自己的判断，更不要放弃自己的原则，须知，领导者是听取建议，而不是听从建议，是择善而从，而不是随大流，是左右的人提出忠告，而不是被左右的人所左右。

美国总统林肯，在他上任后不久，有一次将6个幕僚召集在一起开会。林肯提出了一个重要法案，而幕僚们的看法并不统一，于是7个人便热烈地争论起来。林肯在仔细听取其他6个人的意见后，仍感到自己是正确的。在最后决策的时候，6个幕僚一致反对林肯的意见，但林肯仍固执己见，他说："虽然只有我一个人赞成，但我仍要宣布，这个法案通过了。"

表面上看，林肯这种忽视多数人意见的做法似乎过于独断专行。其实，林肯已经仔细地了解了其他6个人的看法并经过深思熟虑，认定自己的方案最为合理，而其他6个人持反对意见，只是一个条件反射，有的人甚至是人云亦云，根本就没有认真考虑过这个方案。既然自己的意见是正确的，按照择善而从的原则，自然应该力排众议，坚持己见，还有什么可犹豫的呢？

当一种新的想法或法令一经提出，必定会有反对者。有时候，还可能出现一片反对声，这时候，领导者更是容易处于孤立之境。这种时候，领导者不要害怕孤立，而要拿出自己坚强的意志和果决来。对于因不了解而反对的人，可以怀着热忱，耐心地向他说明道理，使其逐渐了解而改变自己的态度；而对于为反对而反对的人，不妨姑且听之，或者索性忽略。只要事情能朝着正确的方向发展，取得良好的结果，自然能赢得更多的支持，赢得众人的尊敬。

总之，只要你的提议和决策是对的，就要坚持到底，无论结果可能出现何种情况。意见，是多数人提出的，但做出总结性的决断，却还得靠一个人的判断。因此，不要妥协，更不要放弃自己的原则。在原则上总是妥协让步，就意味着你将把自己的诚实、责任感和个人荣誉置于不顾的位置。

花花轿子人抬人

司马睿在建康即位，重建晋朝之前，曾受晋怀帝之命，被派到江南去镇守。当时司马睿在西晋皇族中，地位和名望并不高。他带去了一批北方的士族官员，其中最有名望的是王导。司马睿对王导言听计从，把他看作知心朋友。

司马睿刚到建康的时候，江南的一些大士族地主嫌司马睿地位低，不怎么看得起他，也不来拜见他。为此，司马睿心里不踏实，要王导想个办法。

王导有个堂哥王敦，当时在扬州做刺史，很有点势力。王导把王敦请到建康，两人一商量，想出一个主意来。这年三月初三，按照当地的风俗，这一天是禊节，百姓和官员都要到江边去“求福消灾”。这一天，王导让司马睿坐上华丽的轿子到江边去，前面有仪仗队鸣锣开道，王导、王敦和一些从北方来的高官、名士，一个个骑着高头大马跟在后面，排成一支十分威武的队伍。

这一天，在建康江边出游的人原本就很多，见有了热闹可看，更是人山人海。大家看到这种从来没见到过的大排场，深感新奇、刺激，各个引颈翘首观望，一时观者如潮，人声鼎沸。

江南有名的士族地主顾荣等听到这个消息，从门缝里偷偷张望。他们一看王导、王敦这些有声望的人对司马睿这样尊敬，大吃一惊，怕自己怠慢了司马睿，一个接一个地出来排在路旁，拜见司马睿。

此次游江盛举，极大地提高了司马睿在江南士族地主中的威望，司马睿的声名很快就在大江南北传了开来。王导又向司马睿建议说：“顾荣、贺循是这一带的名士。只要把这两人拉过来，就不怕他人不跟着我们走。”司马睿便派王导上门请顾荣、贺循出来做官。这两位名士见王导亲自前来请自己做官，都非常高兴地来拜见司马睿。司马睿热情地接见了他们，封他们以高官。

自此以后，江南大族纷纷拥护司马睿，司马睿在建康就站稳了脚跟。而北方的士族地主，自社会发生大动荡以后，也纷纷逃到江南来避难。王导便又劝说司马睿把南渡的北方士族中有名望的人都吸收到王府来。司马睿听从了王导的意见，在自己的王府里前前后后吸收了一百多位士人。

司马睿听从王导的安排，拉拢了江南的士族，又吸收了北方的人才，巩固了地位，心里十分感激王导。他对王导说："你真是我的萧何啊!"后来司马睿在建康登基，即封王导为丞相，掌管朝内的大权，王敦任荆州刺史，统重兵镇长江中上游，王家的子弟中，很多人都封了重要官职，当时人称"王与马，共天下"。

人们之所以不特别看重一个人，是因为他只是孤单的一个，没有参照物，无从认识，也显示不出他的高大来。而要是看到一些自己非常敬重崇拜的有声望的人物，却对这个人非常恭敬，俯首贴耳的，那么人们肯定立马会对他刮目相看。于是，司马睿便在王导、王敦等名人士族布置显赫的排场，为其抬轿吹喇叭，全力吹捧之下，建立了自己的东晋王朝。威望，有时候就是这样建立的——由此看来，官架子大排场在某些特殊时候还必不可少。

第八计　恩威并用

在日本江户幕府时代，一位叫池田光政的藩主，曾说过这样一段话："一位当政者，要想统治好一个国家，必须要德威兼备，宽严得宜。如果只施以小惠，而没有威严，国民就会像一群在溺爱中成长的孩子不听教诲，将来更不可能成为有用的人；相反的，如果对任何事都采取严厉的态度，或许在表面上能使人遵从，但绝不能使人心服，事情也就很难顺利进行了。所以一定要有公平的赏罚，施恩于人，如此才是真正的威严；没有恩，只有威是没有用的；而没有威，只有恩也不会发生效力。但最重要的还是要了解百姓的想法，如果无法做到，即使恩威并用，也不会发挥真正的效用。"

威是威严、责备、惩罚，恩是关爱、包容、封赏，池田光政的这段话告诉人们：身为一个领导者，在带领自己的部属处理问题时，要了解部属的想法，对于恩、威要配合运用，恩威并用，宽严得宜，才能相辅相成，收到事半功倍之效。以企业来说，如果欠缺严格的管理，一味宽厚温和，以恩示人，员工很容易会被惯坏，而言行也变得随便，怠惰进取之心；但若过分严格，往往会导致部属心理畏缩，表面顺从，实际对抗，对事情没有自主性，也缺乏兴趣。如此一来，不仅员工的才能得不到有效的发挥，整个企业也将失去生机。

当然，所谓"宽严得宜，恩威并用"的意义，并不是恩、威各占一半，而是说依事情的情况而定，恩威配合，以有效地激励部属，如此，部属一定会很好地完成交给他的任务。

汉光武刚柔相济

刘秀起兵南阳，靠地方豪强大族相助，壮大了势力，接着经营河北，占据河洛，很快统一了中国。但他像众多开国君主一样，遇到了功臣元老争权夺位、勾心斗角的复杂局面。对于这个让无数君主头痛的问题，刘秀自有其办法。他既不肆意猜忌杀戮，也不放纵偏袒，任其坐大，而是采取刚柔相济的办法。

首先，刘秀即位之后，即大飨将士，厚封功臣。凡是跟随自己身边作战立功者，不分地位高低，一律封赏，恩宠有加。当有人建议要他强干弱枝，限制功臣封地时，他很不以为然。他认为古今君王亡国，在于无道，而不在于功臣食封厚薄。刘秀如此厚待功臣，不负他们当年跟随自己出生入死所做出的贡献和牺牲，使得他们个个都心满意足，感恩戴德。

其次，刘秀在厚封功臣的同时，却并不放纵，而是严加约束，刚柔并用。在经济利益上，刘秀十分大度宽容，厚待功臣，但同时对于横行不法、触犯国家律条、破坏社会者，他却是严加惩处，决不宽贷。如对张汲等十多名郡守借丈量土地之机损害人民利益的违法行为，刘秀毫不犹豫地将他们下狱处死。刘秀常常严厉警告各地官吏，如有明知故犯者，一律绳之以法，决不宽恕。在他的严加约束、严惩不贷的政策下，大批食封勋贵，虽然生活优游，奢侈享受，但却还是小心守法，战战兢兢，不敢以身试法，胡作非为。而在严肃法度的同时，刘秀对待那些守法度日，或退休在籍的功臣，也能倍加体恤，不时遣使慰问，示以恩惠。

再次，为了巩固自己的统治，刘秀采取劝解兵权的办法，使君臣相安。自古以来，便存在功臣问题，也就是功臣拥兵自重，危害皇权的问题。在这个问题上，刘秀除了对所有功臣采取优厚封赏、严加约束外，对于一小批权高位重，手握重兵的功臣，则采取解除其实权的办法。开国以后，刘秀首先劝谕一些功臣交出兵权，坐享清福，且保子孙富贵。接下来，采取措施，以“修文德”为名，用文士代替武将，以新贵代替功臣，使得许多老将自动交出军权，少问政事，颐养天年，使得君臣两相安。

从以上各方面可以看出，刘秀在巩固中央皇室集权时，既维护了功勋集团的利益，又巩固了中央集权，刚柔相济，恩威并用，化解了许多内部矛盾，增强了皇权的稳定性，同时又避免了一些血腥残杀事件，取得了十分良好的效果。

陆逊恩威并用服江东

公元 222 年，刘备为了替自己的义弟关羽复仇，领兵顺江而下，进攻吴国。吴国的形势十分危险，许多大将都感到害怕，孙权遂起用陆逊为大都督，并授其尚方宝剑，指挥朱然、潘璋、宋谦、孙恒等五万大军抵抗刘备。

陆逊为人忠厚、富有智谋，且胸怀广阔，但毕竟过于年轻，资历尚浅，还不曾取得什么突出的业绩，而当时归其统率的各部队的将领，有的是孙坚、孙策手下的老将，有的是皇亲贵戚，无论是地位、资历，都比陆逊要高得多，因此，在前期作抗战准备的时候，众将领往往不听陆逊的指挥，各行其事。陆逊知道，这种不利的局面必须尽早改变。

在一次战斗之前，又有几位老将军不服从军令，同陆逊争论起来，各

持己见。陆逊没有办法，只好以手按剑，十分严厉地说："你们应该知道，刘备是闻名天下的英雄，连曹操都很怕他。现在刘备的军队已侵犯了我们的边境，大敌当前，我们应该团结一致、齐心协力，你们各位将军都是身负重任的人，是国家的栋梁，而现在却不听指挥，这样会危害国家的利益，实在不应该。我虽是书生出身，勋业、资历、威望都不如各位老将军，但我既已受命指挥大军作战，国家予我重任，是相信我能不负重托，团结大家完成使命。国家委屈各位将军，也是相信各位能够接受我的指挥，各人都应承担自己的责任，没有理由推辞。否则如何对得起国家的恩惠呢?"

大家听他这么一说，即感到身负使命的重要，遂收敛神情，不敢再肆意胡闹。最后，陆逊严肃宣布，如果有人敢违抗军令，他必定依法惩处。将领们见陆逊如此申明，才逐渐地听从指挥。

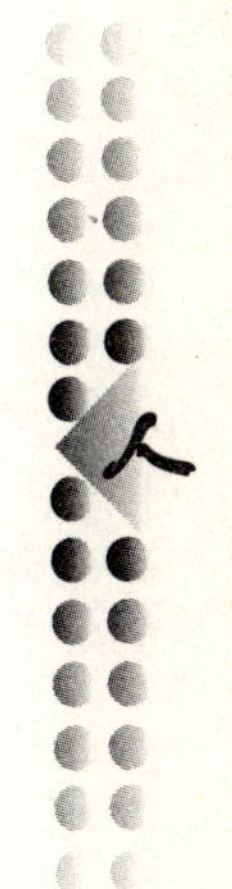

后来，在与蜀军对抗中，陆逊利用刘备的失误，用火攻的办法烧了刘备的营寨，结果连破刘备四十多个军营，使得蜀军将士死伤数万人，刘备也败退白帝城，最终死在那里。战争结束后，大家才认识到了陆逊的才能，那些老将们才真正口服心服了。自此以后，年轻的陆逊在吴国建立了自己稳固的威望。

事后，在总结此战经验时，孙权问陆逊："在击退刘备的战役中，你遇到了将领不听指挥的问题，当时你为什么不把情况报告我，让我直接下命令呢?"

陆逊回答说："各位将军都是国家的功臣，要依靠他们创建大业。您对我如此信任，交给我的重任和我的才能很不相称，但为了对国家有利，我能做到忍辱负重。春秋战国时期，蔺相如能容忍廉颇，我和他们相比，还相差很远呢。再说，如果由您来下命令，将领们虽然表面上服从，但那只是服从您，但从心里还是不服从我，这样一来，就会造成更大的麻烦!"

孙权听了，连连称赞："说得好，做得对!"遂任命陆逊为辅国将军，封为江陵侯。

处处以国家以事业为重，不计个人恩怨得失，多为他人设想，容让他人，这是领导人所应具有的优秀品质。在自己的威望难以服众，资深老将们不服从军令时，陆逊没有采取利用手中的权力强行压制的方式，而是动之以国家恩惠，期之以国家所托重任，并重申军令，恩威并用，以谦让得人情，以才智服人心，使得众将领听从了他的指挥，这在当时应该是一种高明的做法。在获取大家的服从之后，陆逊在实际的行动中显示出自己的实力才能，取得了显赫的战绩，最终建立了自己稳固的威望。

威望要想稳固而长久，就不能单靠手中的权力，靠强权压制，还要看领导者是否能获取民心，在于领导者是否以国家和事业为重，并以自己的才智，为大家谋取共同的利益。权力与恩惠相结合，才能建立起稳固的威望。

高欢架阵服谏官

南北朝时，东魏行台郎中杜弼，曾将一些文武大臣的贪掠之举，向丞相高欢禀报，请求将他们治罪。高欢认为，现阶段的局势是，西有西魏宇文泰之进逼，南有肖齐相诱，而且手下的文官武将的家属大多还在关西，人情去留未定，所以便将杜弼的谏议束之高阁了。

一次，高欢出门讨伐西魏，没想到杜弼固执己见，再次请求高欢出征前先消除“内贼”。高欢问内贼都有些什么人，杜弼说是那些掠夺百姓的鲜卑贵族。高欢没有回答，而是安排营中军士搭弓上箭，高举大刀，握鞘向前，夹道层层而立，再让杜弼在这行列中来回走动一次。

杜弼乃是个读书人出身，哪里见过这种阵势，一趟来回下来，如同进出鬼门关，早吓得浑身哆嗦，冷汗直流。见此，高欢对杜弼说：“只是搭箭不射，持矛不刺，举刀不砍，你就被吓得失魂落魄了，诸位勋贵将领在战场上冲锋陷阵，百死一生，虽然有人或许有贪污掠夺的行为，但与他们平时的战功相比，怎能相提并论!”

杜弼跪地顿首，为自己冒失的举谏表示道歉。

高欢能够从大处着眼，在大敌当前的特殊时期，应尽可能地全力对外，此时若在出征之前先整肃内部，搞得人人自危，谁还肯效死沙场？高欢对那些掠夺百姓的鲜卑贵族的宽容，合情而不合理，非置身沙场之人不容易理解。所以，高欢有意让杜弼亲身体验一回沙场生死莫测的凶险，使得行台郎中杜弼，还有和他一般的谏官，能够理解、接受并进而支持高欢的行动。另一方面，高欢也在以此举表明自己对鲜卑军士的重视，表示自己的关爱，以激励他们。

□

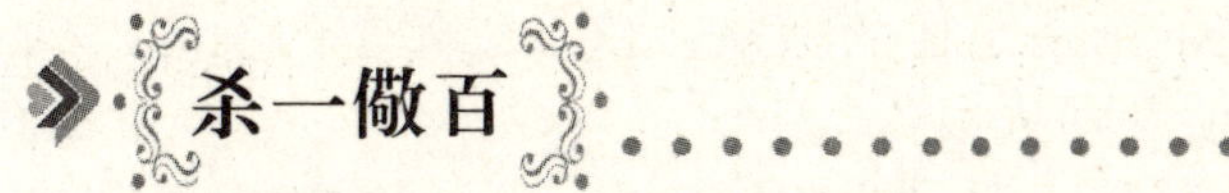

杀一儆百

司马穰苴出生于齐国一个普通家庭，因文武兼备而受到晏婴的大力推荐。公元前 531 年，齐景公在听了穰苴对军事兵法的一番见解之后，便拜他为将军，令其率 500 乘战车，驱逐晋、燕联军于国门之外。穰苴受命之后，感到自己一向出身微贱，无以服众，便向齐景公请求派一个有权有势的大臣当监军，相助自己统驭将士。齐景公即派他的宠臣庄贾为监军，随穰苴一道出征。二人领命辞出朝门，穰苴与庄贾约定明日午时在军营集合出征，并郑重地重申，届时他将在营门专候，切勿误了时辰。

第二天，穰苴早早来到军中，做好军队出发工作。午时一到，穰苴就宣布军令，整顿部队。可是庄贾迟迟不到。原来庄贾自恃显贵，又深受齐景公的宠爱，根本没把出身市井的司马将军放在眼里。在司马穰苴和军队等候他的时候，他正在亲朋为他所设饯行宴席上与人畅饮。穰苴派人前来催促，庄贾不以为意，饮酒如故。直到傍晚时分，庄贾才带着醉意到达营门，登上将台。

穰苴面色铁青地问道："监军为何迟迟不到?"

庄贾满不在乎地说："今天远行，亲戚朋友都来设宴饯行，一时脱不开身，所以来迟了。"

穰苴正色地责备道："大凡为将之人，受命之日，负有监军重任，当公而忘家，到了军中，就得忘其亲旧。闻战鼓声响，在战斗中挺进，则必须忘其身。"

可是庄贾仗着自己是国王的宠臣，仍然一副不以为然的样子。穰苴大怒，当着全军将士，问军法官："按照军法规定，无故迟到，该当何罪?"

军法官答道："与军约会，期而后至，得慢军之罪，当斩!"

庄贾听得"斩"字，吓得浑身发抖，醉意全无，连忙派人飞报齐景公，自己也准备逃走。司马穰苴哪里容得他逃走，喝令手下将庄贾拉出去即时斩首。

当齐景公派来的使臣飞马闯入军营狂呼放人时，庄贾的人头已经挂在了辕门之上。穰苴见来使骄狂，便又叫来军法官，问道："来使该当何罪?"

军法官答道："军法有驰骤军中者，得轻军之罪，当斩!"来使即时吓得面如土色。

稍后，穰苴才慢慢说道："既是君王派来的使者，可免本身之死，但要斩随从，以彰军令!"于是下令杀了他的随从，以及三驾车的左马，砍断马车左边的木柱，然后让使者回去报告。

俗话说"杀一儆百"，全军将士看到主将竟然敢杀迟到的违犯军令的君王宠臣，敢杀君王使臣的威风，自然都对穰苴心生畏惧之心。此后，在行军中，在战场上，全军将士对于将令都不敢稍有怠慢，其效果正如陆贽所说"执行法治先从贵族开始，再远及卑下的人，就使他们不敢违犯了"。穰苴军纪严明，军队战斗力大大提升，果然打了不少胜仗，为驱逐晋、燕联军，复兴齐国立下了汗马功劳。作为部队的指挥官，必须做到令行禁止，法令严明。否则，指挥不灵，令出不行，士兵一盘散沙，怎能打仗！但从人类的本性来讲，人们绝大多数是讨厌命令而喜欢随意自由的，因此，在军队里，惟有强调服从是军人的天职，惟有做到法令严明，以军法威慑将士之心，主将才能有效指挥。

讲制度也讲感情

海星公司的老总荣海认为：用能人，约束机制必须健全，监控手段、奖罚手段要全，要强！一个能够任用能人的机制，应该首先是制度强有力。当然，荣海强调的所谓强有力的制度，其实是一种深入中国特色的观念，是"制度底下的情感机制"，讲约束，更讲激励：首先要有一个健全的用人制度，有一个大的原则，在大原则下可以作一些调整，通过感情因素的加入增强凝聚力，反过来更好地实施、推行用人制度。而制度的目的，完全在于更好地激发人性、发挥人才的潜力。荣海曾说："单纯讲制度，很多人都会走，在中国有制度的地方很多，我为什么要跟你干？反过来说，光讲感情而没有制度，公司上下就会一团糟，人人都跟你讲条件，人人都说自己是功臣，你怎么办？必须把两者揉合在一起，创造一种有中国特色的管理方式。"

荣海所强调的把两者揉合在一起的一种有中国特色的管理方式，其实就是恩威并用的管理方式，一方面强有力的制度监控约束人才，另一方面又重视感情，示人以恩，这样恩威并用，才能很好地吸引人才，管理人才，留住人才。

海星的高层管理人员 70%出自西安交大，每个人都有最少 5 年以上的

本公司工龄。年龄都在33岁到42岁之间。是这样一个管理层结构完善了“制度底下的情感机制”，也是“制度下的情感机制”稳定了这样一个管理层结构。

牛根生有福同享

当牛根生被迫离开伊利集团时，和他一起被免职的还有几位伊利集团的中层干部。他们聚在一起，决心另起炉灶，重干乳业这一行当。他们把手里的伊利股票卖掉，一共凑了100多万元，于1999年初成立了内蒙古蒙牛乳业有限公司。业界某元老闻知此事，不由大笑：“100万元能干什么!”是啊，在乳品这个行业，区区100万还真是如同儿戏。然而，天下事情总有那么多的巧合，那么多的离奇，而蒙牛便在这离奇之中。和这位业界元老一样感到不可思议的是，竟然就有那么一些人不惜冒着巨大风险，而将大把钱财投到了新生的蒙牛上。事实上是，牛根生的其他老下属听说牛根生创立了蒙牛公司之后，纷纷不约而同地投资蒙牛。此外，在他们的带动下，他们的亲戚、朋友以及有业务关系的都开始把钱投到了蒙牛，交给牛根生使用。就这样，在公司注册5个月后，竟破天荒地募集资金达1398万元。

人们不禁要问：这些人为什么甘冒如此巨大的风险，把钱投入一个前途未卜的新公司？

自然，他们相信牛根生在乳品行业的能力。这是最基本的一点。没有这一点，创业成功胜算不大，谁肯拿白花花的银子打水漂？然而，单有能力，是绝对做不到这一点的。要是单有能力便能做到这一点，那么天下那么多有卓越才能的人士又何必为他人所用，帮他人打工？所以，能力之外，最重要的，还是牛根生其人有着足够的影响力，有这份魅力。原来，牛根生在伊利集团负责领导工作时就懂得以恩示人，以德服人，善待自己的部属。

牛根生在童年时期就领悟到“财散人聚，财聚人散”的处世之道，成年以后也一直疏财仗义，有了好处便与朋友共同分享。还在伊利公司的时候，牛根生因为业绩突出，公司便拨给他一笔钱，让他买一部高档轿车。而结果是，牛根生却买了五辆面包车，直接部属一人一部，因为牛根生认为，自己之所以业绩突出，功劳不是自己一人的，而是大家共同努力所取得的；这还不算，牛根生还曾将自己的108万元年薪分给了大伙；此外，其他的小额分配更是难计其数。牛根生的座右铭是“小胜靠智，大胜靠德”，而且他平时的行为证明了他确实具有这样的品德。

正是牛根生的才能品德，牛根生善待部属，以恩惠示人，所以，蒙牛才能募集一千多万元的巨额资金。这还只是创业的开始第一步。此后，还有更“离奇”的事情：蒙牛创业一段时日后，伊利手下大将，包括液体奶的老总、冰淇淋的老总，纷纷弃大就小，投牛根生而去。这样先后“哗变”的大概有三四百人。面对这番情形，牛根生告诫他们：“不要弃明投暗。”但大家坚定地认为蒙牛不是“暗”而是“明”，因为有牛根生在。这些忠诚的老部下演出了极为悲壮动人的一幕：他们或者变卖自己的伊利股份，或者借贷，有的甚至把自己留作养老的钱也倾囊而出……当初和牛根生一起创业、现任蒙牛集团冰淇淋公司总经理的孙玉斌说：“牛总出来没有拉过我们一个人，总是教育我们在伊利好好工作。为什么在当时那种条件下，我们还要跟着他干呢？我们一直在他的培养下，学到了很多东西，也认为他有能力重新做好一家企业。”

显然，牛根生在创业蒙牛之初，能够聚集如此多的资金，以及众多的优秀人才，自然是因其有着巨大的威信，这威信来源于他的才能品格，来源于他善于与部属有福同享，以恩示人。这一点，我们可以从今日蒙牛成功上市，催生出无数的百万富翁的具体事实中看出。领导者能够与部属有福同享，部属便会甘愿追随，因为他们相信，只要他们共同努力，这样的领导者必定会让他们的才能得到发挥，带领他们打出一片广阔的天地，创造理想的事业，并且给他们带来非常实际的利益。

第九计　身先士卒

此计语出《史记·淮南衡山列传》："当敌勇敢，常为士卒先。"《资治通鉴·隋纪炀帝大业九年》："玄感每战，身先士卒，所向摧陷。"既然领导者在领导过程中更多使用的是非强制性影响力，那么领导者就该以身作则，身先士卒，以自己强烈的责任感、使命感、忧国忧民的热忱、卓越的才识、诚信、平等待人的态度，以及不谋私利，不怕艰苦，不畏牺牲的精神，塑造好自己的形象，以赢得众人的信赖和支持，从而形成独特的魅力，树立起自己的权威。古人云："轻财是以聚人，律己是以服人，量宽是以待人，身先是以率人。"说明领导者以身作则，身先士卒，对树立权威的效果起着决定性的作用。

赵简子身先士卒

春秋时期，晋国赵简子率军攻打近邻卫国，很快包围了卫国的都城。在晋国的强攻面前，卫国军民同仇敌忾，顽强抵抗，战斗进行得十分激烈。城内守军不停地向城外晋军射箭，投掷石块。在强大的反击面前，晋军的攻势大大受阻。赵简子撑着一把巨大的皮制的盾牌，自己躲在盾牌后面，亲自用战鼓指挥将士攻城。可眼见得士兵大都畏缩不前，全无奋勇厮杀之豪气，赵简子不禁大为生气，沮丧地将鼓槌掷在地上，说："没有想到昔日一往无前的晋国雄兵，今天竟会落到这种地步。"

见此情景，一位谋士过来说："主公，要说有什么错，错应在您自己，不应埋怨我们晋国的三军将士。想往昔先主献公吞并十七国，征服三十国，八战十二胜，难道靠的不是这些军队吗？献公去世，惠公即位，对国民横征暴敛，纵情声色，强敌因此乘虚侵入我国，秦国铁蹄如入无人之境，直抵国都近郊，不也是晋国军队团结人民打退了侵略者吗？文公继立以后，重振国威，一战而取卫国之邺地，城濮之战，连败楚军，遂成霸业，用的不也是晋国军队吗？主公今天为何怨我们晋军士气衰颓不振呢？主公可曾想到，眼下的这种情形是因为您做得还不够呢？"

赵简子听了有些愧色，继而精神大振，立刻扔了巨大的盾牌，操起兵器，大声一呼，向前冲去。将士们见自己的主公亲自向前冲锋，大为鼓舞，人人奋勇争先，勇猛无比，向前扑杀过去。卫国守军见此阵势，虽然拼死抵抗，却还是被攻下了城池。

为将者躲在厚厚的盾牌之后，十分爱惜自己的性命，全不冒一丝危险，士兵自然也会爱惜自己的生命，不肯奋勇出击。同样一支军队，同样的阵势，只因为将者的做法不同，而出现大为不同的情况，由此可见，为将者身先士卒所能带来的巨大力量。

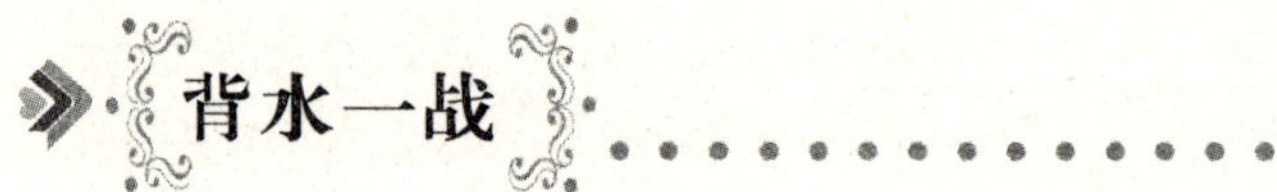

背水一战

《史记·项羽本纪》记载，赵王歇的军队被秦章邯军大破之后，逃入巨鹿城(今河北平乡县西南)，又被章邯部将王离、涉间率军包围，遂遣人向各诸侯军求援。楚国上将军项羽为报秦军杀父之仇，主动请缨前往解巨鹿之围，楚怀王便答应了。

项羽先派部将当阳君英布、蒲将军率军两万，渡过黄河前往救援。战斗稍获胜利，赵王歇大将陈馀再次请求增兵。项羽便尽率主力渡河，前往增援。渡过黄河后，项羽命令将士，将渡河的船只全部沉入黄河，把军队里做饭的炊具全砸碎了，连营帐都烧了，每人只带三天的干粮，以此举向全军表示全体将士都坚决拼死战斗，只能取胜，没有一点后退生还的想法。

项羽破釜沉舟的决心和勇气，对全军将士起了很大的鼓舞作用。于是，楚军主力一到巨鹿就将王离的军队包围起来，与秦军相遇激战。楚军将士人人奋勇作战，越战越勇，没有士兵不是以一人抵挡住秦军十人的。经过多次激烈战斗，楚军截断了秦军两旁筑起夹墙、用以输送粮食的通道，大破秦军，杀死了秦将苏角，活捉王离，涉间不肯投降楚军而自焚。这时候，楚军的勇气和声威盖过各路诸侯军。

而当时，虽然有十多路诸侯军应赵王歇的求援，派兵前来解围，但因为秦军过于强大，这十多路诸侯军没有谁敢派兵出击。当项羽率领楚军与秦军激战时，那些诸侯军的将领都躲在自己营垒上观战而已。楚军战士人人奋勇，以一当十，厮杀呐喊声震天动地，各路诸侯军无不是人人惊恐。楚军大破秦军之后，项羽召见各路诸侯将领。诸侯将领们进入营门时，无一不是跪着前行，竟无人敢仰视。这场战争后，项羽开始成了诸侯上将军，各路诸侯都归属于他，项羽成了实际上的首领。

当团队处于逆境，面临重大困境或者危险时，领导者要怎样才能带领大家走出困境呢？这时候，很重要的一点，就是要求领导者与大家一起同甘共苦，同舟共济，把整个团队拧成一股绳，激励大家同仇敌忾，激发员工誓死一拼的决心、信心和勇气。

曹操以身作则

曹操在统一北方之后，非常注重恢复发展农业生产，并在各地大力推行“屯田”制度。建安三年夏四月，曹操统率大军出征张绣，正值麦子成熟时节，可老百姓因大军到来而逃避在外，不敢割麦。曹操差人远近遍谕村人父老和各处守境官吏，说：“我军奉天子明诏，出征讨逆，为民除害。不得已而起兵，刚好碰上麦熟的时节，我已经下令大小将校：凡过麦田，只要有随意践踏的，都将斩首。我军军法甚严，老百姓请不要惊疑。”

只见大军过处，秋毫无损。行至半路，忽然，田中惊起一只斑鸠，曹操的坐骑受到惊吓，蹿入麦田中，踏倒了一片麦子。曹操即掣所佩剑欲自刎。

众将士急忙救住，齐声求情，说军中不可无主。最后，郭嘉据《春秋》“法不加至尊”说法，曹操于是用剑割下自己的一绺头发，掷于地上，说：“发肤受之父母，割发代割首。”

接着，曹操使人传谕三军，说：“丞相踏坏麦田，本当斩首号令，自割发以代。”于是三军悚然，无不谨遵军令。

对曹操的“割发代首”，后人多认为这是曹操的诈术，用以收买军心民心。但当时的人非常重视自己的束发，认为头发乃父母所生，不得随意损坏，割去头发，即是大不孝。因此，在当时以割发代割首虽然不无勉强，但对于贵为丞相、大军统帅来说，曹操采取这样权变的办法也是行得通的。曹操以此举表明自己重视农业生产，极其重视军法条例。

在东汉末年，割据的群雄，大多胡作非为，无法无天，掠民以自肥。如四世三公出身的袁术军纪不明，视人民为草芥，其部将张勋率领七路大军往征徐州，竟是一路劫掠而过，因此，其七路大军被郭嘉视如“七堆腐草”。而曹操深明“民为邦本”、“无法必乱”的道理，因此他每次出征，大都严明军纪，防止扰民，曹操能如此惩罚自己，“割发代首”，以身作则，为三军作了良好的表率。将士们看到自己的统帅能如此法纪严明，责罚自己，自然不敢以身相试。因此，曹操的部队能够做到军纪严明，并受到人民的拥戴，曹操率军出征多胜，乃是必然之事。

曹操告诉我们：要想驾驭他人就先驾驭自己。他的儿子曹彰领兵出击乌桓时，曹操曾告诫他：“居家为父子，受事为君臣，法不徇情，你要切记!”事实上，不单对自己，对儿子，只要是他制定的，都能够身先士卒地执行。谋士郭嘉把曹操和袁绍作了一番详细的比较，认为曹操在十个方面胜过袁绍，其中两条便是：“桓、灵以来，政失于宽，绍以宽济，公以猛纠，此治胜也!”“绍是非混淆；公法度严明，此文胜也。”

拿破仑身先士卒

伟大的军事统帅拿破仑，在他一生经历的成千上万次的战斗中，在与敌人一对一的正面交锋中，拿破仑几乎没有吃过败仗。可以说，在战场上，从古至今，都没有人创造出像拿破仑所取得的那么多战争奇迹！

拿破仑在战争到了决定胜负的关键时候，总是身先士卒，冲锋在最前面。在一次与敌军作战时，拿破仑率领的军队遭遇到顽强的抵抗，队伍损失惨重，形势非常危急，拿破仑自己也因一时不慎掉入泥潭中，弄得满身泥巴，甚为狼狈。可此时的拿破仑浑然不顾，内心只有一个信念，那就是无论如何也要打赢这场战斗。只听他大吼一声：“冲啊!”

他身边的几个士兵见到他那副滑稽模样，忍不住都哈哈大笑起来。但拿破仑严肃地对他们说：“我这是指挥打仗，你们竟然敢取笑我！军中无戏言，战斗结束后，你们一定要做深刻检讨！”这时，士兵们被拿破仑的威严震慑住了，同时更多的士兵被拿破仑的乐观自信、对战争的忘我热忱所鼓舞。一时间，战士们群情激昂、奋勇当先，终于取得了战斗的最后胜利。

拿破仑在作战中好用短促突击战术。他善于在战场风云变化中洞察敌军的空虚，抓住最有利的战机，出人意料地进行快速突击。敌军常常因此而被打个措手不及。一次，拿破仑身受重伤，仍然在前带领部队冲杀，战士们看见主帅受伤之后仍然坚持指挥，奋勇杀敌，便都急红了眼，舍命厮杀。在拿破仑身先士卒的率领下，将士们人人奋勇，一同往前冲，自然能够化不利为有利，转败为胜，化小胜为大胜。可以说，拿破仑多次在战斗中，率领部队突击敌军中军，直取敌军主帅，屡获大胜，均是不畏艰难，不怕牺牲，坚守指挥岗位，并常常带头冲在队伍前面，以此换来战斗的胜利！

拿破仑最富传奇色彩的一次，是他从流放地厄尔巴岛逃回法国后，招降路易十八的大军的一段历史。那是拿破仑第一次失败后，被流放到了地中海上的一个小岛厄尔巴岛。但谁也没料到的是，他没多久便孤身逃回到了法国。当时他身无一兵，靠自己的威信总算聚集了一千人的军队，却遇到了路易十八派来剿灭拿破仑的大军。当时拿破仑站在队伍的最前头，面对着敌人的枪炮，豪气干云地对路易十八的大军说道："我就是你们的国王，你们如想杀我，就杀吧!"拿破仑此举，一时间竟令对方所有的将士都震惊了。震惊之余，他们也为拿破仑的豪情，为他浑身散发出的强烈的个人魅力，当然，还有他那天才般的军事才能所倾心，所折服，一致认为拿破仑才是他们值得效力的统帅，是他们真正的国王，于是整个大军不战而降。拿破仑带领这支大军，浩浩荡荡地杀向巴黎。一路上，几乎没遇到什么顽强抵抗，路易十八的军队几乎是望风而逃。很快，路易十八见败局无法挽回，便逃出了法国。拿破仑又重登国王的宝座。

正所谓"德高以服人，身先以率人"，拿破仑全力以赴于国家事业，忠实于民族事业，并与将士们同进退，共荣辱，律人律己，身先士卒，深受将士们的崇敬和爱戴，所以才树立起无比的威信，在战场中几乎是无往而不胜，成为了军事史上的传奇人物。

骑士豪情

在以前的西部片中，我们常常看到这样的场面：牛仔英雄为了拯救美丽的姑娘，要去与一帮匪徒决斗。当他跨上骏马，准备出发时，面上沉着、勇敢、坚定，有着骑士般的潇洒英姿，有着壮士一去，若不成功绝不复还的胆魄和决绝，策马扬鞭，正欲扬鞭，又猛地回头，扫了身边的众人一眼，一双发出亮光的眼睛闪露出坚毅的神情，似在道别，又似在召唤，远方的鼓舞与催促。

接下来，有一骑手跨出，又有一骑手跨了出来，然后是十来个。队伍在骚动，但更多的骑手还在犹豫、观望。然后，为首的骑手马鞭猛地一甩，十余骑向前冲去。马声嘶嘶，尘土飞扬，这时，身后犹豫的骑手不再犹豫，也是个个策马扬鞭，冲了上来。前冲的骑士越来越多，原地未动的骑手却是越来越少。最后，原本没想好是否一同前去的骑手也感到了孤立，受着同伴侠气的鼓舞，也终于咬了咬牙，策马跟了上去。就这样，一支前往营救的几百人的队伍终于汇成了一条流动的河流。他们共赴决战，心中充满必胜的信心。

领导者甘冒风险，不怕牺牲，勇往直前，那么，其他人就会受到鼓舞，受到激励，萌生同仇敌忾、生死与共的豪情，甘愿追随，他们知道，在这样的领导者手下，一定会取得渴望的荣誉，取得辉煌的成就，享受成功的喜悦，就是代价惨重，甚至牺牲，也不会白白付出，也会感到光荣。

沃尔顿的成功训条

1940 年，萨姆·沃尔顿每月仅挣 75 美元；1991 年，他拥有遍布全球的沃尔玛连锁零售店，其个人财富高达 44 亿美元。在 50 多年的时间里，沃尔顿跨越贫困线，步入中产阶级行列，进而加入美国亿万富翁俱乐部，成为美国最富有的人之一。沃尔顿之所以能获得如此巨大的成就，自有其成功的秘密，只是其秘密被封闭了多年。直到 1992 年，在沃尔顿因患癌症去世后，他的家属才将他的自传公诸于世，在他的自传中，沃尔顿从一生的实践中总结出了一套经商规则，这就是被世人称道的萨姆·沃尔顿“成功十训”。其中有如下四条：

第一条，要全心全意地投身于事业，忠实于事业。正是我的敬业精神弥补了我的不足。

第二条，同管理人员同甘共苦。把管理人员当作平等的伙伴可取得最佳经营效果。

第三条，经常激励督促管理人员。单是有钱和有所有权并不够，应高标准激励员工的干劲和竞争精神。如果出现麻痹拖沓而失去活力的情况，那就及时更换管理人员。当然，这样做必须谨慎。

第七条，倾听企业里所有人的讲话，创造机会让他们讲话。处在第一线的人（那些真正天天同顾客打交道的人）是唯一了解外面发生的真实情况的人。能做到“凡是他们知道的你也知道”最好。

从这“成功十训”的四条综合来看，最高负责人要有投身于事业的热忱，强烈的敬业精神，与员工同甘共苦，时时在员工的身边，给他们以及时的激励督促，如是等等，所有这些，事实上也就是要求最高负责人具有以身作则、身先士卒的敬业精神。

事实上，这“成功十训”正是沃尔玛身体力行的原则。沃尔玛之所以

能成为世界上最大的连锁零售店，沃尔顿之所以能成为零售大王，使得世人一般看不上眼的零售业成为光芒耀眼的行业，沃尔顿以身作则、身先士卒的敬业精神可谓功不可没。沃尔顿的办公室设在一座棚屋里，与其说那是一个商业帝国的所在地，不如说它像一个小公共汽车站。直到后来，当沃尔顿被诊断患了癌症后，他依然开着他那辆轻型货车在美国各地周游，寻找更丰富更实惠的产品来充实自己的零售店。而当他因病去世后，他的伙伴们还可能会说："他走了，是到天堂为他的顾客寻找便宜货去了。"

第十计　调兵遣将

同样的人力资源，不同的搭配组合，会呈现出不同的整体状态，具有不同的能量级别。对于这一点，法国著名企业家皮尔·卡丹曾提出这样一条定理：用人上一加一不等于二，搞不好等于零。实践告诉我们：搭配失当，往往会失去整体的优势，而善于安排组合，调兵遣将，往往能激活整体的能量，收到最佳的效果。

田忌赛马

《史记·孙子吴起列传》记载，战国时期，齐国的将军田忌常常和王族们赛马。双方马分三等，比赛时，田忌总是以自己的上马对对方的上马，以中马对中马，以下马对下马。因为对方每一个等级的马都要比田忌的为强，所以田忌屡赛屡败。

孙膑听说了他们赛马的事，并且知道他们的马比田忌的马总体上跑得快不了多少，于是他对田忌说："您再与他们比一次吧，我有办法使您得胜。"

临场赛马那天，双方都下了千金赌注。一声锣响，比赛开始了。孙膑让田忌以下马对对方的上马，再以上马对其中马，以中马对其下马。结果，一败二胜，田忌赛马胜出。

这就是《史记》中所说的"以下驷对上驷，以上驷对中驷，以中驷对下驷"。事物内部长处和短处、优势和弱势的不同排列组合，会形成不同的实力结构，产生强弱不同的力量，自然，在不同的环境下，或在与不同对手竞争时产生不同的效果。这就需要领导者能够纵观全局，从大处出发，在不同环境下针对不同的对手，调整自己内部的人员安排，实现团队结构的最佳组合，在注意充分发挥每一位员工才能的同时，还要注意最大限度地发挥整个团队的力量，最终取得竞争全局的胜利。

魏侯相田文

魏武侯继位登基后，为了笼络朝中大臣的感情，一日特地设宴招待群臣，散席之后，又率领群臣畅游黄河。大家乘船顺河南下，观赏沿岸风光。看着河流两岸陡峭的山崖，魏武侯不禁感叹道："这一带山河如此险要、坚固，真是太重要了，它们简直就是魏国的天然屏障!"

西河太守吴起趁机起身应道："国家的安全在于实行仁政，而不在于山川之险。过去三苗氏左有八百里洞庭湖，右有人烟稀少的彭蠡大泽，但由于不修仁德，最后被大禹灭掉。夏朝的东边是河济分流处，西边是华山，伊阙山在它的南面，羊肠坡在它的北面，但夏桀因推行政治不仁德，被商汤放逐而死。殷商的东边是孟门山，西边是太行山，常山在它的北面，黄河流经它的南面，但商纣王荒淫无道，被周武王杀掉。由此可见，国家的安全在于实行仁德，而不在于山河的险要。如果君主不修仁德，这同船中的人也可能成为对立的双方。"

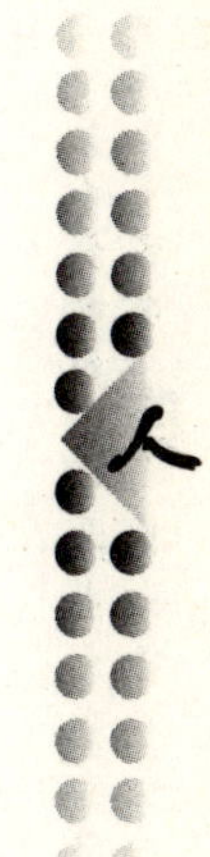

魏武侯听了，感慨地说："你说得对。"从此对吴起越加信任。但不久在设置相国之位时，魏武侯却没有任命吴起，而是让孟尝君田文出任。对此任命，吴起心中大为不平，以为自己无论是论功劳，还是论才能都能胜任相国一职，于是就委婉地询问魏武侯。魏武侯不作正面回答，只是让吴起自己去和田文谈谈。吴起于是很不高兴地去问田文："请让我跟你比一比功劳，可以吗?"

田文说："可以。"

吴起说："统兵作战，鼓动三军士气，使士兵们愿意拼死作战，敌人不敢进犯，您和我比怎么样?"

"我不如将军。"

"管理文武百官，使百姓亲附，让国库储备充实，您和我比怎么样?"

"我亦不如将军。"

"镇守西河，构筑防御工事，巩固边防，使强秦不敢东顾我们魏国，您和我比怎么样?"

"我更不如将军。"

吴起说："这三方面您都处下风，但职位却凌驾在我之上，这是为什么呢?"

田文回道："如今国丧不久，新君初立，国内不安定，大臣不亲近，百姓不信任，在这种动荡时期，依你说，该把国家大事交给您，还是交给我呢?"

吴起沉默了许久，说道："应该交给您。"

田文说："这就是我的职位在您之上的原因。"

吴起惭愧而退，同时也明白了魏武侯的用心。

调兵遣将，升降用人，并不存在固定的模式，而在于因时因地因势而行。吴起文武双全，是一位很有抱负的军事家和政治家。然而，他为人非常自尊，过于追求功利，且因功劳巨大而有些骄傲自大，这些性格特征既是他的优点，也是他的缺点。对于这一点，魏武侯自是看得清楚，一方面因为吴起立有大功，善于国防而重用他，另一方面又因为他的权欲之心而留有一手，不任他为相国，以防其功高权重而野心膨胀。同时，在当时国内局势下，最重要的当是稳定局势，收复人心，设置相国一职主要目的当也是如此。魏武侯任命孟尝君田文为相国，自是看重田文老成持重，宽宏大度，以及他在朝中旧臣中的威望，因此借任命田文来笼络朝中旧臣之心，稳定局势，同时也可以牵制手握重兵、功勋卓著的吴起之辈。

唐太宗取长补短

唐太宗登基后，唐朝因开国不久，百废待兴，整个朝廷的组织结构自然需要大刀阔斧地调整与建设。如何将手下的有着不同才干的人才放在最适合的位置上，将整个朝廷建设成一个最合理、最有效的政治组织结构呢？唐太宗早年曾跟随高祖南征北战，善用手下一批文臣武将，取得过骄人的战绩，深知人才对打天下和治天下的重要作用，以及组合作战的力量，因此，唐太宗在登基后，根据各人的不同才能与性格特征，并在听取大臣的建议之下，做出了以下重要的人事安排。

房玄龄处理国事总是孜孜不倦，知道了就没有不办理的，于是唐太宗任用房玄龄为中书令。中书令的职责是掌管国家的军令、政令，阐明帝事，调和天人。入宫禀告皇帝，出宫侍奉皇帝，管理万邦，处理百事，辅佐天子而执掌大政，这正适合房玄龄"孜孜不倦"的特性。

此外，房玄龄研究安邦安国之道时，也很有创造性，能提出许多精辟的见解和具体的办法来，但是，他却不善于整理自己的这些见解和建

议。他能够提出许多精辟见解，但是却很难决定该颁布哪一条。而杜如晦，虽然不富于创造性，但是他善于对他人提出的意见做出周密的分析，精于决断，什么见解、建议经他一番审查，综合分析之后，就能变成一项决策、律令提交到唐太宗面前。而且，两人还都诚恳敬业，沉稳老练，因此，唐太宗就分别任他们为宰相，将他们俩安排在一起工作，密切合作，组成合力，辅佐自己，从而形成了历史上著名的“房谋杜断”的人才结构。

大臣魏征常把谏诤之事放在心中，耻于国君赶不上尧舜，于是唐太宗任用魏征为谏议大夫。谏议大夫是个很特殊的职位，职责是专门向皇帝提出意见，既无尺寸之柄，但又权力很大，其重要性完全取决于谏议大夫是否勇敢，是否善于劝谏，其意见皇帝是听还是不听。众所周知，魏征为人忠诚、耿直、不畏权威，但由于宫廷内部的权力斗争，原本并不为李世民所用，而且还有不小的过节，但李世民即位以后不计前嫌，而破格提拔魏征来谏议大夫。魏征果然不负厚望，大胆犯颜直谏，指出唐太宗施政的得失，纠正了其许多过错。唐太宗往往能够虚心接受，并把魏征视作一面“正衣冠”的镜子。

大将李靖文才武略兼备，出征能带兵，入朝能为相，唐太宗就任用他为军事统帅，让他带领大军北征突厥，南平吴地，西抚吐谷浑，为大唐江山的稳定立下了汗马功劳。后来，唐太宗又封李靖为刑部尚书兼检校中书令。刑部尚书的职责是掌管全国刑法和徒隶、勾覆、关禁的政令，这些事务也都适合李靖才能的发挥。

此外，其他许多朝廷官员的任命，也都是根据其各自不同的才能安排的，正如唐太宗自己在谈到其成功的原因之一时所指出的：“一个人做事，不可能样样都会，我用人总是用他的长处，避免用他的短处。”在唐太宗的英明用人决策之下，房玄龄、杜如晦、魏征、李靖等人共同主持朝政，互相取长补短，发挥了各自的优势，共同构建起大唐的稳定的上层组织，显示其强大的阵容。

唐太宗的“房谋杜断”的用人搭配体系是非常高明的。团队的实力不仅取决于其规模，而且还取决于人才的组合结构。在一个众多人才的群体中，不仅要有个体的优势，更需要有最佳的组织结构。

“金无足赤，人无完人”，因此，严格说来，几乎所有的人才都是“偏才”，没有“全才”。但在团队中只要“偏才”组合得好，就可以构成更大的“全才”。任何人才作用的发挥，离不开人才群体的整体效能。人才不是孤立的，只能在群众中发挥自己的作用。管理者的任务在于综合每个人的长处，将每一个人才的长处互相搭配，取长补短，来构建合理的组织结构，提高整个组织的效能。

优秀的管理者不仅要看到单个人才的能力和作用，更重要的是要组织一个结构合理的人才团队，要将不同类型的人才进行合理的搭配，并把他们放在最合适的地方，互相取长补短，形成一个有机的整体，相互协作，以求发挥团队的最大效能。

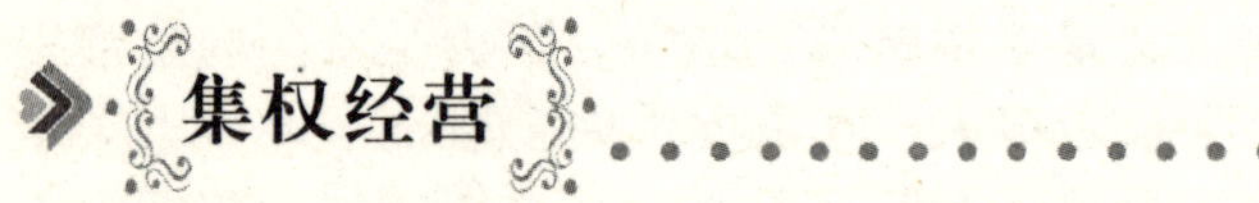

集权经营

将军动力机械公司是美国国防骨干企业，由赫金斯创立，然而因为公司在组织力和科学管理方面有所不足，故而当空运 880 开发计划失败，公司遭遇严重的挫折时，整个公司一度面临倒闭的危机。在公司生死存亡之际，罗查·路易斯被提升为总经理，担当起拯救公司的重任。

路易斯走马上任，一番精心的调查分析之后，发现公司总部的经营管理软弱无力，事业部门的力量却过于强大，遂决定在完成空运 880 计划善后工作的同时，集中力量改革公司的经营组织。

由于公司组织制度的缺陷，在公司内形成这样一种倾向：不信任经营者的能力，使得统御大权旁落。针对这种局面，路易斯说："公司如要重建，务必收回总经理的威信，我一定要做给大家看看!"路易斯深信不疑：经营权力的集中化在能让他恢复威信的同时，也能提高公司的集体精神。因此，上任之后，他首先恢复经营负责人的统制权，第一招便是把过去一年只提交四次的事业部门资金状况报告，改为每月提交一次。

同时，路易斯在 12 名重要干部中精心挑选出 2 名，而将其他 10 名勒令离开，以提拔、聘请更年轻、更有能力的新人。在公司重要干部的更替上，路易斯大刀阔斧的魄力，提高了总经理的控制力和指导力。

另一方面，路易斯极力抑制事业部门的权限，形成总部集权的新体制。他收回了集权领导权，在人事上进行了很大的调整。公司上下都受到了极大的震动。以前看似极其艰难的言出令行，贯彻到底，现在却是顺理成章。

当然，路易斯的改革打乱了旧有的秩序，损害了不少人的利益，自然，也遭受到一些人们的批评指责。他们认为他的做法太过粗暴，但是路

易斯却认为："这种做法虽然粗暴，但为了公司的重建不得不暂时采用。在此生死存亡之际，我们必须采用这种战时体制。"

后来的事实表明，路易斯顶住种种压力，大举更换了大部分的重要干部，将公司经营权力集中化，大大提高了总经理的威信，提高了全体人员的积极性和创造性，从而取得了巨大的成就。此后不久，公司在空军无人战斗机的订购上取得了成功，获得了1700架价值70亿美元的巨额订货，公司由此重新恢复生机，扭亏为盈，步入了正常的经营轨道。

公司过去的弊病在于领导者过分放权，使得企业最高领导失去了对企业的控制、指导权，从而造成管理上的混乱。虽然在现代企业管理中，分权放权是一个共同的趋势，但扩大部属的自主权也要有个限度。分权放权当以保证治权为前提，它不能威胁最高的指挥权。只有对企业整体保持统一的指挥，企业才能增强自己的战斗能力，从而在竞争中立于不败之地。

索尼的内部跳槽

一天晚上，索尼董事长盛田昭夫像往常一样走进职工餐厅与职工一起就餐、聊天。多年来他一直保持着这个习惯，以维护自己与员工的良好关系，尽可能地取得上下沟通之效。

正走动间，盛田昭夫忽然发现一位年轻职员郁郁寡欢，满腹心事，闷头吃饭，谁也不理。于是，盛田昭夫就有意坐到这名职员对面的椅子上，主动与他闲聊，问他有什么心事。这名员工先是闷声不响，几杯酒之后，才开口了：

"我毕业于东京大学，曾有一份待遇十分优厚的工作。进入索尼之前，我对索尼公司十分崇拜。那时我认为，进入索尼是我一生的最佳选择。可是现在我才发现，我不是在为索尼工作，而是在为课长干活。坦率地说，我这位课长是个无能之辈，更可悲的是，我所有的行动与建议都得课长批准。我自己的一些小发明与改进，课长不仅不支持，不解释，还挖苦我癞蛤蟆想吃天鹅肉，有野心。对我来说，这位课长就是索尼。我十分泄气，心灰意冷。这就是索尼？这就是我的索尼？我居然要放弃了那份优厚的工作来到这种地方!"

这番话令盛田昭夫十分震惊。他想，类似的问题在公司内部员工中恐怕不少，管理者应该关心他们的苦恼，了解他们的处境，不能堵塞他们的进身之路，于是产生了改革人事管理制度的想法。之后，索尼公司开始每周出版一次内部小报，刊登公司各部门的“求人广告”，员工可以自由而秘密地前去应聘，他们的上司无权阻止，也不得干涉。另外，索尼原则上每隔两年就让员工调换一次工作，特别是对于那些精力旺盛、干劲十足的人才，不是让他们被动地等待工作，而是主动地给他们施展才能的机会。在索尼公司实行内部招聘制度以后，有能力的人才大多能找到适合自己的岗位，这样一来，他们就可以充分发挥其才干，整个公司办事的效率也得到了较大的提高。此外，人力资源部门还可以从中发现那些“流出”人才的上司所存在的问题。

人往高处走，水往低处流，这是很自然的规律。企业允许员工朝着更适合自己的更高的位置努力前进，这种“内部跳槽”式的人才流动，可以真正为人才创造一种可持续发展的机遇。当每一位员工都朝着“把自己最想干的工作干好，把本部门最想用的人才用好”的目标努力时，企业人事管理的效益也就发挥到了极致。

组建良好的领导层

一个组织要想保持活力，保持稳定的发展，就需要组建、保持一个快速、高效、健康的领导层。那么，怎样才能有效地组建一个良好的领导层呢？

人才的分类有着不同的标准，如果按人与人之间行为的传递和接收的相互影响来分，不外乎有以下三种类型：主导型、依附型、主导依附中间型。

一是主导型人才，他们注重个人的内在价值，对自己的认识很深刻，在群体中，常常能成为一位举足轻重的角色。他们本身就具有很大的创造性，并能在工作中证实自己的能力。这种人才在群体中是角色的传递者，他们通过自己的行为影响着其他人。

二是依附性人才，他们的行为较多地受到其他行为传递者的外在影响，属于行为的接受者。这种人所表现的行为，是一种顺势行为。在群体中，他们往往能较好地完成组织指派的任务，但自己却缺乏主见，更少创见，他也只能依附于他人。

而介于主导型人才和依附型人才中间的，是占大多数的主导依附中间型人才，他们或者偏向于主导型，或者偏向于依附型，但都是主导型和依

附型兼而有之，只是程度深浅不同而已。在高层、中层、低层三个领导层次中，低层领导者可以选用依附型领导人才。毕竟，大型组织的整个使命，只有依靠各个低层的切切实实的努力才能达到。如果低层领导者中有较多的人都希望实现其内在价值，而忽视整个组织目标的完成，那整个组织的使命就可能遭受挫折甚至失败。

在提拔中层领导时，则应较多地起用主导依附中间型人才。其中，中层组织的规模越大，人才的主导型成分也需要相应地增加。因为，虽然中层领导者依然要执行高层的使命，但由于他所管辖的组织规模大了以后，怎样才能更好地完成高层的使命，也需要有较多的创见和对下属的影响力。

对于组织中的高层领导层而言，则无论如何应以起用主导型人才为主，而不能起用依附型人才。这是因为，大型组织中，中、低层解决不了的问题，必然集中到高层中来，也就需要一批富有创见的人来思考，以便做出规划、决策和决断，以指导全局。如果高层领导层中的多数人都是唯唯诺诺的顺势者，那么这个组织是绝对不会有生气和创新精神的。

此外，为了履行整个组织所赋予的职责和使命，高层领导层中还须有不同风格和素质的人搭配起来才能胜任。就领导者的素质而论，高层领导层应当由下列四种不同的风格和素质的人组成：

其一是有思想、有观点、全局观念很强，善于思考出主意，决策、决断能力很强的人；

其二是善于行动、沉着、镇定、坚毅顽强、迅速果敢，执行能力很强的人；

其三是善于处理人事关系，协调矛盾，心胸宽容，涵养很高，能创造良好团队气氛的人；

其四是基层、群众关系十分密切，能充当基层、群众利益的代表的人。

很明显，这四种风格和素质很难同时集中在一个人身上，所以，高层领导层的结构组成也需要十分重视。在建立有效的高层领导层结构时，一般说来，应当从分析高层领导和管理的目标任务入手，根据目标任务的需要，来组建合适的高层领导层结构组织。具体来说，可以将每一项高层任务明确地指派给一位对此负有直接与完全责任的人员承担，赋予其该项任务的全权领导指挥权，同时再根据任务的需要，安排能与其协调配合、相互补充的不同风格和素质的其他领导人员，以共同完成任务。

此外，还要保持领导层的协调、团结，各司其职，既相互独立，又相互制约，以保持一个公平、民主、健康的领导层。

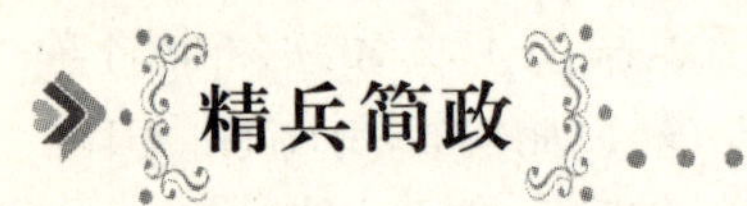

精兵简政

1981年，当杰克·韦尔奇就任通用电气集团CEO时，公司机构臃肿、等级森严、反应迟钝，每年都有着巨额的亏损。杰克·韦尔奇上任以后，大刀阔斧地对企业内部进行了一番彻底的改造，精兵简政，在管理层级上，韦尔奇大胆地将管理层次从原先的8层精简到3层；在薪酬体系改造上，将工资层级从29个调整到5个。此外，韦尔奇还砍掉了集团属下25%的企业，削减了10多万个工作岗位，将350个经营单位裁减合并成13个主要的业务部门。如此大手笔的企业扁平化的精简改造，令集团上下全体震惊，同时整个集团形象也是焕然一新，也大大地提高了整个公司的效率。

杰克·韦尔奇从一开始就痛恨官僚主义的令人窒息，他曾经为此提出辞职申请，在他的上司鲁本·古托夫极力挽留之下，他才留了下来，条件是他不必理会那些“糟透了的东西”。他在一次接受采访中说道：“我认为官僚主义是非常可怕的敌人，任何一家公司每一天都应当和官僚主义做斗争。大家理解‘层级’这个词吗？每一次你在这种行政管理当中增加一个层级的时候，你都应当三思而行。一个组织应当尽可能地扁平化。我在执掌通用电气公司期间，我提出一项主要的价值观就是我们要痛恨官僚主义以及有官僚主义作风的人，就是那些喜欢写又长又臭的报告的人，以及喜欢骑在他人头上的人，那些空谈而不是真正去领导的人。所以官僚主义是每一种文化，每一家企业的通病，这是一种疾病。官僚主义会放慢你发展的速度，会让你的员工感到恐惧，会限制你企业潜力的发挥。”

基于这种思想，韦尔奇在就任通用电气CEO之后，大力强调“无边界合作”，一直致力于打破公司内部的各种障碍，加强自上而下、自下而上和跨部门的团队工作，改进公司内部的协作以及与供应商和客户的合作关系。

在韦尔奇大刀阔斧地改革，将企业进行扁平化改造之后，这家百年老公司焕发出了全新的光彩。在杰克·韦尔奇任职期间，通用电气一直保持着两位数的增长，连续多年名列《财富》全球500强前列，并一度荣登全球第二的宝座。杰克·韦尔奇也被誉为“全球第一CEO”。

精兵简政，减少层级，提升企业效率，乃是当今信息化时代的要求。管理学家杜拉克认为：“组织不良的常见病症，也就是最严重的病症，便是管理层次太多。组织结构上一项基本原则是尽量减少管理层次，尽量形

成一条最短的指挥链。”市场的瞬息万变、机遇的转瞬即逝、时间的效率倍增，这些压力迫使企业组织做出快速反应和迅速决策，以保持企业的竞争力，而传统的多层次、职能性、金字塔式的等级体制严重地阻碍了快速反应和迅速决策。那些机构臃肿、等级森严的企业变得迟钝、僵化，早已跟不上时代的步伐。在一个机构臃肿的企业，每时每刻都有着大量的资金被浪费在组织间缺乏沟通及互相竞争上面，而这些组织本该为共同的目标而努力：为客户创造价值。

同时，计算机和互联网技术的发展，使得企业内外部、企业内部各层级之间的信息传递更为方便，文件在网上的传输也更为快捷，因此，也使得企业管理层的减少、组织的扁平化成为可能。而组织扁平化的直接结果是：企业富余人员的精简、管理成本的下降、人员素质的提升、管理水平的改善和企业效率的提高。

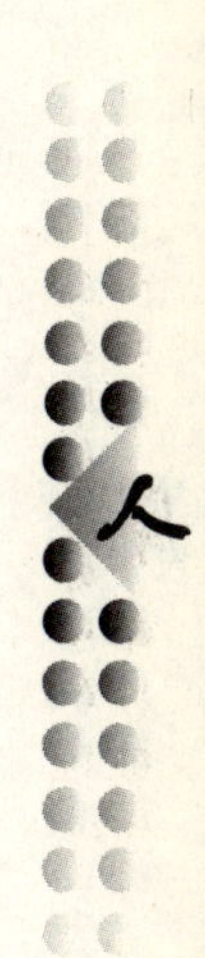

第十一计　众志成城

只要激励团体，鼓舞大家的斗志，上下一心，拧成一股绳，形成内部强而有力的凝聚力，形成一股强大的战斗力，促使大家朝一个共同的目标前进，如此，再大的困难，都能得到克服；再艰巨的任务，都能得到有效的完成。

公司的管理和运作与其说是资金的运作，不如说是人的运作。创办一个新企业，很重要的一点是要组建一支强有力的核心团队。“宁愿投资一流团队的二流技术，也不投资一流技术的二流团队”，这创业投资上不成文的信条，明明白白说明了建立好一流团队对于创业的重要性。

而当团队处于生存困境的时候，团队合作精神就显得更为重要。在这种情况下，作为团队成员，自然应当抱成一团，同舟共济，像大雁合作提升整个团队的生存能力，把有限的资源发挥出最大的效用，以脱离困境，共渡难关。

客观地说，那些成功者、那些富豪们也是普通的人，他们并没有完全直接参与创造每一份财富，但是他们不同于一般人的地方在于，他们能把一些给他们带来财富的人组织起来，运用起来，他们能善用人才，能对员工的工作能力做出判断，并能把握他们的性情，从而把他们的工作统一协调起来，创造出和谐的团队工作气氛，朝着共同的事业目标奋斗。正如财富产生于竞争中一样，它也同样产生于合作之中。

用

团队合作

有人认为，现在的公司大致可分为几种团队：一种是螃蟹团队，一群螃蟹被关在竹篓里，如果有一只想爬上去，下面的螃蟹就拼命拉住，结果谁也上不去；一种是野牛团队，野牛群在荒野行走，领头的野牛的方向正确了，跟着的牛群的方向也就正确了；还有一种是大雁团队，每到秋天，人们常常会看到成群的大雁在天空以“V”字队形向南飞行，大雁群随时可以调整队形，且有很强的合作精神，因而是三种团队中最好的团队。

大雁群的合作精神体现在以下几个方面：

1. 大雁会共同“拍动翅膀”。拍翅膀是大雁的本能，但只要排成“V”字队形，就可以提高飞行效率。

2. 所有的大雁都愿意接受团体的飞行队形，而且都实际协助队形的建立。如果有一只大雁落在队列后面，它很快就会感到自己越来越落后，

便会立即回到雁群中。

3. 大雁的领导工作是由群体共同分担的。虽然有领头雁出来领队，但如果它疲倦时，或者天气有变时，它便会自动退到队伍之中，另一只大雁马上替补领头的位置。

4. 队列后边的大雁不断发出鸣叫，目的是为了给前方的伙伴打气激励。

5. 如果一只大雁生病或被猎人击伤，雁群中就会有两只大雁脱离队列，靠近这只遇到困难的同伴，协助它降落在地面上，精心照顾，直至它能够重回群体，或是不幸死亡。

大雁为什么要如此飞行呢？

科学家曾在风洞试验中发现，成群的大雁以“V”字形飞行，比一只大雁单独飞行能多飞12%的距离。原来，当每一只大雁展翅拍打抬升时，会带动空气浮升，身边的大雁立刻跟进，整个大雁群随之抬升。借着“V”字队形，整个雁群比每只大雁单飞时，至少增加了71%的飞升能力。

而为首的大雁在前头开路，带动左右两侧的空气浮升，两边的大雁便能相对轻松地飞行，后边的大雁也随之轻松跟进。当领队的头鸟疲倦了，它会轮流退到侧翼，另一只大雁则接替飞在队列的最前端。一旦有一只大雁离群时，它立刻会感到独自飞行时的迟缓、吃力，所以很快又回到队列中，继续利用前一只大雁拍打带动的空气浮力。

布莱克说过：“没有一只鸟会飞升得太高，如果它只用自己的翅膀飞升。”大雁只有进行密切的团队合作，才能飞得更高、更远。

同样的，我们只有增强团队合作，才能增加我们的力量，更快更容易地达到目标。

有一家著名的公司招聘高层管理人员，有九位优秀应聘者过关斩将，从众多应聘者中脱颖而出，总经理看过这些人的详细资料和初试成绩后，相当满意。但此次招聘只能录取三人，最后由总经理拍板定夺。

具体测试是这样的：总经理把这九人随机分成甲、乙、丙三组，指定甲组的三人去调查本市婴儿用品市场，乙组的三人调查妇女用品市场，丙组的三人调查老年人用品市场。总经理解释说：“为避免大家盲目开展调查，我已经叫秘书准备了一份相关行业的资料。大家走的时候自己到秘书那里去取!”

到了规定日期，大家都把自己的市场分析报告送到了总经理那里。总经理看完后，站起身来，走向丙组的三人，向他们祝贺道：“恭喜三位，你们已经被本公司录取了!”然后，总经理看着大家疑惑的表情，呵呵一笑，说："请大家打开我叫秘书给你们的资料，互相看看。"

原来，每个人得到的资料各有不同，但都不完整。甲组的三人得到的分别是本市婴儿用品市场过去、现在和将来的分析，其他两组的也是如此。总经理说："丙组的三人很聪明，互相借用了对方的资料，补全了自己的分析报告。而甲、乙两组应聘者却分别行事，抛开队友，各做各的。我出这样一道题目，最主要的目的，就是想看看大家的团队合作意识。"

甲、乙两组失败的原因在于，他们没有合作，忽视了队友的存在。要知道，团队合作精神才是现代企业成功的保障！

通用电气在考察应聘者的团队合作意识时，所出题目似乎更难更绝。在这一道题中，他们一般将应聘者分为两组，开展"木板过河"游戏比赛。游戏规则为每组有一个"病人"需要送到"河"对岸，要求他们用手中的木板搭成"桥"将"病人"护送到"河"的对岸，哪一组先将"病人"送到"河"的对岸，就录用哪一组。而实际上，每一组手头分发的木板所能架起来的"桥"的长度，都不可能达到"河"的对岸，只有当两组木板合并起来才能超过"河"的宽度。公司设计此考题的目的，就是观察这两组应聘者是否有充分的团队意识。如果两组应聘者都只想着自己先过"河"，而不肯与对方合作，便达不到公司对人才团队意识方面的要求，自然，也就得不到录用。

全球最大的企业软件供应商美国甲骨文公司，为了培养彼此密切配合的团队，在招聘人才时还经常会有大手笔，比如将哈佛大学某届管理班的全部学员一起招聘过来。为了自主开发软件，甲骨文公司拥有一支超过2000人的研发队伍，与众不同的是，这支研发队伍分成40个小组，每一个小组都是以团队方式招聘进来的。

单枪匹马闯天下的英雄时代早已过去，现代社会是集团与集团之间的竞争与较量，因此，现代的企业都在强调团队合作精神，尤其是团队处于困境的时候，充分的团队合作精神显得更为重要。

鼓舞士气

恺撒大帝曾率兵攻打埃尔维提伊人，而当时他的兵力却不如对方。更惨的是，由于长时间远征在外，又没有充足的粮食供给，决战尚未开始，士兵们大多像病人般疲惫衰弱，还有不少因为思乡情切，不思作战。军资

匮乏，许多士兵衣不蔽体，并且纪律松驰散漫，酗酒打架之事时有发生。而此时的对方阵营，埃尔维提伊人则是有备无患，他们有着极强的民族观念，又占据了有利的地形，供给源源不断，正是占尽天时地利人和。因此，当时人们大都对恺撒军团不抱希望。

但恺撒却依旧坚信自己能打胜仗，他相信自己的军队。只要将自己的军队的士气鼓舞起来，凭他们的战斗力定能战胜强大的对方。不过，他在等待时机。

一天，一个下级军官带着他的士兵，来向恺撒申冤。原来，这位军官手下的几十名士兵在毫无防备时，被另一部分士兵抢去了东西，而且还遭受了殴打。这位军官制止了手下士兵的报复行为，来向统帅讨公道。

恺撒听完汇报后，看到眼前士兵们愤怒的神色，想到士兵们平时的散漫习惯，知道自己等待的机会来了。他下令马上查清参与抢劫的士兵，按军法论处，不论贵族还是平民，一律不准讲情，严惩不贷。随后，他又对那些士兵的上级提出警告，而对来报告的这位军官给予奖励，并且加以提升。

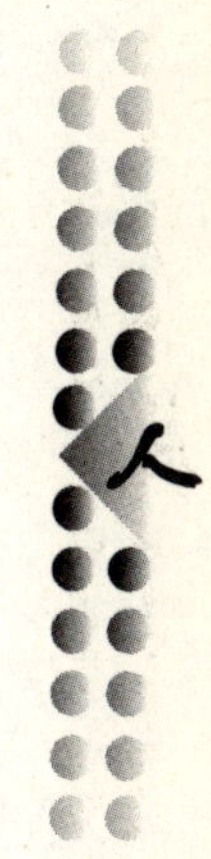

此事过后，士兵的军纪有了很大的改观。恺撒随即开始深入军队底层，四处视察，并发表激情的演讲，以加强士兵的民族优越感，刺激士兵获取胜利的欲望，号召他们坚持到底，打败埃尔维提伊人。他在一次演讲中饱含激情地说："士兵们！你们忍饥挨饿，远离家乡，你们经历了严寒的考验！现在，我将你们带到美丽富饶的高卢，如果你们能彻底击败埃尔维提伊人，你们将会有闪光的珠宝，有丰盛的晚宴，你们将获得你们所需要的荣誉与财富。你们的决心与意志是无比坚强的，你们的进攻更是无与伦比的!"

"是!"无数士兵被恺撒那极具挑战的话所吸引，所打动。一时间，全场一片欢呼声，士气空前高涨。

在这里，恺撒抓住时机，以此为契机，整顿军纪，刺激士兵获取胜利的欲望，提升整个军队的士气，从而将全军将士拧成一股绳，形成内部强而有力的凝聚力，形成一股强大的战斗力，极大地鼓舞了战士们的斗志，促使大家朝一个共同的目标前进，那就是打败埃尔维提伊人。其结果，一场血战之后，恺撒的军团取得了辉煌的胜利。

绝处求生

东汉建安三年三月，曹操在穰县包围了张绣。没料到刘表派兵援救，截断了曹军的后路。见援军到来，张绣乘势率众打开城门，迎战曹操军队。张绣和刘表的军队呈合围之势，前后夹击曹军，欲置曹军于死地。曹操率军边打边退，每天只能走几里路。退到安众县，张绣和刘表合兵一处，占据险要，曹军成了瓮中之鳖。

面对极为严峻的战争形势，曹操却镇定自若，他给在京师的荀彧所写的信中，非常自信地说："我军必胜，而张绣败局已定。"

夜幕降临，伸手不见五指。曹操传令下去，连夜在险要的地方开凿地下通道，把车辆粮草运走，然后埋伏下奇兵。当太阳从东方露头时，这一切已经顺利完成，单等张绣来上钩了。

天色大亮之后，张绣面对曹军空空荡荡的阵地，大惑不解，想那曹操必是乘着夜色仓皇潜逃，便急忙下令全军追剿逃窜的曹军。于是，张绣和刘表的军队倾巢出动，各自离开自己的阵地。此时，曹操一声令下，埋伏在暗处的奇兵一齐出击，骤然杀至，张绣军队仓皇失措，大败而逃。

曹操得胜回朝，见到荀彧。荀彧问他："你怎么知道张绣必败呢？当时战局对你并不利啊!"

曹操笑着回答："张绣把我的军队置于死地，他和置之死地的军队打仗，不输才怪呢。"

《孙子兵法》有云："疾战则存，不疾战则亡，为死地。是故死地则战。"在紧要关头，统帅让自己的军队破釜沉舟，背水一战，置之死地，更是足以激发全体将士最大的才干潜能。是谓死地则战，置之死地而后生。说到底，置之死地，因不死战则不可求生，因此善于用人者可以极大地刺激将士们求生的欲望，最大限度地激励他们的斗志，发挥他们的潜能，自然能够取得战争的胜利了。

蚁海战术

对于蚂蚁，虽然随地可见，但它们真正为我们所知却是不多。这里我

们来看一个有关蚂蚁的两个故事。

其一是民间的故事。某年洪水决堤，一个村庄成了一片汪洋。第二天清晨，受灾的人们聚集在堤岸上，望着水中的家园。忽然，有人惊呼："看，那是什么？"众人随着这一声惊叫向洪水中望去，只见一个黑点正顺着波浪漂过来，一沉一浮，像是一个人头！便有人迅速地跳下水去，很快就靠近了黑点，但见他只停了一下，掉头回游，很快上了岸。"那是什么东西？""一个蚂蚁球。"他说。"蚂蚁球？"人们不解。"就是蚂蚁抱成一团啊。"

那黑乎乎的一团慢慢地漂了过来，越来越近。堤上的人们终于看清楚了。一个小足球大的蚁球！黑乎乎的蚂蚁密匝匝地紧紧抱在一起，正像一个球在水中漂流。波浪涌来，又不断有小团蚂蚁被浪头打开，散落水中，或散或聚。终于，蚁球漂浮到了岸边，一触碰堤岸，蚁球便一层层散开，像打开的登陆艇。蚁群一排排迅速地冲上堤岸，胜利登陆了。而在岸边水中，仍留下了一小团一小团的蚁球，那是最底层牺牲了的蚂蚁，它们再也爬不上来了，但它们的尸体，仍然紧紧抱在一起。

其二是一个科学试验。有一位英国科学家把一盘点燃的蚊香放进了蚁巢里。开始，巢中的蚂蚁惊慌万状，过了十几分钟后，便有许多蚂蚁纷纷向火中冲去，对着点燃的蚊香，喷射出自己的蚁酸。虽然一只蚂蚁能射出的蚁酸量十分有限，而导致一些蚁群中的"勇士"葬身火海。但是，它们前仆后继，过了几分钟后，便将火扑灭了。活下来的蚂蚁又将死者移到附近的一块"墓地"，并盖好了薄薄的细土，安葬了。

又过了一段时间，这位科学家又将一支点燃了的蜡烛放到了那个蚁巢里细细观察。虽然这一次的"火灾"更大，但是这群蚂蚁已经有了上一次的经验，它们用很快的时间，便协同在一起，有条不紊地作战，不到一分钟，烛火便被扑灭了，而蚂蚁无一殉难。

这真是个奇迹。在残酷的生存环境面前，连蚂蚁这样微小的动物都知道同舟共济，精诚合作，共赴艰难。这也就难怪会出现"九层之堤，毁于蚁穴"了。几乎所有的动物都知道，个体的力量是很有限的，而团体的力量却可以完成个体难以完成的事情。就人类而言，则是个人的力量是很有限的，而团队合作的力量却可以完成个人难以达成的目标，甚至克服一些难以想象的艰难，正所谓"众志成城，无所不克"。

人类也好用人海战术。人类的战争很多是以多胜少、以强胜弱的战争。团结绝大多数，以孤立、削弱少数，达成目标，完成事业，这是常用不衰的办法。一个专门销售牙刷、手巾的公司老板，赚取微薄的利润，然而就是这微薄的利润，使他成为了千万富翁。原来，他在各地遍布销售网点，聘请推销员挨家挨户推销，而他一共聘请了上千个推销员。前世界首富保罗·盖蒂说：“我宁可用 100 个人每人百分之一的努力来获得成功，也不要用我一个人百分之百的努力来获得成功。”可以说，世界上没有一个英雄，即便是雄才盖世的英雄，能够单枪匹马地打出天下，创造出辉煌；那些大大小小的成功者，无一不是利用了众人的力量；那些取得巨大成功的人，更善于团结众人，利用众人的力量和智慧罢了。

危机的背后

用

1993 年，正当经济危机在美国蔓延的时候，加利福尼亚的哈理逊纺织公司，因一场大火化为灰烬。三千名员工悲观地回到家里，等待着失业来临之时，却接到了董事会办公室的一封信。董事长在信中表示：向公司全体员工继续支薪一个月。

在举国上下一片萧条的时候，能有这样的消息传来，员工们深感意外。惊喜之余，他们纷纷打电话或写信向董事长亚伦·傅斯表示感谢。

一个月后，正当他们为下个月的生活发愁时，他们又接到董事会办公室发来的第二封信，董事长宣布，再支付全体员工薪酬一个月。三千名员工接到信后，不再只是意外和惊喜，而是发自内心的感激。在失业情况席卷全国、人人生计无有着落的时候，能得到如此照顾，谁不会感激万分呢？第二天他们纷纷涌向公司，自发地清理废墟、擦洗机器，还有一些人主动去联络被中断的货源。三个月后，哈理逊纺织公司重新运转了起来。对这一奇迹，当时的《基督教科学箴言报》是这样描述的：“员工们使用浑身的解数，日夜不懈地卖力工作，恨不得一天干二十五小时。”这时，曾劝亚伦·傅斯领取保险公司一笔赔款，然后一走了之的朋友，以及嘲笑、批评他感情用事、缺乏商业精神的人士，开始感受到亚伦·傅斯关爱员工所带来的巨大力量。

现在，哈理逊纺织公司已成为美国最大的纺织公司，它的分公司遍布五大洲的六十多个国家。

公司没有放弃它的员工，员工也就不会放弃公司；领导者能爱护员工，与员工患难与共，鼓舞他们的信心，激励他们的斗志，员工自然也会与领导者同舟共济，共渡难关。

第十二计 亲贤远佞

此计语出诸葛亮《出师表》："亲贤人，远小人，此先汉所以兴隆也；亲小人，远贤人，此后汉所以倾颓也。"亲近、重用贤人，充分发挥其才能，疏远佞臣小人，远离其阴谋祸害，如此，领导者才能在身边聚集更多的贤才，而小人也无缝可钻，无隙可乘，这样才能保证整个团队的健康、壮大，保证事业的稳定发展。如果领导者不能亲贤远佞，常常有小人跟随在身边，阿谀奉承，阳奉阴违，那么，忠诚耿直、有才能的贤人就会因才能得不到发挥而离去，领导者就会被身边的小人所纠缠，就会陷身于小人勾心斗角之中，最终会使得整个组织得不到健康、正常的发展，事业偏离正常的轨道，遭受严重的损害甚至于断送。

亲贤远佞

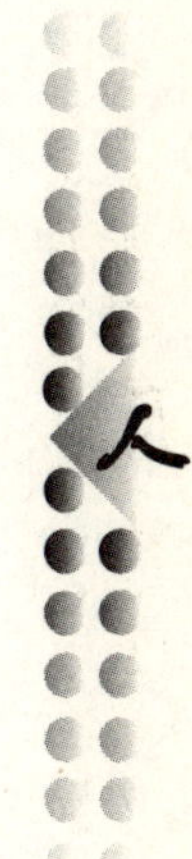

晋国大夫赵简子手下有两位得力助手，尹绰和赦厥，赦厥为人圆滑老练，善于见风使舵，且有揣摩主人心意的本领，从来不说让主子不高兴的话，因此深得赵简子的宠爱。而尹绰却是性格率直，尽职尽责，且忠心耿耿。

一次赵简子带着尹绰、赦厥等一行外出打猎。突然，一只灰色的大野兔蹿出来，赵简子命随从全部出动，策马追捕野兔子，并且大声说谁抓到野兔谁受上奖。众随从奋力追捕野兔，结果踩坏了一大片庄稼。最后，野兔子抓到了，赵简子十分高兴，对抓到野兔的随从大加奖励。尹绰表示反对，批评赵简子的做法不妥。赵简子不高兴地说："这个随从听从命令，动作敏捷，能按我的旨意办事，我为什么不能奖励他呢?"

尹绰说："他只知道讨好您而不顾老百姓种的庄稼，这种人不值得奖励。当然，错误的根源还应是在您的身上。您若不提出那样的要求，他也不会那样去做。"赵简子听了，心里闷闷不乐。

又一次，赵简子因头天晚上饮酒过多，醉卧不起，直到第二天已近晌午，仍在醉梦中。这时，楚国一位贤人应赵简子三月前的邀约前来求见，赦厥接待了那位贤人。为了不打扰赵简子睡觉，赦厥婉言推辞了那位楚国人的求见，结果使那位贤人扫兴而去。赦厥除了关心赵简子是否睡得香甜外，对来人求见的事只是轻描淡写地敷衍了几句。

赵简子常对手下人说："赦厥真是我的好助手，他真心爱护我，从不肯在他人面前批评我的过错，深怕伤害了我。可是尹绰就不是这样，他对我的一点缺点都毫不放过，哪怕是当着许多人的面也对我吹毛求疵，一点也不顾及我的面子。"

尹绰听到这些话后，依然不放过赵简子。他又跑去找赵简子，他对赵简子说："您的话错了！作为臣下，就应帮助完善您的谋略和您的为人。赦厥从不批评您，他从不留心您的过错，更不会教您改错。我呢，总是注意您的处世为人及一举一动，凡有不检点或不妥之处，我都要给您指出来，好让您及时纠正，这样我才算尽到了臣子的职责。如果我连您的丑恶的一面也加以爱护，那对您有什么益处呢？丑恶有什么可爱的呢？如果您的丑恶越来越多，那又如何能保持您美好的形象和尊严呢?"

赵简子听了，终于有所醒悟。

赵简子作为历史上有名的人物，能够从最初凭自己的好恶而亲近或疏远下属，到后来终有所悟，亲近贤人，疏远小人，终于创立了自己的一番事业。正如尹绰所说，那些一味顺从领导、恭维自己而从不提出意见，对领导的错误视而不见的人，难道是在尊重领导，维护领导的美好形象吗？这样的人围绕在领导身边，又有何益处呢？

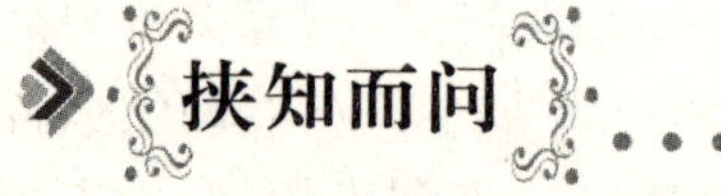

挟知而问

刘晔是魏王曹睿的侍中，言谈举止都迎合曹睿，因此深受曹睿器重。

有大臣知其为人，实在看不过去，便向曹睿提议："刘晔表面看来对您好，但讲话不尽忠诚，只是善于窥探陛下的心意，故意迎合罢了。陛下如果不相信，可以用与自己心意相反的意见问他，他的回答如果和陛下说法相反，那刘晔的心意就与陛下相合。如果每次问话结果都不一样，他是怎样的人，您就很清楚了。"

曹睿依照这一方法去试，果然测出真相：情形正如那位大臣所言，刘晔只是迎合自己而求取宠幸而已。从此之后，便日渐疏远了他。

明明知道事情的真相，却故意假装不知道；或者故意说错话、做错事，以此来考察下属是否忠诚，是否怀有不轨之心。这是识别奸佞小人非常有效的一招。

王安石误用吕惠卿

北宋王安石，被宋神宗提拔为宰相，在全国范围内大力推行变法活动。这时的王安石自然需要大量才识卓异之士，为其改革事业奋斗。就在这时，王安石见手下一位叫吕惠卿的官员，不只有过人的才干，对于自己主持的变法活动还非常积极，便视其为最得力的助手和最知心的朋友，一再向宋神宗推荐予以重用。朝中之事无论巨细，王安石总是和吕惠卿商量而后行，所有变法的各项内容以及实施细则，也多由吕惠卿草就成文后，再送交朝廷颁布实行。

但王安石对于吕惠卿显露出来的过人才能慧眼独具，却无法鉴别其品行的好坏，没能洞察其深藏的意图。事实上，吕惠卿之所以积极参与变法，不过是因为当时朝廷内外的变法形势都一片大好，他可以变法新党的面目借势升迁，求得荣华富贵。对于这一点，大概是因为王安石身处高位，吕惠卿在其面前着意隐藏，兼之王安石为自己的先见、个人喜好所左右，在很大程度上受到了蒙蔽，导致鉴人有误，用人不当。然而，小人就是小人，他在对上对内方面一意顺从，大显其能，而在对下对外方面，则大多颐指气使，任性而为，或者即便心机颇深者，长时日隐隐藏藏，也总有发泄、使性的时候，一显其真实面目，因此，当时就有一些善于识人的智者深知吕惠卿之为人。王安石变法的主要对手司马光就曾对宋神宗这样说过："将来使王安石遭到天下人反对的，一定都是吕惠卿干的。"后来司马光被吕惠卿排挤出朝廷，司马光又曾多次向王安石指出："吕惠卿是个小人，他现在依附你，对你百依百顺，为的是借变法之名作为向上爬的资本。一旦你失势了，他必然会出卖你作为新的进身之阶。"

遗憾的是，对于自己对手司马光的忠告，王安石听了根本就不上心。甚至于当王安石变法革新遭遇了挫折，并受到反对派的强力反对，被迫辞去相位时，他还固执地认为，能够继承自己的事业，坚持变法政策不动摇的人莫过于吕惠卿，便极力向宋神宗推荐吕惠卿任副相。

吕惠卿成为副相后，一朝大权在握，其野心便暴露了出来。他眼见王安石失势，便立刻背叛了王安石。身为副相，他自然想要坐上宰相之位，而担心王安石还会重新还朝执政，便开始对王安石落井下石，进行更进一步的打击迫害。他首先将王安石的两个弟弟罗织在一个大案中，假以罪名，将他们贬至偏远的外郡，随后再对王安石进行直接打击。当年王安石与吕惠卿议事时，因为没有最后拿定主意，便写信嘱咐吕惠卿先不要告诉皇上，吕惠卿很有心计地把信件藏了下来。现在吕惠卿认为这是状告王安石“欺君之罪”的有力证据，便将这信件交给了宋神宗。宋神宗虽然没有因此判处王安石重刑，但自然地也对王安石多了几分不满。

王安石被免职后，退居江宁钟山，再也没有了东山再起的机会。一场轰轰烈烈的变法革新活动，因为缺少一批中坚分子的强而有力的实施推行，虽然在王安石离位后继续推行，但很快地，在神宗病逝后，旧党司马光等人尽废新法。王安石也只得在钟山研究创作着诗歌，静度晚年，并在新法被废后第二年抱憾逝世。不善于识别小人，不能远离佞臣，结果只能是在事业遭遇严重挫折，受到内外势力的阻挠、反对之时，少有扶大厦之将倾的中流砥柱，少有百折不挠、谋图东山再起的忠诚之士，最终将大好的事业就此断送，空余遗憾。

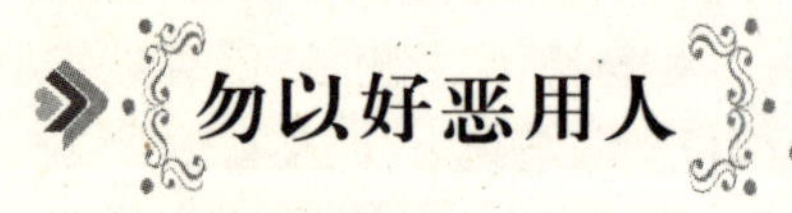

勿以好恶用人

领导者在用人之时，要因事设人，不要因人设事。也就是说，通常先有了某个职位空缺，然后再物色适合这个职位的人，而不是领导者因为自己个人好恶，只选择自己喜欢的人，随意安排职位，而排斥自己不喜欢的人。只有这样，才能够为组织招纳各种各样不同的人才，也只有这样，才能使组织容纳不同个性的各类人才，形成一种宽容、深厚的文化氛围。

有些领导者不管什么原则不原则，标准不标准，他喜欢的人，就是好的；他不喜欢的人，就是不好的。这样，一些善于钻营的人，见有机可乘，就会来投其所好。比如说，领导者喜欢听吹捧，就有能言会道、口若悬河者前来共聊；领导者喜欢附庸风雅，就有儒雅风流、自命不凡者前来作伴；领导者喜欢下棋玩牌，就有棋道高深、牌技圆通者和肯于熬夜、不顾疲倦者来相陪；领导者喜欢痛饮美酒，更有拳高量大、一醉方休者前来，舍命同欢。如此一来二去，这些人讨得了领导者的欢心，就会被破格提拔重用，或向领导者提出种种要求。

领导者把个人的喜好混入工作中，因人设事，重用自己喜欢的人，会误了工作，让应该完成的工作得不到有效的完成；一些善于钻营的人，就会来投其所好，讨其欢心，而不是努力工作，那些真正有能力的人才，因

而难以充分发挥自己的能力；更坏的结果，是产生许多的恩怨和派系，损害人才的积极性，甚至赶走能干的人才。

当然，谁都会有所好恶，有个人的情绪意气，因此，为了避免以个人好恶用人，作为领导者，你对部属通常就不能太过亲密，不能过多地流露自己的真情。与自己的部属保持一定的距离，不要产生任何个人感情方面的问题，至少是在工作当中，领导者才不致变得感情用事，或目光短视，从而影响自己的用人决策。在这一点上，领导者应该记住：你需要的是能为你工作的人，是能为事业效力的人，而不是其他恭维、吹捧、一味顺从之人。

林肯就任总统初期，颇为重视跟自己较为亲近的朋友。随着工作的开展，他逐渐意识到这一点会妨碍自己的事业。于是，他改变了自己的这种做法，刻意和当时的国防部长司太顿保持一定的距离。直到这时，他才真正成了一位卓有成效的国家领导人。罗斯福总统在内阁中几乎就没有什么亲密的朋友，在所有非政府事务中，也没有一个亲密的朋友。

他们当然不是结交不了亲密的朋友，不是不想结交朋友，他们也不是待人冷淡，而是热心的人，只不过他们知道，他们的友谊只能存在于“公务”之外。但正是他们有意谨慎地保持自己的个人关系，与部属保持一定的距离，才使得他们能够建立起一支人人各有个性，各有所长，而又工作出色的领导团队，从而使他们成为一位让人敬而远之的杰出领袖。

当然，一个人在用人当中完全不带感情因素是不可能的。在事业中，完全摒弃个人好恶、亲情友情，不仅不可能，而且危险，它很可能让自己变得冷漠，陷于孤立，而且也会因此失去不少发展机会。任何事情都会有所例外，特殊情况下因人设事是必要的也是可行的，但一般情况下最好在这样两个前提下进行：一是不打乱现有机构建制，二是不需要对现有人事格局松筋动骨。

提防身边的小人

领导者都希望自己所招纳的都是品行良好，而且对事业有用的人才，希望自己的团队能够和睦相处、相互促进、精诚合作。但实际的情况是，在现实中，大多数工作环境中都充满了人与人之间的矛盾，更坏的是，身边可能还有奸佞小人的从中作梗，暗作手脚，阻挠、破坏你的事情。因此，对于小人，领导者不可不察，不可不防。

对领导者来说，小人最大的一个特点，就是他们都擅长阿谀奉承，当然，他们这样做的目的是为了从领导者身上得到回报，而且当是比其所付出心力更多更大的回报，所以身为领导者，一定要留意自己身边一味顺着自己的意志和喜好来说话的人。谁都爱听赞美恭维的话语，但请不要为甜蜜的恭维话所迷，不要因为一个人说的都是自己爱听的话，就一味重用他、提拔他。

如果身边藏着这样的小人，领导者便等于将自己置身于危险的边缘。须知，小人的关系错综复杂，小人的贪欲无有穷尽，一不小心，你便可能侵犯他们的利益，得罪他们，或是满足不了他们的贪欲，而招致他们明里暗里的报复。清汪龙庄在《学治臆说》中讲了这样一个故事。

过去，浙江有个好县令，一向被某个大人物器重。刚好有一次这个大人物考核官吏业绩时，路过该县令的辖区。县令得知之后，即派人前往，安排迎接这位大人物的事情。他全没想到的是，就因为自己没能满足左右的人的某种要求，他们就在这个节骨眼上，将县令为这个大人物准备的东西暗地里撤掉了。这个大人物早上起来点灯一看，见一匹马都没有为自己准备，很是生气，回去之后，找了个借口便将这个县令撤职了。

小人的伤人坏事的破坏性由此可见。所以，要尽可能早地留心观察，识别身边的小人，以及早预防、减少他们带来的破坏。

一看就是明显的小人，其恶行显而易见，因而人们可以心存防范之心，而不至于为其所骗，受到太大的伤害；但是伪装的小人却披着善良的面孔，善于博取人们的信任，使人疏于防范而放任其在背地里频施恶行。一旦时机成熟，他们就会公然撕破面皮，从而使我们深受其害。

而且，再坏的人也不愿意被人认为自己是“坏人”，小人也大都不喜欢自己被人当作小人，他们总要披上一件伪善的外衣。这也是小人的另一个主要特征。只不过有些小人伪装太假，藏得较浅，容易辨认；还有为数不多的小人伪装太真，藏得太深，不大容易识别，正所谓君子小人鱼龙混杂。因此，要识别身边的小人，要想不错误地招纳小人，还得多多留心观察才是。有时候，我们可以想些办法，有意引出他们的真实意图，便可以暴露其真实面目来。

譬如，领导者要辨别一个人是君子还是小人，不能用赏赐和加薪晋升的方法来区别，但可以用有意冷落、压抑等方法来区别。要知道，赏赐和加薪晋升是小人所追求的目的。为了达到这个目的，他们是不择手段的，

他们也善于伪装成君子，以蒙蔽领导。一旦他们取得领导者的信任或任命，就会很快地使自己的羽毛丰满起来，同时任意使性，欺上瞒下，作威作福，暴露出真实嘴脸。

既然君子之志不在于封赏，那么在他做出一番业绩之后，你可以用表扬、激励他的方法，让他感受到你的信任、欣赏，这就足够了。

如果过了一段时间，他没有因为你不提拔他而闹情绪，那么说明他具备了真君子的条件。到那时，你尽可以放心大胆地任用他，不用担心他可能是小人而带来的烦恼。如果他是伪君子，他就很可能满腹委屈与牢骚，甚至闹情绪，从而露出其真面目来。

提防身边的小人，就需要我们善于识别，及早察觉，做到心中有数，有所提防才是。

与小人保持一定的距离

一般来说，对付小人最好的办法，就是采取回避政策，与他保持一定的距离，如此，其负面影响便难以伤害到我们。而对于领导者来说，与小人保持一定的距离，不因私人好恶而恩宠，不因行事方便而亲近；同时，在力所能及的情况下，还可以将其调离身边。这一点，就需要我们及早明察，并且果断行事。

宋朝吕元膺在做东都留守时，一次与一位掌管钱粮的下级弈棋。当吕元膺抽身去处理紧急公务时，这位钱粮官趁机偷换了一颗棋子，最后赢得了这盘棋。吕元膺当时对此虽有察觉，但并未吭声。

过了一段时间，吕元膺借故把此人调离身边，并据此预言此人终将因贪污而获罪。后来果然被他言中。吕元膺自己，却因为及早将那位钱粮官引发的灾难推得远远的，便丝毫没受到这场灾祸的波及。

“不矜细行，必累大德。”意思是说，平时不注重小节，必将有损于道德修养，甚至丧失大节。一个人平时的言行举动，一些细微小节，都可以让人们识别他是一个什么样的人。

面对小人，若不能妥善处理，他们会给我们带来不尽的麻烦和障碍，甚至还会带给我们以灾难祸患。这是必然的。如果你堂堂正正地做人，那么你特意凸显的“正义”，就会照出那些小人的伪装，照出他们的原形，这不是故意和他们过不去吗？君子不畏流言不畏攻讦，自是问心无愧；但小人因你的存在而凸显了他的真面目，为了自保，为了掩饰，他们必然会对你展开反击的。

因此，我们要学会识别小人，与小人保持一定距离，以减少工作事业的麻烦和阻力，并且远离潜在的祸患。

值得注意的是，你可以与身边的小人保持距离，但你也不必嫉恶如仇地和他们划清界线，或者对他们加以讨伐。小人也有其自尊和面子，小人的伪装不愿因你而脱落。一旦你侵犯他们的自尊，失了他们的面子，或剥落了他们的伪装，他们便会不顾一切地疯狂报复。

也许你不怕他们的反击，也许他们也奈何不了你，但你要知道，小人之所以为小人，是因为他们始终在暗处，用的始终是不法的手段，而且他们往往有的是精力与你周旋不休，不肯轻易罢手。

当然，不是说你怕他。避开小人完全是因为你根本不值得把太多的精力浪费在一些无谓的争斗与牺牲上。一旦把握不好自己的行为界限，得罪小人，就等于将事业，连同自己一起，陷入了一个麻烦的漩涡之中。这也就是古语所云“宁得罪君子，不得罪小人”的深刻道理。

第三套 授权计

- 第十三计 知人善任
- 第十四计 权责分明
- 第十五计 分身有术
- 第十六计 分步授权
- 第十七计 重用将才
- 第十八计 用人不疑

第十三计　知人善任

同样的资源，不同的人去使用，会得到不同的结果；人力资源也是如此，同样的人员，不同的领导者去调任、去领导，所拥有的能量，所取得的业绩也各不相同。清代学者魏源曾说：“不知人之短，不知人之长，不知人长中之短，不知人短中之长，则不可以用人。”领导者首先要知道每个人才的长处和短处，并且了解其长中之短，短中之长，才能更好地使用人才。善用人者，“智者取其谋，愚者取其力，勇者取其威，怯者取其慎。”这就是要知人善任，把人才放在最合适的位置上，尽可能地使其各安其职，才能最大程度地发挥其才能，其结果是，“勇者能竭其力，智者能尽其谋，仁者能援其惠，德者能效其忠”。

然而，短时间了解一个人并不容易，发现人才也不容易；发现人才之后，爱惜人才、重用人才更不容易。用非所长，用而不重，用而生疑，都会造成人才的浪费。可以说，精英乃适其所在之人才，庸才乃失其所在之人才。因此，领导者要做的工作就是建立良好的机制，为人才安排合适的位置，充分发挥其才能，使得手下人才济济，精兵良将甚众。

孙权善任将相

三国时东吴的孙权是以善于识人、用人著称的。

在用人方面，孙权有自己的特点，这主要表现在两个方面：其一，敢于不断地、连续地起用一批年轻有为的将领，放手让他们大胆地去干。只要孙权认为谁能胜任工作，他便能够顶住任何的压力而果断地做出决定。在东吴四帅的委任上，孙权能够委周瑜以大任，纳鲁肃于凡品，拔吕蒙于行伍，起陆逊于危时，都可见出其知人善任之用人才能。

周瑜三十三岁挂帅，东吴老臣多不服气，资历最高的程普被任以副将之职，心中更是大为不服。不久，程咨回来告诉程普说周瑜调兵如何，动止有法，程普听后大为惊服，乃亲诣行营谢罪，心下也不由佩服孙权之知人善任。

鲁肃受周瑜的推荐去见孙权的时候，年仅二十九岁，却能受到孙权的特别重视，一见就很敬重他，与之谈论，终日不倦，聊至深夜，同榻抵足而卧。鲁肃自是深为感动，遂向孙权大胆地分析了“汉室不可复兴，曹操不可卒除”的形势，提出了“榻上策”的战略决策，以及“剿除黄祖，进伐刘表”的具体步骤；后来又提出了“联刘抗曹”的战略方针。正是有了鲁肃和周瑜的辅佐，有了孙刘联盟，才能在赤壁之战中打败曹操，巩固了江东基业。

而此时，东吴资格最老的老臣张昭却瞧不起鲁肃，他几次对孙权说：“鲁肃谦恭不足，年少粗疏，这人不可重用。”

孙权用鲁肃是因为有“榻上策”在先，“榻上策”堪称东吴的“隆中对”，因此，孙权也只是表面上敷衍张昭，而对鲁肃愈发器重。

孙权提拔吕蒙于行伍之中，也能见出孙权的胆识。

吕蒙本是一个低级军官，因有勇有谋，治兵很严，二十七岁就被孙权提拔为中郎将。虽然文化不高，但经孙权有意指点，终成大器。后来吕蒙设计白衣渡江，智取荆州，使关羽败走麦城，为东吴实现全据长江的目标立了大功。

在陆逊的任命上，更是显出孙权善于用人的胆识。公元222年（吴黄武元年），刘备为了替自己的义弟关羽复仇，领兵征讨。蜀兵顺江而下，进攻吴国，吴国的形势十分危机，许多大将都感到害怕。这时，孙权起用陆逊为大都督，指挥朱然、潘璋、宋谦、孙恒等五万大军抵抗刘备。当诸大臣反对拜陆逊为将时，孙权说：“我素知陆伯言是当世的奇才！孤意已定，你们就不要说东道西了。”

当时陆逊很年轻，在他所统率的各部队的将领中，有的是孙坚、孙策的老将，有的是皇亲贵戚，资历比陆逊老得多，地位比陆逊高，而陆逊当时还没有什么突出的业绩可以让众人心服口服，因此，为了提高陆逊的威望，使其能够更好地统兵作战，孙权专为陆逊设拜将坛，赐尚方宝剑，授其先斩后奏之权。陆逊虽然年轻，却十分稳健，在治军中能够以德服众，在率军作战中能够韬光养晦，不为一时一地的利益所诱惑，指挥得当。他利用刘备的失误，用火攻的办法烧了刘备的营寨，结果连破刘备四十多个军营，蜀军将士死伤数万人，刘备退到白帝城，最终死在那里。

总之，东吴四帅，连续不断，一代胜似一代，都为东吴的发展、巩固做出了巨大的贡献。我们回头再来看看孙权对张昭的使用上，当更能看出孙权知人善任的本领。

张昭，是三国时东吴极不寻常的人物，他资格最老，影响也很大，可以说是东吴的三代老臣。孙策在创业之初就非常尊重他，任命张昭为长史，抚军中郎将，如兄弟一样器重，文武之事，尽委张昭，并在临死时留

下遗言“外事不决问周瑜，内事不决问张昭”，可见张昭在东吴的地位。然而孙权在张昭率领群僚辅佐下称王之后，东吴的外事的确由周瑜来解决了，但内事却并没有委任张昭。

张昭为人正直，敢于直谏。孙权称王以后，张昭一直兢兢业业地辅佐孙权，对其过失和缺点直言不讳，有时甚至不顾孙权的面子。孙策刚刚去世，孙权心情非常悲痛，不愿立即主持政事，张昭曾严厉地批评他，认为他的职位不同于常人，应当以完成父兄的大业为己任；孙权性情刚猛，喜欢打猎，经常骑马射虎，有一次还被老虎冲撞了过来，所幸孙权趴伏在马鞍上，才没有为虎所伤，张昭立即严厉地对孙权说：“将军作为君主，责任是驾御英雄、驱使群贤，怎么能在原野上驰骋，与野兽较量呢？逞匹夫之勇，万一发生不幸，岂不让天下人讥笑吗?”孙权喜欢饮酒，在一次庆功会上自己喝得大醉，还强迫群臣喝酒，让人用酒水泼洒在群臣身上取乐，张昭见了，一言不发，就神色严肃地走到外面去了。孙权很难堪，派人找回张昭，张昭便很不客气地说：“我听说殷纣王以酒为池，痛饮达旦，后来怎样，您自己大概明白吧!”孙权惭愧万分，立即宣布结束酒宴。

因为张昭身为辅佐大臣，为人正直，且有深厚的资历、极高的威望，所以在孙权称王之初，群臣曾两次举荐张昭任丞相。但孙权都没有同意，而是另任顾雍为丞相。第一次不用张昭时，孙权推托说：“当今多事，丞相所担责任重大，所以没有用最好的。”到第二次不同意任张昭为相时，孙权说：“我难道不是爱护他吗？做丞相不但事情繁多，而且还要有胸襟，而张公性情刚烈，从不让人，三句话不对头就跟人拉扯不完，完全凭性子，担任丞相不是好事情。”这第二次，孙权终于说出了自己的心里话。

在历史上，孙权是以善于识人用人著称的。他能够大胆地起用周瑜、鲁肃、吕蒙、陆逊等年轻人，却一直不肯以兄长孙策极为器重的辅佐大臣张昭为相。古今的贤相，都有着宽广的心胸，能够善于劝谏君主，协调群臣之间的关系，且有识人用人的才能，有运筹帷幄的智谋。而纵观张昭其人，确如孙权所言，性情刚烈，三句话不对头就发脾气，而孙权也是性情刚猛，东吴朝中又多有一批勇猛好斗的战将，如果以张昭为相，东吴上下必定会离心离德，闹个不亦乐乎。由此可见，孙权的内心一直有知人之明，善于任用将相之才。

赵匡胤以愚困智

“三徐”盛名著于江左，都以学识渊博闻名于中朝，其中散骑常侍徐铉最是厉害。恰巧江左派徐铉来修贡，照例朝廷要派差官押伴。朝中阁臣皆以词令不及徐铉，而担心被选上。宰相也为人选问题而深感为难，索性请教于太祖赵匡胤。

赵匡胤听知此事后，笑笑说：“你们暂且退下，朕自有选择。”一会儿，传宣殿前司，将殿前侍者中不大识字的十个人的名单传上来。皇帝抓起朱笔，就在上面随便圈点一个名字，说：“此人可以做押伴!”

当时在朝群臣都感到惊讶，但因为是御笔亲点，皇帝开金口，中书不敢不从，就促使这位皇上亲点的殿前侍者前往。

该侍者接到命令，却不知道怎么回事，但既然是上面的安排，只得硬着头皮前往。渡江之后，他们一行一起上路。刚开始徐铉词锋犀利，口若悬河，一旁观者深感骇愕。侍者既不知其所云，自也不知如何回答，便只是唯唯诺诺。徐铉刚开始时还莫测其深浅，话题无数，炫耀其渊博知识，且多含机锋，意图压倒对方。然而，这样在一起几天，总没看到这位押伴有什么言语应酬，徐铉心中醒悟，况且也已感到疲倦，便也缄默了。

其实当时诸位名儒也都在朝，若当真从中选出一人，与徐铉论辩优劣，一比高下，谁胜谁负尚未可知。赵匡胤正是以为泱泱大国，不当如此耳。以智强愚，愚者不解；以智角智，智者不服。所以，赵匡胤出此以愚困智之策，如田忌赛马之以下等马拼上等马，以不争不胜，效果有如兵法之上上策，不战而屈人之兵。

由此可见，不是人才者，有时也可当人才使用。其实谁都有一定的能力，毫无作为者，乃是其才能完全得不到使用而已。因此，在用人大师的手下，没有无用之人，也不会出现无才可用的局面。人才能否发挥其才能，关键看用人者如何用人，是否能知人善任，给他一个合适的位置。

专才适用

《淮南子道应训》记载，楚将子发爱结交有一技之长的人，并把他们

招揽到麾下。有个人其貌不扬，号称“神偷”的人，也被子发待为上宾。有一次，齐国进犯楚国，子发率军迎敌。交战三次，楚军三次败北。子发旗下不乏智谋之士、勇悍之将，但在强大的齐军面前，简直无计可施，只得坚守城池。

这时这位神偷主动请缨出战。子发见是这位仁兄，本有些不愿，但别无他法，便也只得答应，允他出战。他在夜幕的掩护下，将齐军主帅的睡帐偷了回来。第二天，子发派使者将睡帐送还给齐军主帅，并传语说：“我们出去打柴的士兵捡到您的帷帐，特地赶来奉还。”当天晚上，神偷又去将齐军主帅的枕头偷了回来，子发又派人送还。第三天晚上，神偷连齐军主帅头上的发簪子都偷来了，子发照样派人送还。齐军上下听说此事，甚为恐惧，主帅惊骇地对幕僚们说：“如果再不撤退，恐怕子发要派人来取我的人头了。”于是，齐军不战而退。

《泾野子内篇》记载了一篇同样有趣的故事。一老头有五个儿子，老大质朴，老二聪慧，老三目盲，老四背驼，老幺足跛。但这位老头并不怨天怨地，在他的安排下，老大去务农，老二去经商，老三学按摩，老四搓绳线，老幺纺纱线。真是每一个儿子的特长都充分用上了，一家子过得红红火火。

人的才能有长有短，现代管理学告诉我们，只有把各种职位的不同需要和各种人才的不同能量结合起来考虑，把相应才能的人放在相应能级的职责上，方能做到人尽其才，人尽其用。管理学有一句名言：“垃圾是放错了位置的人才。”富兰克林也说：“宝贝放错了地方便是废物。”一个团队需要各式各样的人才。企业中不存在好人与坏人，只存在好的心态与坏的心态。好的机制、合适的位置可以使坏的心态变好，坏的机制、不合适的位置也会把好的心态变坏。一个领导者如果能在适当的时候派平时看来较为“逊色”的员工去做他们适合的事情，这样往往会取得出人意料的效果。譬如，不少企业都有一些令领导者头痛的人物，如果领导者能够清楚地了解他们每个人的优缺点，做到人事相宜，尽量安排能发挥其性格、特长、能力的岗位。比如会挣钱的就让他去拓展市场；会省钱的就让他们去做管理，精打细算；会花钱的人就让他去做公关搞外联，花钱能花到地方。如果能做到这样，那么企业就能做到有声有色了。而如果领导者不能知人善任，做到专才适用，而是将这些人物随便安插，那结果只能是让人头痛了，而如果完全用反了，结果就更是糟糕。

楼忠福请将上任

楼忠福出任东阳三建公司经理时，组织了一个公司管理委员会。对于管委会的常务理事一职，他心中自有人选，那就是很有能力、富有涵养且与自己私交甚厚的楼正文。然而，楼忠福也清楚自己这位朋友的个性。在此之前，楼忠福让他当东阳工区主任时，他就不大愿意，后来好说歹说才勉强接受下来。因此，楼忠福怕这次说服不了楼正文，特意叫了副镇长一同前往。

晚上8点了，还在工地上加班的楼正文听得经理找他，便匆匆赶回。当楼忠福把来由一说，楼正文便一口回绝了。

楼忠福说："不忙答复，先考虑考虑嘛。"

"没什么可考虑的。"

"为什么?"

"这不是明摆着的事情嘛。谁都知道我们的关系，别让人家说闲话。"楼正文解释说。

"我都不怕，你怕什么？正因为是老朋友，我才了解你，知道你有才干，才叫你来干，这也是知人善任嘛。"只要是惟才是举，楼忠福并不在乎这些。

就这样软磨硬泡，谈了将近两个小时，一旁的副镇长也不时帮忙劝说，楼正文也不便太固执己见，便只得答应下来，去担任管委会的常务理事。

到了1987年初，楼忠福又让楼正文担任公司的副经理。其实他这是早有预谋，事情不能操之过急，一步到位，他不过是分步骤地执行原计划而已。

这一回楼忠福直接带了任命书去找楼正文，先不跟他商量，也仿佛不容他不接受似的。因此，楼正文也很是恼怒，拿过任命书，三两下就撕碎了。楼忠福也不拦他，只在一旁带笑地看着他撕着纸张。待他撕完了，楼忠福就递给他一支烟，两人便只是吸着烟，默默无言。

烟吸完后，出乎楼正文意料的是，楼忠福又掏出了一张任命书递了过来。看来这一回，楼忠福是有些铁了心，相信精诚所至，金石为开了。这种诚意终于使楼正文有所感动。他不再说什么，但也没有立即去接那张任

命书。楼忠福知道，这一回事情成了。

楼忠福之所以如此器重楼正文，是因为他看中的是楼正文的才能和敬业精神。楼正文的才可以从一组数据中明显地看出来：1986 年，楼忠福交给他的指标是完成产值 350 万元，楼正文完成了 600 万元；1987 年，所给指标不过 600 万元，楼正文却干了 1000 万元；1988 年基建项目压缩，楼忠福给了 800 万元指标，楼正文交给他的是 1300 万元。在楼正文的直接领导下，三建公司在短短几年内取得了迅速的发展。

而楼正文之所以能有如此骄人的成绩，不只是因为其过人的才能，还因为其强烈的事业心，对工作的敬业精神。楼正文做事极其认真，只要有什么事情交给了他，楼忠福大可放心；要楼正文坐镇工地，并把关建筑质量，楼忠福走到哪里都能安心。

领导者要做到知人善任，第一是知人，第二是善任。知人而后善任，方是用人高手，方能最大限度地发挥人才的才智。因此，领导者发现优秀人才之后，还要有策略性地开导人才，安排最适合的位置，为人才排除外在的，或自身方面的干扰因素，创造一个良好的、安稳的工作环境，使其才干能得到充分的发挥。

扬长避短

知人善任，就是要善于用人，把人才放在最合适的位置上，尽可能地使其各安其职，发挥自己的特长，发挥最大的能量，如古人所说的“智者取其谋，愚者取其力，勇者取其威，怯者取其慎”。

每个人有优点也有缺点，而且其优点与缺点都不是孤立的，而是相对的可以转化的。所谓“金无足赤，人无完人”，各方面都优秀的人才根本没有，因为人只能在某一领域达到卓越，最多也只能在几个领域达到卓越。而且，越是某些方面才能特别突出的人才，其他方面的缺点往往也比较突出，也就是说他们的缺点与优点同样鲜明。

组织的最根本任务是出成果，因此，领导者要选用人才，重视的当是人才能创造什么成果，能做出什么贡献，而不应是他的什么缺点，因此选拔人才的标准当是看他能做什么，而不是他不能做什么。优秀的领导者总是以“他能干什么”为出发点，注重发挥人才的长处，而不是克服其短处。领导者如果过分地关注员工不能做什么，老想克服员工的缺点，只会打击员工的自信心，也难以充分发挥其才能来。

尽管如此，领导者还是要了解人才的短处，避开人才的短处和弱点，以更好地让其发挥其才能。每个人都有其一定的缺点，但是在一个组织内，领导者却可以通过有效的人员搭配，使得人才之间可以相互取长补短，变得相对完善起来。譬如，一个科技人员，自有其科研技术方面的特长，但可能有不善于人际应酬的短处，领导者只要在组织内为他安排适当的位置，并为他创造一个良好的环境，就可以发挥他的科技之长，而让其他擅长交际的人来补其之短，这样组织内就同时拥有科技与交际两项优点了。

清代学者魏源曾说："不知人之短，不知人之长，不知人长中之短，不知人短中之长，则不可以用人。"领导者首先要知道每个人才的长处和短处，并且了解其长中之短，短中之长，才能扬其长而避其短，更好地使用人才。另一方面，根据现代企业的战略人力资源的思想，企业必须围绕战略分解目标，设置岗位，配置人员，做到人事相宜。因此，领导者还要有战略性的眼光，善于根据战略来调配企业的人力资源。从这个方面来说，领导者在使用人才上不能"一视同仁"，而应该有所区别地使用各种不同类型的人才，使其才能品格与工作岗位相适应。一般情况下，以下常用的几种类型的人可作如下安排。

1. 通才型人才

通才型人才知识面广博，基础深厚，阅历丰富，有很强的洞察、判断、综合分析以及创新能力，善于从战略高度考虑问题，并能比较果断地做出决策。这类人才最适合领导管理者的职位。如果领导者本身不是通才型人才时，一定要选拔这类通才型人才为副职，做自己的得力助手。

2. 补充型人才

这类补充型人才也有比较突出的才能，善于领悟、配合领导者的言行，弥补领导者的过失，但在个人魄力、决策方面尚有所欠缺，这类人才最适合作领导者的副职。有时候他们能自觉地意识到自己的地位、作用，善于领会领导者的意图，配合领导者的行动，并弥补其过失，积极地以己之长去补领导者之短，强化了领导层的优势，所以这类人才主要在于领导者善于识别，善于挑选。

3. 实干型人才

实干型人才是每一个领导层中不可或缺的人才，他们以埋头苦干、任劳任怨、高效率、高质量而出名，是领导者非常得力的人才。但是，这类

人才在大多数情况下缺乏自我保护的意识与能力，因此他们容易为他人所中伤。因此，领导者要善于爱护他们，关心他们的处境，必要时为他们排除外在的阻力或伤害。

4. 忠诚型人才

这种人才诚实、勤恳，尽心尽力，知恩图报，并且能大公无私，不计个人利害得失去维护国家、集体的利益。忠诚老实是中华民族的传统美德，忠诚型人才也是任何时代、任何领导者都欢迎的人才，他们忠心耿耿的优秀品质能够完全解除领导者的“后顾之忧”，从而赢得他们在领导者心中不可动摇的地位。他们能够忠实而有效地执行领导者的决策。当然，他们的忠诚不是对领导者盲目的忠心，不会一味盲从，惟领导者马首是瞻。当领导者做出错误的决策或行动时，他们敢于提出他们的忠告，甚至不惜身家性命，极力劝阻。

5. 开拓竞争型人才

这种人才有能力，有很强的创新精神，敢于拼搏，勇于开拓，敢为天下之先，能于困境之中寻找出路，不达目的决不罢休。正是这种不屈不挠的斗志与咄咄逼人的锐气，还有与之而来的骄人成就，对领导者容易造成心理压力，因此，这类人才常常成为某些心胸狭窄的领导者不予重用、甚至排斥的对象，成为同事嫉妒、排挤、中伤的对象，他们也将比常人遭受更多的非议和委屈。优秀的领导者懂得这种人才是开拓创新局面、拓宽道路所必需的人才，因此，要想不甘平庸，要想取得非凡的成就，就须大胆地使用开拓竞争型人才，并赋予其一定的职权。当他们遇到种种困难时，领导者也要多给予他们以关怀、爱护，并以宽容大度的心胸去包容他们。

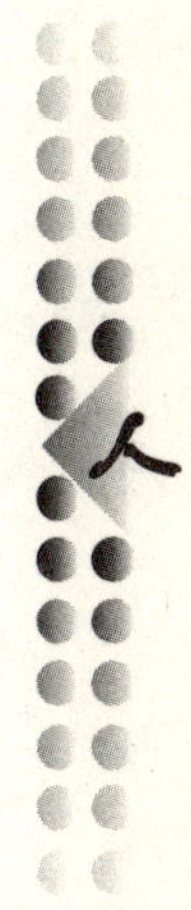

6. 潜能型人才

这类人才以年轻人为主。年轻人有的是才气和精力，锋芒毕露，但限于经验阅历不足，其才能尚处于成长时期，需要经过一段时间的学习、培训、实践等，方能脱颖而出，担当大任。所以对于这类人才，领导者要有长远的目光，要有关怀爱护之心，要善于为他们创造良好的学习成长环境，以为组织培养优秀的后备人才。

第十四计 权责分明

领导者在选择、使用人才时，一定要对所需人才岗位上的职责、权力、利益方面做出比较完整的标准，以此标准量才录用人才，与其做出明确的约定，或者以制度的形式保存下来，以便在目标考核和评价上，按照此标准对人才进行全面综合的考察、定性、定量、定级，做到“刚性”规范，赏罚分明。总的来说，也就是要做到权责分明，明确双方的权力和义务，以便有效地开展工作，完成任务。

安分守“职”

用

春秋时期，齐国的大臣崔杼为了争夺一个女人而杀了齐庄公。这时，晏婴正好站在崔杼家的大门外，崔杼问他说：“你难道要为君侯去殉死吗?”

晏婴说：“君侯如果为社稷而死，那我就随着他去死；君侯如果为社稷而逃亡，那我也随着他去逃亡；君侯如果为自己而死，那么除非他的亲信，谁会随着他去死呢!”

晏婴的言外之意是说齐庄公因为与崔杼争风吃醋而被杀，不是为社稷而死，所以自己也不值得去为他殉死。

可见晏婴在齐国当宰相，把自己看做是国家的大臣，而不是国君的亲信，时时用国家大臣的标准来严格要求自己。

齐庄公被杀以后，齐景公即位。不久，齐景公任命晏婴为齐相。一个特别寒冷的早晨，晏婴陪侍齐景公处理朝政。齐景公冻得浑身发抖，手脚冰凉，便随口支使晏婴说：“相父，麻烦你帮寡人端碗热粥来。”

晏婴回道：“君王，臣是朝廷的大臣，而不是侍奉君王饮食的臣仆，这不是我的职责!”

齐景公又支使晏婴说：“那请你把皮袄拿来给我披上。”

晏婴说；“臣是齐国的大臣，而不是君王一个人的大臣，更不是负责君王衣服坐褥的臣仆，这也不是我的职责!”

齐景公见他支使一件事，晏婴就推辞一件事，非常生气地说："这也不是，那也不是，那么，寡人倒要问你一下，相父适才对寡人说'既不是伺候饮食和坐褥的臣子，也不是寡人一个人的臣子'，那相父到底属于什么样的大臣呢？"

晏婴回答说："回君王，臣是社稷之臣。"

齐景公问："什么叫社稷之臣？"

晏婴说："社稷之臣就是国家的大臣，他能够建立国家，区分君臣上下的关系，让他们合乎伦理；他能够确定百官的先后次序，让他们处在适当位置；他能够制定外交辞令，可以传布到天下各国。"

晏婴不是偷懒耍滑，而是要保持大臣的体统的尊严。从此以后，只要不涉及到国家大事，齐景公就不再召见宰相晏婴了。

身居高位者，应尽职尽责于本职工作，为政事效力，为众人树立良好的榜样，维护整个团体的和平稳定与团结，而不是不顾原则，对上司领导一味顺从，大献殷勤，置法规礼仪于不顾。反过来同样如此，作领导的也不应随意调派、使唤部属，做其职权之外的事情。

乐池用人不授权

一次，中山国相乐池带着一百乘车出使赵国，他挑选一位素有智谋的门客作为一行人的管理者，可是却没有什么再多的表示。行军中途行列就散乱不堪了。乐池便责备这位门客说："我以为你有智谋，所以才让你做此行的管理者，可现在行列散乱得不成样子，你这是怎么回事呢？"

门客因此请求离去，并说："您不知道管理之道。有威信就能使人信服，有利益就能够激励人行事，这样才能管理好众人。而现在，我虽然蒙您挑选作管理者，但我只是您的一位下等门客，而由年轻的管理年长的，由地位低下的管理地位尊贵的，而且又不能掌握赏罚的权柄来制约他们，这就是队伍行列所以散乱的原因。假若您让我拥有这样的权力：行列中表现好的我可以封赏他，表现不好的也可以严厉地惩罚他，又哪有管理不好的道理呢？"

职责和权力从来就不能脱离开来。作为一名管理者，应该是职责和权力的统一。有职位无权力不足以立威，有权力无职位则名不正言不顺，不

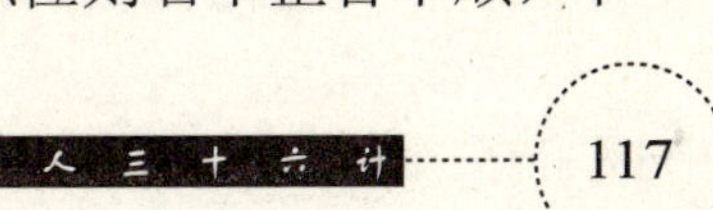

能服众，难以有效赏罚，激励众人，又如何能够顺利地完成职位上的责任。职责权力不统一，职责权力不分明，都难以实行有效的管理，达成预期的目标。

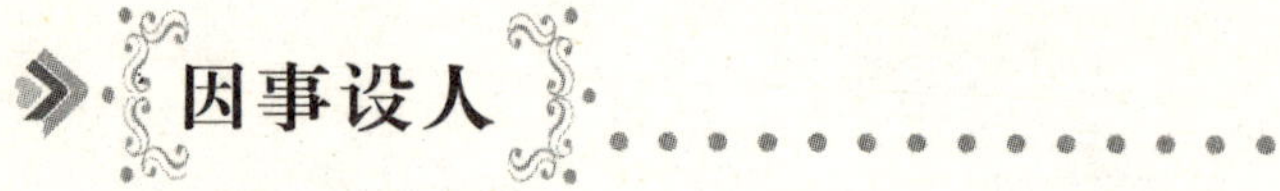

因事设人

某大公司的一个小型分公司经理 W 君，任职 6 个月后，发现他手下的一位营销部副经理工作表现差强人意：他没能按时完成他和自己共同商定的任务，还和自己另外两个部下频繁发生摩擦；自己向他提出的一些必要的忠告也被他置之不理。尽管当时还不十分清楚他的表现会给分公司的经营行为造成多大损害，但 W 君已经意识到他将会带来不少的麻烦。因为他负责的营销部对自己着手振兴公司的计划至关重要。

原来，这位营销部副经理以前是做技术工作的，并且在生产领域做得相当出色，后来被总公司挖过来做了营销部副经理，可是，他以前根本没做过营销，不具备营销专家的“市场意识”，他在与手下员工交流时发现，自己与他们的想法大不相同。尽管出现了一些不佳表现，他还是自我感觉良好，认为在如此困难的情况下，把工作开展到目前的状况已经很不错了，今后肯定会随着时间的推移而越来越好。

有鉴于此，W 君经过再三考虑，认为营销部副经理还是很有能力的，只要给予一定的时间和帮助，他肯定会有所突破，会从这种局面中解脱出来；而如果解雇他就会出现很大的空缺，等到再有人弥补上，肯定损失会很大，因此，他决定继续留用这位营销部副经理。

此后，W 君用了 5 个月的时间竭尽全力帮助他，但效果不佳，营销部内部与其他部门人员的冲突开始频频出现，因了某些方面的失误而互相埋怨指责。接下来的情势更是急转而下，第 6 个月，连总公司和一些大客户都察觉了他们公司的这种混乱。W 君面临的情况更糟糕，他一方面要向他的上司和客户解释事情的原因；另一方面他还要安抚愤愤不平的部下，解除员工之间因此而产生的帮派现象，因为他们想赶走营销部副经理。

直到最后，他领导的分公司事物繁杂纠缠，成了一团乱麻，万般无奈，只有将营销部副经理解雇，草草了事。而这位营销部副经理走时，将一团火气愤愤地全都发在了他的身上。W 君接下来的任务就更加繁重，他不得不临时兼任营销部副经理，即使他将每周工作时间延长到了 70 多个

小时，他还是不断受到来自各个方面的攻击和挤压。

后来，当他再次回顾此事时，W 君感慨万分，他说他没能认真执行因事设人的原则，不该迟迟不解雇营销部副经理，权责不分；等到真正下决心要解雇他了，无论怎么做，都是腹背受敌。

W君一直看到这位营销部副经理的优点，为了照顾一个人，不单自己费尽功夫和精力地给了他足够的时间和支持，还冒着很大的风险，到头来却是费尽心力，全不讨好，弄得自己焦头烂额。其实事情已经很清楚：这位营销部副经理才不胜职，他在其位拥有相应的权力，却胜任不了相应的职责，完成不了职责规定的任务。不能因为他原来的能力很强，或者是总部费心挖来的，就对他格外照顾。

组织中的一个重要职位，远远不只是一个人的事情。在营销部副经理不适合这个职位的情况下，W 君的其他部下已在催促他该“着手解决营销部的问题”，因为他们的工作也与营销部密切相关。他们不想枯坐等待，不想因了他一个人而给大家的工作带来麻烦，损失大家的利益。可是 W 君却为了照顾一个人而置大家利益于不顾，最后只能是置自己于困境。

领导者不应该漠视组织的需要，而单凭某人曾经功绩辉煌就让他担任要职。因人设事，不仅会误了工作，让应该完成的工作得不到有效的完成，甚至还容易让这个人成为其他员工的绊脚石，使得组织人际关系复杂，企业失去活力和竞争力；同时，岗位职责不明确，组织的具体工作没有程序，主次不分，办事效率低下；此外，组织内有能力的人才也会因此受到扼杀排挤。

因此，领导者在人事安排上必须做到量才录用，因事设人。要做到这一点，首先就要对岗位职责权利要做到明确。凡事有标准好办事，领导者如果根据组织的目标，给每一个岗位设定一个比较明确的标准，以后一切按照标准办事，就会有章可循，使组织的人事安排分配合理，出现井井有条的局面。

其次，要对具体岗位定出一个公平合理的人才评判标准。人才，只有在恰当的位置才能显示出其才能，如果只看重人才的某一个优势就对其作了全优的定位，那么人才也就不能称之为人才了。在不恰当的岗位上，还可能会损害人才在他自身优势上的自信。精英乃适其所在之人才，庸才乃失其所在之人才。

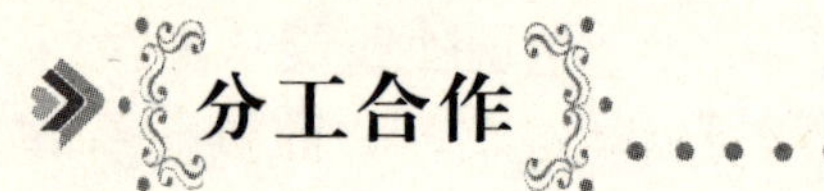

分工合作

任何事情，只要不是一人独立完成，就需要和其他人员分工合作，明确彼此的责任和权益，以便更有效地完成任务。否则的话，便容易引起矛盾和冲突，引发重复、浪费，最终不能有效地完成任务。我们不妨看一个生活中的小插曲。

小宏明天就要参加小学毕业典礼了，怎么也要穿得靓一点，把这一时光留作一生的美好回忆。于是，他央求妈妈上街为他买了条笔挺的新裤子。没想到的是，新裤子虽然很是好看，却是长了一寸。吃晚饭的时候，趁奶奶、妈妈和嫂子都在场，小宏把裤子长了一寸的问题说了出来，饭桌上大家都没有反应。饭后大家都去忙自己的事情，这件事情就没有再被提起。

这天晚上，妈妈睡得比较晚，临睡前想起儿子明天要穿的裤子还长一寸，于是就悄悄地一个人把裤子剪好叠好放回原处。半夜里，狂风大作，窗户“哐”的一声关上把嫂子惊醒，嫂子猛然醒悟到小叔子的裤子长了一寸，自己辈分最小，怎么着也是自己去做，于是披衣起床将裤子处理好才又安然入睡。老奶奶睡觉轻，每天一大早醒来给小孙子做早饭上学，水未开的时候也想起孙子的裤子长了一寸，马上快刀斩乱麻。最后小宏只好穿着短了两寸的裤子去参加小学毕业典礼了。

这个故事形象地告诉我们：一个团队仅有良好的愿望和热情是不够的，要积极引导并靠明确的规则来分工协作，这样才能把大家的力量形成合力，有效地完成任务。团队协作需要默契，但这种默契是在较长的时间内逐渐形成的；因此，在团队协作初期，还是要借彼此明确的分工来协调合作，以共同完成任务。

各司其职

一般来说，一个组织的领导层是由不同智力特点和素质结构的人员构成，那么这些不同素质、不同性格的管理人员在一起，又该如何有效地进行领导管理工作，维护领导层的稳定呢？

管理学家们认为，任何领导层都不仅仅是一个独立的组织，不应当受

其成员之间私人关系的影响，因此领导层成员之间应当遵守一些必要的规范和准则。

首先是任何领导层中的一员，一旦领导层明确他在某一方面负有基本责任时，即表示他在这方面拥有最后的决定权，而且，他的决定也就是整个领导层的决定。只有明确了每一个领导层成员基本的职责、权力，才不至于出现责权混淆、互相干预甚至于互相倾轧、争权夺利的情况。

其次，领导层中的任何一个成员，绝对不允许对本身不负责任的事项有所决定。当自己职权之外的事落到他身上时，他应当交付给对此负责的成员，最为明智的方法是连个人的意见都不要表示。

再次，当任务涉及到权力不明、责任不清，或者任务的权限超出本身管辖的范围之外时，领导成员应当主动请求领导层集体讨论，最后再由组织委托某一成员作决定。这种分工合作的集体领导原则，对于执行任务是非常有利的。它会使领导层成员人人明白决定对于整个组织将会产生什么影响。

另外，领导层中还必须有一位最有才能、最有威望的人来做首要决策者。他是领导层中的中心人物，但绝不是家长式的独裁者。在一般情况下，他善于集结和归纳领导成员的智慧和建议，当领导成员之间发生严重分歧、无法统一时，为了工作的开展，他通常握有最后的决定权和否决权。

当然，领导层中任何领导成员之间，不须过于亲热，不互相标榜，拉帮结派，更不能互相责备、批评和蔑视。这是任何组织都需注意的地方，自不必说。概而言之，要想维护领导层的团结稳定，有效地进行领导管理工作，就需要明确领导层成员的职责权力，需要领导层成员认真地履行自己的权力和责任，做到权责分明，各司其职。

第十五计 分身有术

现在不少领导者都感叹：太忙！忙，是事实，不少领导者的确整天忙得不可开交。究其原因，固然比较复杂，但其中有一条重要的原因，这就是许多领导者不懂、不肯、不会授权。他们往往是大权独揽，小权不放，动辄“一竿子到底”。岂料到头来尽管天天“两眼一睁，忙到熄灯”，事情往往被动应付，捉襟见肘，事业没有起色。相反，一些善于授权的领导者，由于懂得合理授权，故而分身有术，常常轻松得很，并不见“吃饭有人找，睡觉有人喊，走路有人拦”，事业却一片红火。因此，在企业发展过程中，领导者应该着眼一些特别重要的关键问题，而把经营权下放给优秀人才，给予他们足够的施展个人才智的空间与权力，让企业尽量成为优秀人才发挥才智的舞台。

授权，是指领导者根据工作的需要，将自己所拥有的部分权力授予下属去行使，使下属在一定制约机制下放手工作的一种领导方法和艺术。一般来说，领导者要下属担当一定的职责，就要授予其相应的权力。合理的授权则有利于增强下属的积极性和创造性，有利于任务的顺利完成。如果领导者对下属不放权，或是放权之后又常常横加干预、指手划脚，必然造成管理混乱，另一方面下属因未获得必要信任，也会失去积极性。实践证明，授权是提高工作效率和效能的重要途径，是对人才的信任与支持的最佳体现，是使个人和团队快速成长的秘诀。精明的领导者，正是通过给予一定的权力和职位，充分发挥下属的才能，顺利完成组织的目标和使命，同时又能使人才得以实现其个人的人生价值，达到两全其美的境界。

尽人之智

美国前国务卿基辛格，且不说其外交上的政治手腕，单从他处理白宫内的事务工作来看，就是一位善于人尽其才的用人高手。他在处理日常事务中有一个惯例，凡是下级呈报来的工作方案或者议案，他先不细看，压它几天后，再将这位提出方案或议案的人请来，问道：“这是你最成熟的方案（议案）吗？”因为过了几天，提案者会对自己所提方案或议案在脑海中再反复衡量一番，冷静之余很可能会有更多的发现，因此在基辛格如此一问之下，一般不敢过于肯定，大多会回说：“也许还有不足之处。”基辛格便会叫他拿回去再思考和修改得更完善些。

当提案者再次送来修改过的方案（议案），基辛格细细审阅后，又问

他："这是你最好的方案吗？还有没有别的比这方案更好的办法?"这又使提案者陷入更深层次的思考，把方案拿回去再次详加研究，力求尽善尽美。

基辛格就是这样反复让他人深入思考研究，用尽最佳的智能，力求将方案或议案做得更为完善。如此，一旦通过执行起来，便可以变得更为轻松也更为有效，而尽可能减少失误。

领导者处于指挥、监督他人工作的位置，他的主要职责是协调若干人干好一件事或一系列事，统帅并控制下属实现各个子目标从而达到总目标，即"科学的指挥和合理的调度"。领导者不应也不能只顾去做具体事务，而应当尽可能帮助下属在各自能力限度范围内获得最大成果，充分激发他们的潜能，指导他们以最有效的方式实现目标。正如古人所云："下君之策尽己之力，中君之策尽人之力，上君之策尽人之智"，这样，领导者才能"一脑变多脑"，集众人之智慧于一身，加强宏观控制，并充分发挥、调度众人之智慧和才能，以顺利完成组织的目标和使命。

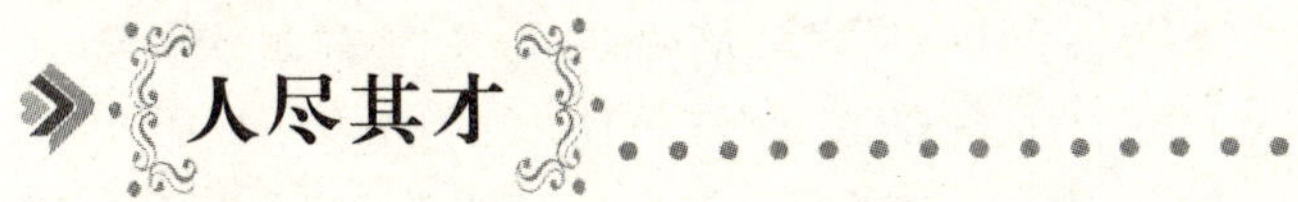

人尽其才

领导者将组织的总目标分成若干个子目标，委派工作给下属，其目的并不是减少自己的工作负担，而是要成就更多的事业，谋求组织更大的发展。如果领导者能把事务安排得井井有条，比起一个人事必躬亲，忙得焦头烂额，而其手下又在那里毫无计划地乱做一通，或者就是无所事事，成绩要明显得多。

譬如，有一些领导每天总是被淹没在请示、汇报之中，忙得焦头烂额而不自知。美国一位总经理就有过这种经历。有一次，一位会计人员送给他一份关于内部控制方式的请示，请他审阅指示，做出关键性措施的决策。可是他因为忙，这份材料放了一个月也没来得及审阅。当该会计第三次询问他的时候，他有几许无奈地说："一段时间内我可能都没有时间，要不，你自己分析一下，提出个措施来吧。"这位总经理没想到的是，第二天这位会计就把问题解决了。原来总经理自以为费时费力很是繁复的一件事情，在这位会计做来，却是轻松得很。

为此，这位总经理不无感慨。感慨之余，他学会了拒绝依赖性请示。此后，除了委派工作给下属外，他把自己每天的工作分成两类，一类是本来就该他自己干的工作，另一类是员工"分配"给他的工作。凡属员工分内之事，员工有能力解决的问题，不论自己有无时间，他一概拒绝，而是让来请示的员工带着问题回去，想好解决的办法再来汇报。对于有潜力的员工，他特别花精力加以培养并调整职位，从此就把某一类问题交他负责解决。这样做的结果，公司的管理人员人人勤于动脑，提高了独立工作的能力。

授权，能够调动员工的积极性，充分发挥他们的才能。对此，韦尔奇曾说："过去，我们的管理人员习惯于对员工指手划脚，指示他们做这做那。'听话'的员工们按时按量地完成任务，但也不会自觉自愿地多做些什么。自从他们得到授权之后，情况是如此不同。我们常常惊讶于员工主动完成任务的积极性。有那么多的事情，管理层甚至没有想到，但是我们的员工不仅替我们想到了，而且还默默地做完了，实现了。"

其实，有些员工，他们只是不习惯于解决问题，并不是他们不能解决问题。在这种情况下，领导者只需对下属说："你自己分析一下，提出个措施来吧。"很简单，鼓励员工自己解决问题，许多问题便轻松解决了。

有些人天生是服从者，他们不知道一件事情牵涉的范围有多大，不知道该如何面对和处理棘手的问题，但他们也有与人协作的愿望，只是他们的协作是一种消极的协作，他们会说："你看我适合干什么。只要你安排了，我就会尽力去做。"对于这一类人，领导者更是要善于引导他们，授权他们去完成你所分配的工作。

领导者的主要工作是什么？那就是领导，是引导，懂得从战略高度将组织的总目标分成若干个子目标，然后授权给适合的人去实施。领导者应尽可能地授权，把你不想做的事，把他人能比你做得更好的事，把你没有时间去做的事，果敢地托付给下属去做，尽人之才，尽人之智。只有这样，你才能不被琐碎事务所纠缠，而有充足的时间思考和处理更为重要的事情。

当然，凡事都须有度，领导者在授权时也要注意，尽其才智，但不苛求。领导者如果过分苛求，会让你的下属产生你不信任他们的感觉。譬如你要求员工早请示、晚汇报，一举一动都须征得你的同意，就会限制他们的积极主动性，他们会一直在等待你的分派，什么工作都会推给你去做，无形中增大了你的工作负担。领导者的苛求还让员工们渐生反感之心。因为你的苛求会让员工们看不到自己的希望，很容易让他们丧失信心，进而产生了抵触情绪，失去工作的动力。反正达到你的要求很难，无论怎么努力都是白费劲，那么还不如不努力来得痛快些。

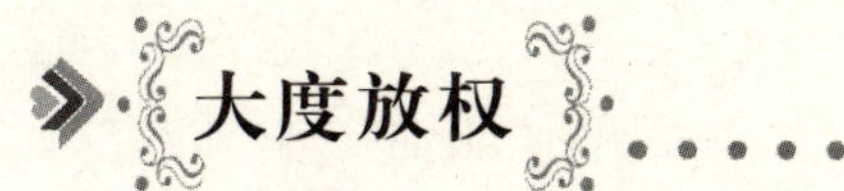

大度放权

古耕虞是民国时的猪鬃大王。有一次，他想在天津开一家分公司，经过一番物色人选之后，他决定聘请袁冲霄为分公司经理。袁冲霄毕业于美国纽约大学，硕士研究生，当时古耕虞与袁冲霄并无深交，只是平日里偶有往来而已。一次，古耕虞约袁冲霄见面，谈及开分公司的问题，袁冲霄说出了深合古耕虞心意的见解。古耕虞深知他是个人才，就诚心邀请他出任分公司经理，并表示将授其全权。袁冲霄欣然同意。

袁冲霄即将去天津赴任时，古耕虞为他饯行，对他说："天津分公司的事，我授予你全权了，那边就全交给你了。做生意，赚钱亏本是常事，即便你做亏了本，我也绝不会责怪你。但我有个条件，那就是你不能破我的牌子，一个是按期履行合同，一个是保证产品质量。如果这两项做坏了，我会立即撤你的职。"

袁冲霄深感古耕虞放权之重、信任之深，为报知遇之恩，去天津上任之后，一直尽心尽力，不敢有所懈怠。一年之内，天津分公司就获利200多万元。

我们再看另一个大度放权的事例。香港恩捷公司总裁邢李原在公司权力方面一直都是充分放权，他也曾多次指出：要吸引人才，必须让人才有充分的发挥空间。香港恩捷公司负责亚太区批发业务的负责人接受香港媒体访问时就说，邢李原放权的程度是：20多年来连支票也不签。正是邢李原充分放权给手下得力干将，干将们也才肯最大限度地尽己之才，尽己之力，共同推进香港恩捷快速成长。

当然，再大度的放权，也不是无限制、无约束地放权。像古耕虞授予袁冲霄全权之时，也还特意提出条件，为袁冲霄划出了大的框架，让他只能在框架内全权行事；邢李原充分放权，那是因为他完全相信他所任用的人才的才能和人品，在用人之前就对人才有了一番全面而充分的把握。譬如邢李原强调"惟亲不用"，不但不想让下一代接掌事业，也不让亲戚进公司工作，也就是怕用人不当，日后无法放心授权，授权被滥用等等。

事必躬亲难如愿

大诗人杜甫诗云："三顾频烦天下计，两朝共济老臣心。出师未捷身先死，长使英雄泪满襟。"说的是才高盖世的诸葛亮，他那鞠躬尽瘁，死而后已的精神折服着一代代有志之士的同时，却也留下不尽的遗憾，给后人以无限的感慨。那么，几近完人的诸葛亮，他留给自己的遗憾，留给后人的悲歌，又是什么原因造成的呢？后人认为，其主要原因就是，诸葛亮事必躬亲，从而在用人授权方面有所欠缺。

其实，诸葛亮大可不必"事必躬亲"。蜀国前中期，刘备下属可谓是人才云集，非无人才，而诸葛亮却是未能合理授权，将大小事情尽力包揽；不能充分地授权下属，以人尽其才，而且也未能培育足够的优秀人才。也许诸葛亮自己多少明白这一点，但终是放心不下，"惟恐他人不似我心"，不肯放手让人去做事，即便是优秀人才也很难充分发挥其作用。

如蜀国大将魏延，自率部投诚，屡战有功，刘备称汉中王迁都成都时，破格提拔为镇远将军，领汉中太守，魏延的才干得到了充分的发挥。刘备死后，诸葛亮大举兴师北伐时，魏主曹睿遣附马夏侯楙为安西将军，镇守长安，调关中诸路军马迎战。魏延因此向诸葛亮献了一计，说："听说夏侯楙是魏国的附马，胆怯而无谋。我魏延愿得精兵五千，直从褒中出，从秦岭一条小路往东，出子午谷往北，不过十天可直到长安。夏侯楙听说我军忽然而至，必然弃城而去。长安城中只有御使、京兆太守之类的文官，这时丞相您自率大军从斜谷进军，如此，则咸阳以西，一举可定。"

这本是"暗渡陈仓"之计。依后人的研究，这是千古奇计。当时刚刚复出的司马懿也说："诸葛亮平生谨慎，未敢造次行事。若是我用兵，先从子午谷径取长安，早得多时了。"可惜对魏延主动请缨提出的这一奇计，一生未曾冒险又不尽信人的诸葛亮却说："这并不是万全之策。"此事之后，智勇双全而又性情清高、独立狂放的魏延心里面认为诸葛亮为人胆怯，以"已才用尽"而叹恨终身，遂心灰意冷，郁郁不得志。

再如李严，在刘备眼中是仅次于诸葛亮的人物。刘备临终时，"严与诸葛亮并受遗诏辅少主，以严为中督护，统内外军事。留镇永安"，其目的很清楚，刘备是让诸葛亮在成都辅刘禅主政务，让李严屯永安抵抗东吴并主军务。诸葛亮秉政，本应充分放权，不多加干涉，以发挥好李严等人

的作用，然而诸葛亮仍是“事无巨细”，惹得李严不高兴，两人矛盾日益加深。后来诸葛亮以第五次北伐为借口，削了李严的兵权，调汉中负责后勤工作，后又因运粮事件，诸葛亮抓住了李严的把柄，将李严废黜为民。从此，诸葛亮就亲自抓起了运粮事宜，耗费了无数精力，搞出了“木牛流马”之类的运粮器具。

由于诸葛亮在授权时总是放心不下，“惟恐他人不似我心”，事事都要亲管，其下属只能随着他的羽毛扇而转动。既然大小事诸葛亮都要抓，其下属就用不着去动脑筋，也没有机会去独当一面以锻炼自己，因此，才会出现蜀中无大将，廖化为先锋的局面。

诸葛亮“事必躬亲”，不能充分发挥众智、众力的作用，终将累及自我，并累及其念念不忘的北伐事业。五丈原对峙，旷日持久，士兵中有些松懈，确需整顿军纪，本应授权众将管理部属，可诸葛亮却是凡罚二十以上的案情，都要亲自处理，忙得没日没夜。而他虽然日夜操劳，但所吃的食物，每天不过一点，以至于司马懿听说后都感叹：“食少事多，其能久乎？”

为此，主簿杨颙也曾劝说：“我看丞相经常自己做些像是校对这样的小事，我以为不然。所谓为治有体，上下不可相侵，就像治家一样，耕地是下人的事，缝补是奴婢的事，如果事事都要亲自去做，将神疲形困，终无一成；因此，古人说，坐而论道，谓之三公；作而行之，谓之士大夫。丙吉担忧耕牛的喘息而不问路上的死人；陈平不知钱谷数，说是自有主其事者。现在丞相事无巨细，都要亲理，汗流终日，岂不劳乎？司马懿所说，真是良心话。”

对此，诸葛亮只是回答说：“吾非不知……”但为时已晚，终于“出师未捷身先死”，累死在阵前，时年五十四岁。其一生致力的北伐事业自然也随之断送。

一个人的智慧和能力总是有限，不管他是天才还是英雄，这是客观必然的事实。诸葛亮才高盖世，智慧天授，还是累死阵前；项羽勇猛盖世，屡战屡胜，最终却四面楚歌，自刎乌江。反而是他们的对手，是那些善于用人的杰出领导者，善于使用优秀的人才，尽人之才智，尽人之气力，成就了非凡的伟业，创造了无数的传奇。由此观之，作为领导者，贵在用人授权，尽人之才智，而不是事必躬亲，显一己之才智。通过合理授权，使领导者重在管理，而非从事具体事务；重在战略，而非战术；重在率将，而非带兵。授权如果合理的话，领导者就宛然有了“分身之术”。如此，领导者便能从战略高度思考问题，居高临下，把握全局，议大事，抓大事，带领整个团队一道，完成目标。

如微软公司创始人比尔·盖茨，在他40岁正值黄金时期，激流勇退将公司的大印交与鲍尔默执掌，自己抽出身来去思考关系公司未来发展命运的一些至为关键的问题。比尔·盖茨多年来一直保持着一个业界皆知的习惯——“思考周”，也就是每年抽出几个星期的时间，独坐一室，静下心来思考。在静心思考中，一个人便能更好地总结过去的得失，看准未来发展的方向，避免更大的资源浪费。

而不愿授权和不会授权的领导者，将给自己积聚愈来愈多的工作决策事务，使自己在日常琐碎的工作细节中越陷越深，甚至成为碌碌无为的“事务主义”者。由于个人的能力、精力毕竟有限，这种领导者最后不得不“分给他人一点”。到此地步，有些事已一拖再拖，另一些事可能根本无暇顾及，而许多需要领导者处理的大事却搁在一边。另外，下属的积极性也受到压抑，从而失去了兴趣和主动性。

第十六计　分步授权

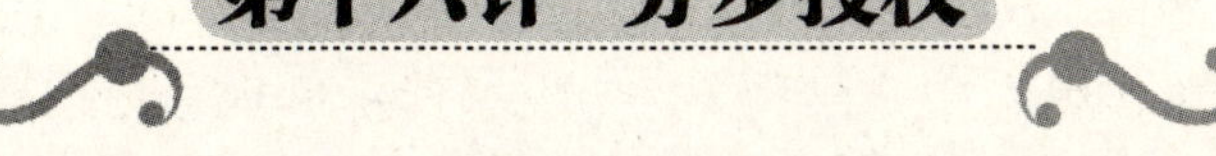

领导者在用人之时要有目的、分步骤地授权，根据事情不同的进展情况授予相应的权利。领导者合理地分步授权，有助于锻炼和提高下属的才干，提高领导体系的总体水平，从而提高领导效率。领导者的合理授权使下属获得了实践机会和提高的条件。随着下属在实践中学得更多的知识和经验，领导者可根据工作的需要授予他们更多的权力和责任。而如果不分轻重地授权，将重要任务一下子压上去，肯定会闪了下属的腰，挫败他的信心。因此必须给下属一个成长的过程，随着下属工作效能和经验阅历的增长，在合适的时机进一步授权。此外，如果授权一步到位，还有可能滋长下属的权力欲，或者因此志高气满，一心想着如何维护自己的权位，巩固自己既得的利益，从而失去远大的进取之心。

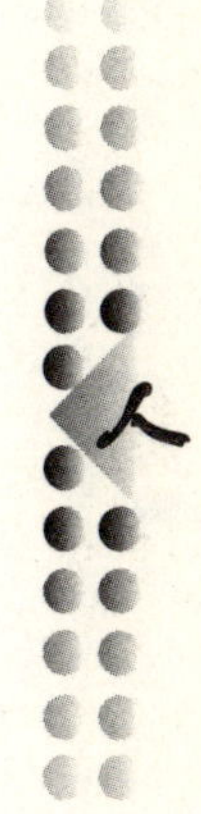

有步骤地委派工作

领导者、管理者的一个非常重要的能力，就是如何授权委派工作给下属去做。那么，怎样做到有效地授权委派工作呢？美国人皮尔斯提出了有效委派系统的七个步骤。

第一步，选定需要委派的工作。

认真考察要做的各种工作，确保自己理解这些工作都需要做些什么，其复杂程度如何，是否还有些什么特殊问题等。当你对要委派的工作有了清楚的了解以后，还要使下属也了解其工作性质和范围。

有一些工作不宜授权下属去做，像一些处于最优先地位并要求你马上亲自处理的特殊工作，一些非常保密的工作等。如果某项工作涉及到只有你才应该了解的特殊信息，就不要委派出去。还有一些有着高度风险的工作，你也应该身先士卒地冲在前头，而不要躲得远远的，只让下属去打一场自己都不愿打的硬仗。

第二步，选定能够胜任的人。

建议你对下属进行完整的评价。你可以花几天时间让每个下属用书面形式写出他们对自己职责的评论。要特别注意他们对一些存在交叉情况的工作的看法。通过这种方式，你可以掌握下属对他自己的工作究竟了解多深。

然后，可以根据到底是想把工作做得好还是快的决策目标，确定最能胜任工作的人选。这样，你就有可能让最有才能的下属发挥最大的作用。要注意的是，你要尽量避免把所有的工作都交给一个人去做的倾向。

第三步，确定委派工作的时间、条件和方法。

大多数管理者上午上班后的第一件事便是委派工作。这样做可能方便管理者，但却有损于职员的积极性。因为他们被迫改变原定的日程安排，工作的优选顺序也要调整。委派工作的最好时间是在下午。你要把委派工作作为一天里的最后一件事来做。这样，有利于下属为明天的工作做准备。

在各种委派工作的方式中，面对面地委派工作是最好的一种委派方法。这种委派工作的方法，可以充分利用面部感情和动作等形式强调工作的重要性，同时便于回答下属提出的问题，获得及时的信息反馈。

第四步，制定一个明确的委派计划。

有了明确的目标才能开始委派工作。你要把委派工作计划达到的目标写出来，给职员一份，自己留下一份备查。应该让这种委派计划指导有效委派工作的全过程。

第五步，授权委派工作。

将工作任务分解为一系列的指令，循序渐进地下达，而每一条指令都应是十分清晰明了，容易理解。

要让下属明白，任务的目标是什么？你所期望的最终结果又是什么？为什么要选他完成这项工作？关键是要强调积极的一面，同时，还要让他知道他对完成工作任务所负的重要责任，让他知道完成工作任务对他目前和今后在组织中的地位会有直接影响。要向他说明你所知道的与这工作有关的一切。该做什么，不该做什么，在什么时限内完成，以及一些别的要求，都要讲得明明白白，切不可含糊其辞。不要因为没有说完自己所掌握的信息，而给下属设下工作的陷阱。最后，你要肯定地表示自己对下属的信任和对工作的兴趣。

此外，授权内容要合理。不要授予下属不该授予的权力，以免导致失控，也不要授予超越下属能力的权力，否则不仅会导致任务不能完成，还会导致下属本人的崩溃。

第六步，检查下属的工作进展情况。

检查太勤会浪费时间，甚至会影响下属的工作；而若是对委派出去的工作不闻不问，也会导致灾祸。对不同工作，检查计划也有所不同，主要

取决于工作的难易程度、下属的能力及完成工作需要时间的长短。工作难度越大，越重要，或者是委派给一个经验较少的下属去做时，检查进展情况的次数就要越加增多。

当然，除了定期检查工作以外，还要用心倾听下属的意见和报告工作进展的情况，像是工作是怎样做的，还有多少工作没有做完，工作中曾遇到的问题，他又是怎样解决这些问题的。最后，你要用坚定的口气向下属指明，必须完成工作的期限和达到要求的行动方案，促使下属继续努力工作。

第七步，检查和评价委派工作系统。

要设定目标进行管理和考核。在委派工作、授予权力的同时，也赋予了相应的责任，要根据预定的标准和方法对其业绩进行评价和考核，以求改进。为了做好委派工作系统的评价工作，需要解决这样一些问题：下属工作是否按期完成？工作的目标是否达到？其工作进展与全局目标是否一致？下属是否创造出完成工作的新方法？他们是否从工作中学到了一些新东西或得到了某种益处？把这些问题作为评价委派系统工作情况的基础，邀请下属进行评论，表示你对他的尊重和信赖，赋予他以新的工作责任，这些都可以发挥部属的主观能动性，促进他更好地完成工作任务。

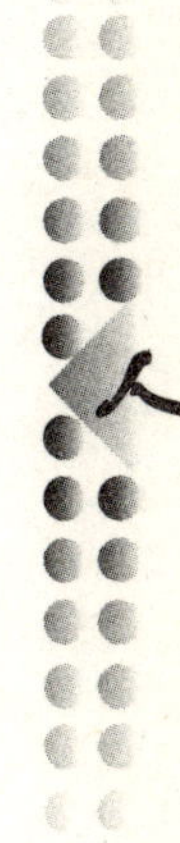

此外，管理实践表明，领导者在授权委派工作之后，还须注意以下问题：

1. 要强调结果，而不要过多地关注过程。要放手让下属挑大梁，要让他勇于决策，而不要指手画脚。

2. 要坚定不移地支持下属的威信。首先，授权应公开进行。如果授权未能公开进行，导致相关人群不知道他的权力范围，势必影响其工作开展。其次要协调好其人际关系。如果两个人或更多人负责的工作要授权给某一个人，则必须事先协调好，否则会激化矛盾，产生阻力；而当有人不支持他的工作时，毫不犹豫地为其扫除障碍。

譬如松下电器公司社长松下认为，当要把某人提升为课长时，如果只是把委派令交给课长并予公布，就显得不够慎重，而应该让课内资格最老的人，代表全体课员向新任课长宣誓。这么做，立刻能提高新任课长的威严。

3. 当一个坚定不移的支持者。当下属在工作中遇到困难时，在施加压力使之不要放弃的同时，应尽力给予支持和指导，帮助他找到解决问题的办法。指导是为了使授权计划更好地完成，但指导有一个度的问题，指导的重点在于“点拨”，不能成为“干涉”。领导者在授权之后，要当一个坚定不移的支持者，而不是教练。

4. 尽力让下属在工作中有所进取。希望到后来他能比你更精通，甚至成为这方面的专家。如果任务确实很复杂或者很重要，还可以让他参加正式的培训。如此，以后再有类似的事情，就可以很轻松地授权予他。

5. 要防止权力被滥用，要建立反馈和控制机制。对授权的下属应在制度框架下进行约束和监督，以免偏离原先设定好的轨道。一般来说，有效的监控有以下几条途径：一是通过完善的汇报制度来监控，并且在汇报过程中加强沟通；二是对阶段目标完成情况进行检查；三是对市场进行不定期的走访，及时发现问题；四是设立专门的职能部门来进行监控。要注意的是，监督与检查应只是作为企业管理的一个重要和正常的环节和手段，而不能逾越其本身的“度”。须知过犹不及。

6. 要有赏罚激励措施。要注意赏罚分明，重赏轻罚，但对有违指令、不受指令或阳奉阴违者，一定重罚。否则领导者将会丧失威信，其团队战斗力将大大削弱。

7. 要勇于承担风险和责任。如果下属把事情办砸了，应勇于为其承担责任，而不要推诿。下属的错误就是领导者的错误，下属的失败就是领导者的失败，至少领导者有用人不当之过失。

适时授权与放权

20 世纪 90 年代，美国管理学家伊查克·爱迪思将企业发展分为孕育期、婴儿期、学步期、青春期、盛年期、稳定期、贵族期、官僚化早期、官僚化期和死亡期等生命周期阶段。在企业的这些不同生命周期阶段对权力问题的要求是不同的。在什么时候，以什么方式授权，无疑是决定企业能否顺利发展的重要问题。因此，为了企业的良好发展，企业家要在企业发展的各个不同阶段懂得如何授权与放权。

授权与放权是企业发展必然的“两步走”。授权中所授予的权力本质上对全局没有影响，一般不是制定决策的权力，企业家不会对企业失去控制。而放权是指企业家将一部分经营决策权下放给部属，有效的放权必须有一套相应的监控制度与之相配合，否则就会失控。

在企业发展的婴儿期是不存在权力与责任的授予的。只有当企业已摆脱婴儿期的资金困难，现金收入和经营活动已达到某种稳定程度时表明它已进入学步期。此时，品牌有一定忠诚度，销售节节上升，供应商的稳定和产品问题已不再是每每发生的危机。这时候，创业者意识到自己已不可

能事必躬亲，需要加强组织管理，这是开始授权的最好时机。这时候，创业者一定要重视经营管理人员的质疑。企业经营管理人员对创业者职权哪怕是偶尔的质疑，都表明企业已呼唤有效的参与机制了。这时候，创业者就要有意识地开始授权并逐步放权了。

那么，创业者到底该如何进行授权呢？科技实业总公司网《创业者，你如何放权》一文，就这个问题提出了以下几点：

1. 创业者要注意到，自己原来富于冒险的开创型领导风格在此时已不再重要，而企业此时最需要的是管理型领导来完成组织化、制度化，并带领企业走出学步期与青春期。此时要求创业者不断丰富自己的管理知识与经验。

2. 学步期一下子制定出完备的制度是不现实的，不可急功冒进。首先应做到由杂乱无章的管理，规划出经营活动的禁区，摆脱机会优先的驱使就是一步巨大的成功。

3. 授权予质疑者。原来惟命是从的下属面对授权可能无所适从，极易造成失控。而质疑者对存在的问题有所认识，且比较有主见，敢于承担责任，是较理想的授权对象。

4. 用人不疑，疑人不用。组织化伊始，以一定的市场销售额为代价是正常的，要给予被授权人以最大的信任和尊重，不可用短期现象来评价其行为及业绩。

5. 渐进授权，力争专人专事。学步期企业业务多而管理乱，一下子做到分工明确也是不太可能的，授权要由小到大渐进而行。同时主要被授权者要尽量专人专事，这才符合权力与责任的对等要求，否则容易权力失控。

当创业者在授权与放权已经不再摇摆，企业大致已克服了学步期的盲目与混乱，或者创业者已从危机中警醒并有意识寻找职业管理人员时，表明企业正向青春期过渡。从学步期到青春期是一个创业企业最为关键的阶段，因为这是企业由人治转向法治、由创业型转向管理型的时期，是个惊险的一跃，如果成功跳过去，就进入规范化运作，进入企业的盛年期，否则就是迟滞于混乱、无序的发展之中。

青春期企业较为常见的问题有：合伙人与决策制定者之间、管理型与开拓型的人之间发生冲突；暂时丧失远见；新老员工矛盾；授权摇摆不定；制定的政策没有坚持；目标缺乏连续性等。青春期是企业最为困难重重且时间也更长的阶段，此时，创业者就需要放权——实现企业由学步期的直觉型的感性管理向职业化管理转变。因此，创业者在企业青春期需要放权时，应做到以下几点：

1. 在企业一切正常时，交出经营权。

青春期企业需要的已不再是创业者的领导风格，而是一种与创业者原有领导风格相冲突却能弥补创业者不足的管理风格。管理风格的冲突性转变要求企业没有额外的压力，所以应在企业运行较平稳时进行授权。

2. 慎选职业管理者。

职业管理人员的素质是青春期企业成功转入盛年期的关键所在。要求他们在知识素质上博中有专，能力素质上必须突出组织指挥能力，并且要有良好的风格作风。

3. 接受新任经理的制度束缚。

伴随企业成长的资深员工很难接受新任经理的领导风格以及激励机制。那么，这就要求创业者以身作则，不干扰经理人员工作，而且给经理班子以充分的信任，并做到努力接受新任经理的制度束缚，支持其为公司管理方面所作的每一步努力。

4. 利用好非正式群体的核心人物。

青春期新任经理人员应给予非正式群体核心人物一定的权力，如聘用为部门经理、车间主任、班组长，但同时需做好诱导教育和帮助工作，使其尽快转向新的领导风格、适应新的工作方式，并协助其他老员工努力配合新任经理班子的工作。

5. 感情投资，改善人际关系。

新任经理班子需注意从各方面关心职工，尊重职工，以密切管理者与员工的关系，促进信息交流反馈，增加企业凝聚力。

6. 慎重提拔学步期管理人员。学步期管理人员一般由创业者据技术水平或贡献大小而任命，较之组织化的中高层管理职位，其技术能力有余而管理能力不足。职业化管理阶段的中高层行政人员的任命，应以管理才能为主要依据，而非技术与资历。资深技术人员可做基层干部，并可聘为经理层的技术顾问。

正所谓创业艰难守成难，发展更不易，如若创业者不能随企业的发展完成自身角色的转变，不懂得适时地授权或放权，企业要想逐步发展壮大就会遇到重重阻力。这些阻力有可能来自公司外部的，或来自创业团队人员，还有可能来自创业者自己。其中，创业者自身方面的原因是，创业者很难改变旧有的习惯，还有一些全才型的创业者过于自信甚至于有些自负，总觉得自己样样都行，觉得他人办事不力，但随着企业规模的不断做

大，创业者不仅自己每天起早摸黑地忙活，而且连累员工，最终累得企业根本跑不起来，只能是维持在小打小敲的水平。此外，还有更重要的一点，不少创业者不放心“外人”。他们认为江山是自己全力打下来的，是完全属于自己的，其他人都是打工的，是“外人”，如此又怎么能放心呢？于是总是自己亲自做，或紧盯着他人来做，老是不放心地防着所有的员工。

来自创业团队方面的阻力，是因为强化管理比强化经营难得多。一般来说企业在创业初期主要是靠经营致胜，大家是靠缘分和亲情来共同奋斗，有没有管理或管理很弱都关系不大。一旦习惯了这样宽松的创业环境，再用条条框框规范的管理来约束大家，其反对力量可想而知。尽管有些组织成员也认识到需要加强管理，但一旦约束到自己，就会感到不舒服。况且，大家适应了创业者本人的监管，如今却要由职业经理人员来监管，心理自会不舒服：“大伙儿同甘共苦，流血流汗拼命打下来的江山，如今轻松轻松一下，老板都没说什么，你倒好，坐享其成，事儿还不少！你算老几!”于是纷纷到创业者那里告状。这一点，只要看看三国时期刘备身边的张飞、关羽对待新请来的诸葛亮的态度，便可想见其阻力之重。在这种情况下，就要看新任经理人员的作为，以及创业者的支持态度如何了。

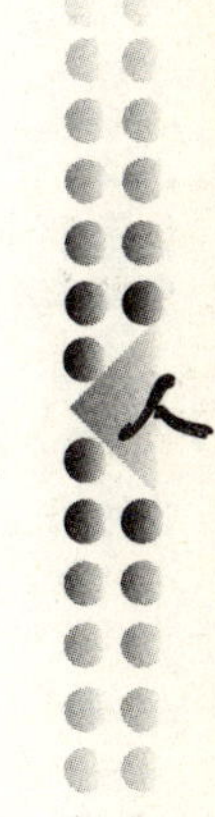

授权有度

南宋初年，面对着金兵的大举入侵，当时号称名将的刘光世、张俊等，慑于金兵气势，一味地退守，苟安现状，却不敢奋起反击。当时年轻的岳飞在抗金斗争中，虽然已脱颖而出，但到底还没有太大的名望，官职也很低，但只有他率领自己的数万兵众在和金军进行着英勇顽强的战斗。当时有位叫郡缉的人，上书朝廷，极力推荐岳飞，他的奏疏写得也很有意思：

“如今这些大将，都是食官俸、享富贵，却不肯为朝廷出力，有的甚至手握重兵要挟朝廷，专横跋扈，这样的人怎么能够再重用呢？

“驾驭这些人，就好像饲养猎鹰一样，饿着它，它便竭尽全力为你追捕猎物；喂饱了，它就飞掉了。如今这些大将，都是还没出猎就早已被肥肉喂得饱饱的，因此派他们去迎战，他们都掉头不顾。

“岳飞却不是这样。他虽然拥有数万兵众，但他的官爵低下，朝廷也没有给他什么特别的恩宠，这样一个默默无闻的将领正是饥饿的雄鹰准备捕捉猎物的时候，如果他立一次战功，就升他某一级官爵，收复了一片土地，就嘉奖他一些荣誉，就好像饲养猎鹰一样，抓住一只兔子，便喂它一只老鼠，抓住一只狐狸，就喂它一只家禽，以这种手段去驾驭他，使他不会满足，总有求战迎敌为国效力之意，而不是封官赏爵一步到位。这样他就会为国屡建奇功了。”

在郡缉的奏疏中，我们可以看到领导的授权管理部属的一种手段。那就是在授权部属之时，要根据他的才能和功劳一步一步地封官授权，一次一次地嘉奖赏赐，而不要一步到位，更不要完全满足其欲望，滋长其权力欲。

而是在授予部属一定权位时，还要赋予其一定的职责，并有一定的赏罚制度和上下通道。如果授权之后，赏罚不明，能上不能下，那么被授权者就可能只图巩固其权位，而不思进取。

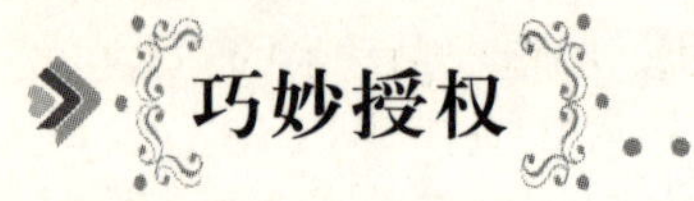

巧妙授权

北欧航空公司董事长卡尔松上任之后，决心改革北欧航空系统的种种陈规陋习。但改革伊始，千头万绪，到底从何处开始下手呢？几经思虑，卡尔松决定将自己的首要目标定为把北欧航空公司变成欧洲最准时的航空公司。然而目标既定之后，又该怎么去运作呢？卡尔松决定挑选一些合适的人选，然后授权给他们负责此事。

不久，卡尔松找到了自己认为非常合适的人选 E 君，于是立即去拜访他。一番交流之后，卡尔松便说：“我们怎样才能成为欧洲最准时的航空公司？你能不能替我找到答案？过几个星期来见我，看看我们能不能达到这个目标。”

几个星期后，E 君约见卡尔松。卡尔松问他：“怎么样？我们确定的目标可不可以做到？”

E 君回答：“可以，不过大概要花 6 个月，还可能花掉 160 万美元。”

卡尔松接道：“太好了，说下去。”其实据他自己的估计，可能要付出这个数目 5 倍多的代价。

E 君吓了一跳，继续说：“等一下，我带了人来，准备向您汇报，我们可以告诉您我们想怎么干。”

卡尔松仔细了解了 E 君拟定的项目策划书，确定了其可行性之后，便授权 E 君，让他全权负责此事。160 万美元的项目经费也很快如数到位。

大约四个半月后，E 君请卡尔松看他这段时间以来的绩效。众多数据

表明：北欧航空公司已经成为了欧洲最准时的航空公司。更可祝贺的是，E君还为公司省下了50万美元的经费。

事后，卡尔松感慨地说，如果我先是对E君说："好，现在交给你一件任务，我要你使我们公司成为欧洲最准时的航空公司，现在我给你200万美元，你要这么这么做。"结果怎样，你们一定也可以预想到。他很可能会在6个月以后回来对我说："我们已经照你所说的做了，而且也有了一定进展，不过离目标还有一段距离，也许还需花90天左右才能做好，而且仍要100万美元经费。"可是这一次这种拖拖拉拉的事却不曾发生。他要这个数目，我就照他要的给，他顺顺利利地就把工作做完了，也办好了。

正如卡尔松所说，他之所以能够大刀阔斧地改革北欧航空系统的陈规陋习，就是依靠充分的授权，给部下充分的信任和活动空间，充分发挥其积极性和创造性，激励其潜能，最终以最少的资源，顺利完成了艰巨的改革的任务。

避免授权受挫

一般说来，在管理过程中，领导者分派下去的工作越多，他能完成的工作也就越多，他的领导能力也就越强，而且在下属的心目中也就越有威严感。然而，事实上却是未必如此，其中原因，主要就是因为授权下去的指令，未必能够得到有效的执行。

要想授权下去的指令能够有效的执行，首先要做到所下指令明确无误、简单易行。接受工作的人可能曲解你的本意，事情完成时有可能偏离你的目标，甚至还可能面目全非。因此，如果你怀疑下属尚未完全理解你的指令，想要验证下属对你的命令的领会程度，你可以提出一些假设性的情况，以检查你的员工是否能够贯彻你的指令。提出问题时要注意策略，不要伤害到员工的自尊心，譬如，你可以委婉地说："这些指令听上去好像很简单，其实有时候不太说得明白。比如说，如果发生某种情况，你会怎么办呢?"

有时候，在授权下属去做一些比较艰巨的任务时，你还可以要求下属证明给你看。你可以请你的下属们对你所布置的活动或任务进行一个简要的示范。尽量把这种对下属的考察搞得像是一次预演，让他们认为这样做的目的是对活动的程序进行检验（而不是针对他们自身）。有某些特殊情况下，你还可以搞一次试运行，使大家都能够对执行程序进行评估，并做出必要的调整与改进。

其次，在绝大多数组织里，往往存在着来自各方面的力量，这些力量相互作用，往往会使本来简单的事情变得复杂，或者变形，自然也可能使得领导者授权下去的工作倍受挫折。因此，在授权时，领导者有必要考虑到这方面的问题，事先慎重交待或提醒，以避免出现授权受挫的情况。

再次，把工作分派出去之后，授受分派的下级可能会把自己职权范围内的工作问题、困难推给上级，也就是“反授权”上级为他工作，或者是，他接受了任务之后又不断打扰上级。

当领导者把某项工作委派给某人去做时，他实际上是将这项任务委派了出去，此后，他不需要再为之操心，而能够得到工作已经顺利完成的结果。可是事实上，在每个组织里，几乎都会有这样一些人，当上级把一些工作交给他们之后，往往工作还没有完成，他们就将它推回到上级的手上。这样，便使上级领导反被下级牵着鼻子走，费时费力去处理一些本应由下级处理的问题。

美国山达铁路公司总经理史特莱年轻时，虽自己努力工作，但不知怎样去支配他人工作。一次，他被派主持设计某项建筑工程。他率领三个职员，至一低洼地方测量水的深度，以便知道经过多少深度的水，才可以建筑坚固石基。

当时史特莱才二十出头，资历尚浅，虽已有好几年时间在各铁路测量队或工程队服务的经验，但独当一面，指挥他人工作，尚属第一次。他极想为三个职员做出表率，以增进工作效率，在最短的时间内，完成工作。所以开始的第三天，他埋头工作并以为他人一定学他的样，共同努力。谁知道这三个爱尔兰职员，世故甚深，狡猾成性。他们见青年主任这么努力，以为少不更事，便假为恭顺，奉承史特莱的工作优良，而自己却袖手旁观，几乎一事不干。其结果，工作成绩当然难以达到史特莱预先的期望。

毕竟史特莱脑子清楚，不为欺蒙。思索了一晚，发觉自己措施失当，知道自己若将工作完全揽在身上，则他们自己无需再行努力。第三天开始工作时，史特莱便改正以前的错误，专力于指挥监督，不再事必躬亲。一天下来，果然成效显著。

对于这种情况，领导者如果不加以警惕，不仅使自己领导工作处于被动，忙于应付下属请示、汇报，而且还会养成下属的依赖心理，从而使上下级都有可能失职。

而那些接受了任务之后又不断前来打扰你的人，也会弄得你烦不胜烦。到头来，你虽然把工作分派出去了，你仍然会被这件工作所打扰，分散精力。遇上这种人，你当然会提醒他有所改变，而如果他还是这样的话，那最好的办法，就是下一次不再分派工作给他。

此外，授权受挫还有可能的情况是，接受你的工作的人，又把这份工作分派给他人。这种情况肯定不是你所希望看到的，因为这表明这个下属认为你这个领导者不了解下属，不会分派工作。而且，这些人把工作分派给他人之后，往往不会告诉你他们已经把工作转包出去的事实。在这种情况下，工作往往很难顺利完成，往往会遭遇挫折而难如所愿。

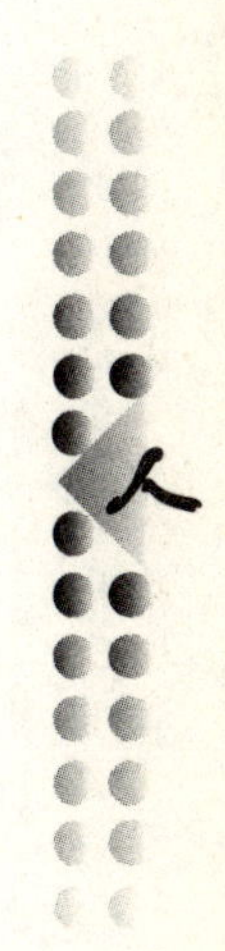

第十七计 重用将才

一般来说，高层领导者有着高层次的目标，而高层次的目标又往往是若干低层次目标的总和，需要以若干低层次目标的实现为前提。高层领导者管理的对象是领导者，是将“将”的；低层领导者管理的对象是群体成员，是带兵的。因此，高层领导者要有足够的胆识和魄力重用将才，为其提供足够的用武之地，充分发挥他们的力量，并以他们的力量带动整个群体的力量，朝着宏伟的事业目标奋进。

有的领导者缺乏勇气和信心，对手下那些才干超群、特别是超过自己的人总感到不好驾驭，因而在使用的同时加以种种限制。他们宁肯将职权交给稍为出色的人，也不交给才能超过自己的人，最终形成“武大郎开店”的局面。真正有作为的领导者，不仅要有统率全军的能力，还要有破格提拔，重用将才的韬略，善于发挥他们所蕴藏的强大的力量。美国奥格尔维·马瑟公司总裁奥格尔维提出了这样一条管理法则：如果我们每个人都雇用比我们自己更强的人才，我们就能成为巨人公司。

不要惧怕下属“功高盖主”。作为领导者，激励他人成功乃是自己最大的成功，因此，部属的成就也就是领导者的成就，部属的成就正反映了领导者知人善任和领导有方。

刘邦善用将才

汉高祖刘邦出身寒微，却能以弱小的兵力，最终战胜拥有精兵 40 万的名将项羽，建立起大汉王朝，可以说是一个极富传奇色彩的历史人物。但不管他个人才能如何，世人都知道，他所取得的巨大成功，全赖于他善于识人用人，尤其是善于重用将才。

开国之初，在洛阳南宫的一次庆功宴上，刘邦乘着酒兴，曾向群臣问道：“诸位王侯、将军，我为什么能得天下，项羽又是怎样失去天下的呢？大家不必顾忌，各自尽管发表自己的见解，如何？”

众大臣七嘴八舌，纷纷发表自己的见解，其中最有代表性的是大将王陵的回答。王陵既是刘邦的同乡故旧，又深得刘邦的信任，因此，说起来也比较坦率，他说：“皇上比项羽善于用人。皇上虽然对人粗暴，好发脾气，但却赏罚分明，使群臣争相效力。而项羽则妒贤嫉能，使有功之臣得不到封赏，最终导致了失败。”

刘邦点头称善，然后又补充说："我所以能打败项羽，主要靠三位杰出人才。"他接着往下说："在军营中出谋划策，研究制定正确作战方略，使军队能在千里之外打胜仗，我不如张良；坐镇后方，制订典章法令，管理政务，安抚百姓，并源源不断地给前方运送粮草，我不如萧何；能够统率大军攻城掠地，做到战必胜，攻必克，我不如韩信。他们三人是人中豪杰，但都能为我所用；我虽然在某些方面不如他们，但我能重用他们，充分发挥他们的才干，这就是我战胜项羽，夺得天下的主要原因。项羽虽然有一个豪杰范增，但不能重用他，所以他注定要失败。"

刘邦对于自己之所以能夺取天下有着准确而透彻的认识，他道出了人才，尤其是将才对于创业打天下的极其重要性。这里我们以刘邦重用韩信为例，来看刘邦的善用将才的艺术。

韩信是淮阴人，少年时家贫无业，曾以乞讨度日，并受过胯下之辱，项梁、项羽起兵反秦，韩信投项羽为郎中，是个负责守卫的小官。韩信几次主动为项羽出谋划策，却遭到拒绝和鄙视，于是弃楚投汉。刘邦命他为治粟都尉，督管粮饷。在这期间，萧何因多次与韩信接触而深知韩信的卓异才干，便几次三番劝汉王重用他，但汉王总是不听。韩信知道汉王不肯重用自己之后，便趁刘邦驻军南郑，军队遭到严重挫折，将士纷纷逃跑的时候，也弃职逃走了。

萧何听说韩信逃走后，来不及禀报刘邦，便立即骑马追赶。直到天黑，萧何才追上韩信，但韩信开始表示不愿回来，萧何说："如果这次汉王再不重用你韩信，我宁愿同你一起逃走。"于是韩信才同萧何回见刘邦。刘邦听萧何说是追赶韩信去了，有些不信，生气地说："诸将逃走的也有几十个人了，你为什么单追一个韩信?"

萧何说："诸将易得，帅才难求，大王如想屈居汉中王，可以不用韩信；大王如要争夺天下，必须有韩信这样的人才共谋。"萧何还说，如不重用他，韩信早晚还是要走的。在萧何的极力劝说之下，汉王便说："好吧，我就依着你的意思，让他做个将军。"

萧何说："叫他做将军，还是留不住他。"

汉王说："那就拜他为大将吧!"

萧何很高兴地说："这是大王的英明。"

刘邦当即要召韩信进帐，委以大将职位。萧何直爽地说："大王平日不大注意礼节，拜大将可是件大事，不能像跟小孩闹着玩似地叫他来就来。大王如果真下决心拜韩信为大将，就要择个好日子，还得隆重地举行拜将的仪式才好。”

于是汉王按照萧何的提议，筑拜将台，择良日，沐浴斋戒，设坛场，具厚礼，授帅印，命韩信统领全军。拜将仪式极为隆重，以此表示对韩信的重用和对天下贤才的爱慕。三军为之一惊。

韩信受封大将后，统率大军攻则破，守则固，每战皆胜。楚汉战争进展极是激烈，在危机关头，他独率一军从侧面袭击项羽军队，扭转了被动局面，取得了楚汉战争的决定性胜利。韩信的功劳之大，我们可以从刘邦对自己争夺天下全凭三杰的分析中感知一二。三杰之中，张良运筹帷幄，决胜千里之外，萧何坐镇后方，为前线输送粮草，在战场上带兵打仗，便主要是靠大将韩信了。

后来，刘邦和韩信之间，还曾有过这么一段对话。刘邦问：“如果我亲自领兵，你认为我能带多少兵呢?”

“陛下最多只能率领十万大军。”韩信回答。

“那么，你又能带多少兵呢?”

“我是多多益善。”韩信直率地回答。

“既然如此，像你这样能干的人，又为什么要做我的部下呢?”

“因为陛下善于将将，而我善于将兵。”

这段对话告诉我们，在指挥军队和征战沙场方面，韩信的才能确是胜过刘邦。而三杰之中的萧何、张良，在才智方面也都远胜过刘邦。但刘邦能够高举大旗，利用天下人才的力量，尤其是有足够的胆识和魄力重用像韩信、萧何、张良之样极为杰出的将才，为其提供足够的用武之地，充分发挥他们的力量，并以他们的力量带动全军和所有老百姓的力量，以为自己争夺天下，这就是仅有微弱之兵的刘邦之所以能战胜一代名将项羽，夺得天下的主要原因。此正所谓“得将才者得天下”。

将才不可小用

刘备三顾草庐请得诸葛亮出山，不单改变了寄人篱下、屡战屡败的现状，还奠定了三分天下的局面，前后对比，蜀汉集团的变化无异于天壤之别。“卧龙”诸葛亮的事迹尽人皆知，且不多说；这里我们来看看与“卧龙”齐名的“凤雏”庞统的情形。

庞统字士元，是当时荆州的名士，其叔名士庞德公每每将其与“卧

龙”诸葛亮相提并论，而以知人著称的司马徽则称其为南州士人之冠，当时世人有云：“得卧龙、凤雏一人，可得天下。”庞统投奔刘备，没想刘备嫌他长得难看，只用其为从事，守耒阳令。庞统认为让他当县令是大材小用，便不用心料理政务。一段时日之后，因为下面反映上来的意见很多，刘备就想罢了庞统之职。东吴鲁肃听说后，给刘备写了封信，说“庞士元非百里才，要使他做到治中、别驾之任，才能展露他的才华!”刘备就派张飞去检查庞统的工作。军民官吏都前去迎接张飞，惟独庞统没去。

听县吏说庞统到任百来天，从不过问县里的事，每天只是喝酒，眼下怕也还在醉乡时，张飞带着一行人进了县衙，怒责庞统：“你身为县令，怎么可以废了县里事务?”

庞统也不答话，立刻叫公吏把百来天积压的公务全部取出，传唤相关人等到公堂外，一件一件地发落，简明果断，条理明晰，被罚人员叩头拜服，没有一个叫屈叫冤的，不到半天，大小事务就处理完了。庞统把手一摆：“百里小县，何须劳我大驾!”

张飞愕然，连忙报告刘备。刘备这才郑重接见庞统，与他谈论当世事务，大加赞赏，遂任其为治中，对他的信任仅次于诸葛亮。以后，刘备又调他与诸葛亮同时担任军师中郎将。

此时，刘备集团为了发展大业，刘璋治下的西蜀便成了首要目标。对于进取西蜀之利，庞统分析道：“荆州荒芜残破，人才稀少，东有孙权，北有曹操，难以得志。今益州户口百万，土地肥沃，物资丰富，如果得以为资业，大事必可成!”因此，当法正受益州刘璋之命前来请刘备为援抵御张鲁，私下里劝刘备乘机夺取益州，刘备却怕失去信义而犹疑不决时，庞统大气地说：“春秋五霸，兼并弱小之国，乱离之时，逆取顺守，大家都认为这是义举。若事定之后，封以大国，何负于信义！如若今日我们不取，日后也终为他人所取!”

在庞统的“大言”劝说下，刘备决定由庞统随从，亲自率军进益州，而留诸葛亮、关羽等留守荆州。此后，刘备在益州的战略行动，主要都出于庞统的谋划。当刘璋听说曹操准备出兵汉中征讨张鲁，怕他取了汉中之后进一步来攻打蜀地，便请刘备为他北征汉中时，庞统又一次敦促刘备及时夺取西蜀，并提出上中下三策：

“将军可暗地里选派精兵强将，昼夜兼程，直袭成都。刘璋既没有打仗的本领，又无戒备，大军突然而至，一举便可成功，此为上策。杨怀、高沛是刘璋的名将，都依靠强兵把守着要关，听说他们曾经屡次上书进谏刘璋，劝刘璋把将军送回荆州。现在，将军可派人送信给他们，就说荆州吃紧，我军将回荆州救急，并安排军队装作要回荆州的样子。这二人素来佩服将军的英名，又为您撤军离去而高兴，一定会轻骑简从来见将军。将军可乘机把他们抓起来，夺其士卒，发兵指向成都，这是中策。退返白帝城，甚至回到荆州，再慢慢地思索，另谋对策，此为下策。而如果犹豫不决，迟迟不行，将会陷入严重的困境，后果不堪设想。因此，不可耽误太久。”

在这里，庞统针对刘备总是犹豫不决的情形，提出上中下三策供其选择，并指出迟迟不行的严重后果，几乎是强劝刘备采取行动。直到这时，刘备见不可拖延，又觉得上策太急，下策太缓，只得同意施行庞统的中策。于是，刘备依庞统之计，斩了杨怀等人后，长驱直入，从速攻击刘璋，所过必克，最终迫使刘璋投降，顺利地占领了巴蜀，奠定了建立蜀汉政权的基础。

遗憾的是，庞统命薄，在大功即将告成之际，却在围攻雒城时被流箭射中而死，年仅36岁。

庞统没有治理好一个小县，却在军师中郎将的位置上建立了相当辉煌的功业，为蜀汉事业的发展做出了卓越的贡献，这充分表明领导者必须要为将才安排合适的位置，提供其充分发挥才能的平台，让其有用武之地。领导者提供不了足够的空间，没有重用将才的胆识和魄力，用非其才，大材小用，将才便会受到压抑、挫折而难以施展其过人的能力，只在悲叹怀才不遇中郁郁度日；而如果不够慎重地将统帅大权授予才薄力浅者，用人非才，小才大用，那是在削弱事业；而如果将大权授予德行浅薄，忠诚不够之人，虽然亦有大才，却是所用非人，最终怕是养虎遗患，毁坏事业的根基。因此，对于将才一定要加以重用，但同时，对于将帅的任命却一定要慎之又慎，不可轻授大权。

万金请将

美国的安德鲁·卡内基白手起家，成为世界钢铁大王，这在钢铁行业乃至其他行业中实属奇迹。他未受过高等教育，更未学习过钢铁知识，他获取成功最主要的一条秘诀就是善于访求比他更有管理才能的人为他服务。

早在1912年，“钢铁大王”安德鲁·卡内基就以年薪100万美元聘请夏布先生出任新成立的“美国钢铁公司”第一任总裁，其时夏布才38岁。

这一消息不但震惊美国，全世界亦为之咂舌。

卡内基到底是怎样做出如此慷慨的巨大手笔呢？原来他慧眼独具，看中了他的善于处理人事、管理人事方面的才能，他深知夏布先生高超的企业管理才能，能够创造出的价值一定会远远多于付给他的工薪。果然，夏布先生也不负所望，上任第一天就使其钢铁公司每班产量提高15%左右，从每班产6吨升为7吨。一个月后，在同等的设备、人力和物力投入的情况下，产量成倍增加。卡内基的钢铁公司自从夏布任总裁后，迅速扭亏为盈，并获得惊人的利润。

世人为之咂舌的重金聘请事件，就这样开启了一系列吸引全世界人眼球的事件，并最终将没学过钢铁知识的卡内基推上了“钢铁大王”的宝座，重用人才的巨大作用在此得到最直接的凸显。

实践表明，一个企业的生产效率和未来发展，往往取决于少数关键性的人才，这些人可以帮企业获取大部分的利润。虽然多数人才为企业的发展做出了贡献，但是为企业做出主要贡献的其实是小部分人，正是这小部分“将才”创造了大部分利润。最好的人才是最贵的，同时却又是最为低价的。因为它赚取的利润，早就把它的薪水给盖住了，而庸才则常常让公司出漏洞，带来更大的损失，这样的人的报酬反而是很昂贵的，所以明智的领导者宁可花重金聘请“将才”，也不要花低薪去聘请一个庸才。“将才”可以将一个企业推向一个又一个成功的巅峰，而庸才却只能守成，甚至还可能将企业推向滑坡之路。

重用国际性人才

香港思捷 (ESPRIT) 环球控股有限公司董事主席邢李原在企业的国际化布局中，于1995年从一家德国纺织公司网罗到了一匹千里马——捷克裔的德国人克罗讷。克罗讷最初担任ESPRIT欧洲总裁后，公司的欧洲业务增长4倍，如今，欧洲成为ESPRIT全球业务的重心。

2002年，邢李原干脆让出执行长位子，由克罗讷担任执行长。他对克罗讷说：“你是我唯一的选择!”克罗讷也充满自信且毫不谦虚地说：“完全正确!”而克罗讷也没有让邢李原失望，自2002年7月到2003年7月ESPRIT的营业收入逼近港币124亿元，获利也近港币12亿元，增长率分别达到34%及28%。对于克罗讷为公司获取如此骄人的成就，邢李原也给予了他最大的报酬。据报导，克罗讷在2002年，加上认股权证的年收入将近港币1.6亿元。62岁的克罗讷因而成为香港新一代的“打工皇帝”。

邢李原组建一支国际团队，除了克罗讷以外，ESPRIT的财务长是华裔加拿大人，全球零售业务由美国人负责，形象总监是新加坡人，批发业务由德国人主管。可以说，ESPRIT之所以扩张得这么快，与邢李原手下的众多强将努力经营密切相关。他们也甘心为其尽最大努力，因为邢李原对他们毫不吝啬，他们知道，只要他们取得了巨大的成就，个人报酬方面也必定会有十分可观的回报。也许，邢李原深明一句古语，那就是“重赏之下，必有勇夫”，当然，这句话到了他这里需要略加改动，那就是“重酬之下，必有功臣”。

除了在薪金方面慷慨之外，邢李原还在公司权力方面充分放权，很显主帅的大将风度。邢李原也多次指出，要吸引人才，必须让人才有发挥空间。

国际化眼光，网罗重用国际性人才，并且充分放权，这是邢李原从最初ESPRIT的一个代理商转为后来全部收购ESPRIT并且保持快速增长的最直接的推动力。也许，最初人们更多的只是关注到他的妻子林青霞，如今，只怕是全球没有几个商界人士，不将关注的目光，直接投射到他的身上。ESPRIT的快速成长，真正让我们目睹了一个善于网罗重用天下将才的国际化大商人浑身所蕴含的巨大能量，以及所能创造的辉煌成就。

用

慎用将才

《三国演义》中的马谡，在世人眼中都是一名纸上谈兵的“庸才”。之所以如此，乃是因为街亭一役，马谡作为蜀国主将，违背诸葛亮的战略指导思想，又不听有实战经验的副将王平的劝谏，使得街亭失守，蜀军处境极危，马谡自己最后受到最严厉的军法处置。诸葛亮在斩马谡后哭着说：“吾想先帝在白帝城临危之时，曾嘱咐我曰：‘马谡言过其实，不可大用。’今果应此言。”

对此，胡文进在《人尽其才的用人法则》一文中提出了不同的观点，他认为，连智慧化身的诸葛亮也未能客观全面地总结其中的教训，正是诸葛亮使用人才的错位，才使得马谡从人才变为庸才。这里我们不妨再略为详看一下街亭之役。

且说诸葛亮率军出征，司马懿认为诸葛亮平生谨慎，不肯弄险，不会从子午径取长安，今必出军斜谷，来取眉城。而秦岭之西，有一条路，地名街亭；傍有一城，名列柳城。这二处都是汉中咽喉。诸葛亮想曹真无备，定从此进。因此，司马懿决定与张郃率大军径取街亭，以断其归路。

诸葛亮行军路线，正如司马懿所料。诸葛亮闻悉司马懿大军前来，自然也知其必取街亭，如此，街亭之战在所难免，司马懿能否夺取街亭，诸葛亮能否保卫街亭，成了双方胜败的关键。诸葛亮立即着手部署街亭保卫战。

参军马谡请缨守街亭，诸葛亮说："街亭虽小，干系甚重。倘街亭有失，我大军都休了。汝虽深通谋略，此地奈无城廓，又无险阻，守之极难。"马谡以熟读兵书自夸，说："若有差失，乞斩全家"，并立下军令状。诸葛亮想到马谡曾献"攻心计"服南蛮孟获，又献反间计使司马懿被削职，以其有智，乃任他为守卫街亭主将；又派富有战争实践经验的王平为副将，再三叮嘱要小心谨守此地：下寨必当要道之处，使贼兵急切不能偷过。诸葛亮恐二人有失，又派高翔驻守列柳城为援。同时，唤大将魏延引本部兵去街亭之后屯扎，总守汉中咽喉。

诸葛亮的部署，可说是十分周密，只是他犯了一个极为重要的错误，那是就误用了纸上谈兵的马谡。马谡违背诸葛亮"下寨必当要道"之嘱，只知死啃兵书，说什么"凭高视下，势如破竹"，什么"置之死地而后生"，对于当时的形势、来犯的敌将、街亭的地形都不考虑。王平苦谏，再三重申诸葛亮"下寨必当要道"之嘱，认为："屯兵当道，筑起城垣，贼兵纵有十万，不能偷过。"马谡也只是不听，坚持上山屯军。王平又指出，若"魏兵骤至，四面围定"，再断我军"汲水之道，军士不战自乱"。马谡仍置之不理。

结果如王平所料，司马懿大军到后，即断其汲水之道，蜀军不战自乱。魏军轻易夺取了街亭。街亭失守，蜀军处境极危。诸葛亮一闻街亭、列柳城尽失，跌足长叹说："大事去矣！"便又立即调兵遣将，部署全军撤退。部署完毕，便得探子回报，司马懿引十五万大军，而诸葛亮身边别无大将，只有一班文官和二千五百名士兵在城中。所幸诸葛亮乱中有谋，大摆空城计，骗过司马懿，才得以侥幸渡过难关，全军而退。

其实，从客观上说，我们不能认为马谡没有出色的才能。马谡入蜀跟随诸葛亮多年，曾屡献奇谋，克敌制胜，为蜀军立过大功。诸葛亮在南征孟获途中，马谡奉天子命来劳军，马谡虽是后辈，诸葛亮却认为他有才学，便向他请教破蛮的方法。马谡针对孟获征之则服、离之则叛、反复无常的特点，指出："南蛮自恃地远山险，总是反复，必定是今天破了，明日又叛。丞相大军一到，必然平叛；但班师之日，必用兵北伐曹魏；蛮兵若知内虚，其必速反。夫用兵之道，'攻心为上，攻城为下；心战为上，兵战为下。'愿丞相但服其心就够了。"诸葛亮据此"七擒七纵孟获"，孟获心服口服，答应永不再反，使蜀汉从此永无后顾之忧，对安定后方、支援北伐起了十分重要的作用。

后来魏曹丕死，曹睿即位，诸葛亮说："余皆不足虑，司马懿深有谋略，今督雍、凉兵马，倘训练成时，必为蜀中之大患，不如先起兵伐之。"马谡又献计说："曹睿素怀疑忌，何不密遣人往洛阳、邺郡等处，散布流言，说道此人欲反。"诸葛亮又按计行事，后曹睿果然中计，夺了司马懿的兵权，命曹休总督雍、凉兵马，使蜀军在北伐初期取得连下三城的辉煌胜利。

从上面两个事实可以看出，马谡之才高识远，非庸才之辈可比，只不过其才智突出表现在谋士、智囊的"善谋"之上，而不是表现在将才、帅才的"善断"之上。《三国志》上曾说，马良、马谡兄弟五人，都很有才气，乡里歌谣号其为"马氏五常"。马谡与诸葛亮等一起随刘备入蜀后，因才器过人，好谈兵，受到诸葛亮的深加赞赏，视如自己的儿子，马谡也视诸葛亮为父亲。刘备大概也是据此而担心诸葛亮日后会重用马谡，因此于临危之时，还将自己对马谡之才的看法郑重告之。而马谡虽跟诸葛亮多年，但一直是"谋士"，从未担任过主将，他精于战略，疏于战术，会出高明的计谋，不会指挥实战。因此，胡文进指出，像马谡这样一个善出奇计的谋士在街亭之战中败得那么惨，表面上看来是其盲目自大、刚愎自用所致，实质上是诸葛亮错把马谡这样的谋士人才当成了将帅之才，因而将其摆错了位置。马谡当谋士，事实证明他是人才，而让马谡当主将，便使得他成了"庸才"。

我们知道，智囊和将帅都属于领导高层，都需要有较强的组织、管理能力，但二者之间毕竟有着能量级别的不同，有着本质的区别。一般说来，既能统观全局，善于从战略高度分析判断，果断决策，又善于协调指挥，善于识人用人，组织才干出众，雄才大略者，当是优秀的指挥人才，就应放在决策中心做领导工作；而知识面宽广，基础深厚，既有综合分析能力，又敢议事直言不讳，有求实精神，没有过分的权力欲望者，当是优秀的反馈人才，应选为智囊。当然，二者之间没有绝对的区别，在一定条

件下自然可以共用。为将帅者本身就需要有一定的分析判断、出谋划策能力，而智谋之士长时跟随在将帅身边，有了一定的实战经验，能够承受高压、果断决策，并且善于组织调度之后，也可以逐渐培养、提升为独当一面的将帅之才。当然，这需要一定时日的培养、磨砺，切不可操之过急。

从这个方面来看，诸葛亮有意将马谡提拔为独当一面的主将，也自有其道理；然而，他却将缺少实战经验的智谋之士马谡调任为关系全军胜负的守卫街亭的主将，当然是他错用人才之过。诸葛亮当然也看到了马谡为街亭主将的弱点，便又调兵遣将，派富有战争实践经验的王平为马谡副将，并再三叮嘱，又派高翔驻守列柳城为援，还派大将魏延屯街亭之后，谋划布置虽然周密，却抵不过马谡难托防守街亭之重任。

我们可以说马谡率兵抵达街亭之后，盲目轻敌，失去理智，不顾诸葛亮的重嘱，又独断专行，听不进有实战经验的副将王平的苦谏，又对其提出的严重问题置之不理，所有这些，都表明马谡不是将帅之才，给蜀军带来了全军败退的严重后果。还有一个更为重要的因素，那就是马谡缺少身为将帅之才在承受极强压力下从容镇定的心理素质。

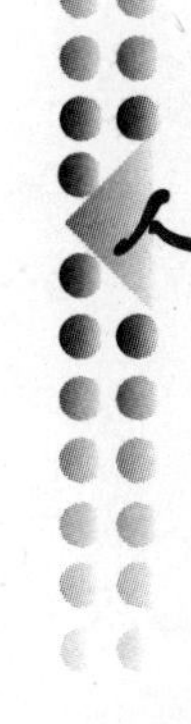

身为谋士，除了在死谏之时冒着身家性命的危险之外，一般都可以不负或者少负决策后果，不系千万将士的身家性命安危前途，因而可以无责一身轻地运筹谋划。一旦从谋士推为主将，一下子战争的胜败，千万将士的身家性命，还有无数战略战术的思虑谋划，全部堆来眼前心上，其人是否还能有身为谋士那般的从容自如，那般的镇定自若，自是不得而知。而一旦内心不堪重压，心生怯意，或起了慌乱，自乱阵脚，那么整个战局胜负便早已决定。

无论是历史故事，还是现代管理学都告诉我们，把各种职位的不同需要和各种人才的不同能量结合起来考虑，把相应才能的人放在相应能级的职责上，方能做到人尽其才，人尽其用。而在提升领导指挥人才之时，可以破格提拔，大加重用。但一般情况下，在破格提拔人才，尤其是重要的指挥人才时，一定要慎之又慎，试以重任，切不可操之过急，升迁过快，轻易重用。短时间内升迁过快，一则无从考察其才德与业绩，二则被升迁者缺少足够的积累知识和经验的时间，不利于人才的锻炼成长，三来也不利于工作，升迁过快，调动频繁，来不及施政就又要调动，难作长远的计划安排。

第十八计 用人不疑

领导者在充分放权的同时，还应该以信用人，给部属以充分的信任，为其创造良好的工作条件，以及广阔的活动空间，解除其后顾之忧，让其充分地发挥才干。“疑人不用，用人不疑”，领导者既然信任其才能品性，授权委以重任，就要充分相信他们，大胆放权，让他们行使一定的自主权。只要部属有能力完成任务，只要不违背大原则，在其职权范围内的事，大可不必过问，而让其行使自主权。

“用人不疑，以信用人”是领导者用人的一项重要原则。信任是加速人体自信力爆发的催化剂，自信比努力更为重要。信任激励是一种基本激励方式。领导者信任部属，有助于部属提升自信力，自主地发挥其才干；上下级之间相互理解和信任，能产生一种强大的精神力量，有助于团队精神和凝聚力的形成。如果领导者授人重任而又生疑，不管大事小事，都随意加以牵制和干预，朝令夕改甚至中途随便换人，事情反而会变得更加复杂，并且因耽搁、拖延而损害事业的发展。

用

魏文侯不疑乐羊

战国时期，各国之间的征战连年不断。在对中山国的征伐中，魏文侯决定以乐羊为帅，率军出征。不过，尽管乐羊善于带兵打仗，朝中大臣还是议论纷纷，原来乐羊的儿子乐舒乃是中山国的朝臣，这样一来，一旦父子对仗，恐怕乐羊就不会全心全意为国效忠了。但最后，魏文侯相信乐羊的品性正直，仍然坚持己见，派乐羊带兵出征了。

两军交战，中山国想利用乐舒迫使魏军退兵，但乐羊不为所动。为了赢得战争的最大胜利，乐羊决定采用围而不攻的战略。一连好几个月过去，乐羊却未曾动过一兵一卒。这时，朝中便有一些大臣向魏文侯进言，状告乐羊因私损公，魏文侯只是一笑置之。但时日一长，乐羊还是按兵不动，在这种情况下，不要说朝中好事者纷纷上书，即便是为人正直但不大了解乐羊为人的大臣，也有忍耐不住的，纷纷上书。朝中争议越来越激烈，奏章像雪片似地飞到魏文侯手中，但魏文侯依然不为所动。不只如此，为了表明自己的立场，并且安抚出征将士，魏文侯为乐羊建造了一座漂亮的住宅，并派遣专使带着酒食、礼品去前线慰问、犒劳一众将士。

最后，乐羊终于按计划攻克了中山国，得胜回朝。魏文侯非常高兴，特意为乐羊及一众将士举行了一场盛大的庆功酒宴。那些议论过乐羊的大臣都觉得内心有愧，同时也都称赞魏文侯的决策英明。宴罢，魏文侯赏赐给乐羊一个密封的大箱。乐羊回家打开一看，里面不是什么金银珠宝，而是满满一箱他攻打中山国时朝中大臣弹劾他的奏章。乐羊这时才明白，如果不是魏文侯的全力庇护，不是魏文侯对他的这种超乎寻常的信任，不要说攻打中山国的任务不能完成，恐怕连自己的性命也很难保住了。

《孙子兵法·九变》云："将在外，君命有所不受。"孙子认为，将帅在外带兵打仗，战场环境局势千变万化，难以料定，只能随机应变，不便于君主的遥控，而且兵贵神速，容不得时间的滞延。如果君主对于出征在外的将帅做不到用人不疑，给其自由活动的空间，而是不断地遥控，派人前来干涉，使得将帅的自主权受到牵制，不能充分发挥自己的才能，自由地调兵遣将，那么就可能会有全军败亡或者覆没的危险。

外宽内合

袁绍出身名门望族，高祖父袁安官至汉司徒，在汉末逐鹿中原的群雄中，声望最高，势力最大，因而在讨伐董卓时被各路诸侯公推为联军首领。袁绍被推举为联军首领，除了凭借较强的军事实力之外，还拥有尊贤重士的美名。袁绍对外宽厚仁义，在世人看来算是英明之主，因而也不无人才前来投靠。刘备兵败之后也曾投靠袁绍，自然也是看在袁绍尊贤重士的声名上。而袁绍也是名不虚传，宽容大度地收容了刘备。不仅如此，他还对刘备的意见几乎言听计从。

对外宽厚仁义，博得个尊贤重士的美名，自然能够增添良好声名，然而袁绍对内，也就是对自己手下的人才却是猜忌刻薄，这一点，乃是袁绍的一大内伤，足以让他大失人心。

时袁绍据冀、青、幽、并四州，拥有燕、代之众，带甲百万，是当时最强大的一方诸侯，手下自然也是人才济济。袁绍重要谋臣田丰，多谋善断，其才不下张良、陈平，在袁绍起兵官渡之前，田丰认为兵起连年，百姓疲弊，仓无裹积，赋税繁重，这是国家之大忧，应该先固本，三年之中，大事可定。沮授支持田丰的意见，说："制胜的策略不在于强盛。曹操法令严明，士兵强悍。如果舍弃万全之策而兴无名之兵，恐怕要吃亏。"

袁绍的另一个谋士沈配说："不然！以明公之神武兴兵讨曹操，易如反掌。"谋士郭图也认为该兴兵讨伐曹操。

袁绍在两派意见中取了兴兵之策，于是起精兵三十万，大举向黎阳进发。

曹操于是引兵到黎阳抗拒，两军相持两个多月。曹操留下兵马与袁绍对峙，自己带一支兵先下徐州攻讨刘备。

程昱对曹操说："袁绍屯兵官渡，有图谋许昌之心，如果他真的乘虚而来，何以阻挡!"曹操却笑着说："刘备，人中之龙，不能让他长成羽翼；袁绍虽然强大，遇事大多犹豫不决，不足忧虑!"

事情果然如曹操预料，曹操兵到徐州城下，刘备派孙乾向袁绍求救。孙乾到了冀州，先见田丰，田丰引孙乾入见袁绍，呈上刘备书信。田丰建议趁曹操东征，乘许昌空虚，可以一举拿下曹操的老巢。这时，恰好袁绍的小儿子患疥疮，心神不宁，不肯发兵袭击许都。

由于错过了最好的战机，曹操打败刘备后得以集中全力对付袁绍，而这时，袁绍因为儿子的病好了，却要进攻许都。田丰极力劝阻，袁绍却只是不听，田丰顿首说："若不听臣言，恐出师不利。"袁绍心胸颇为狭隘，一听此言，即时大怒，认为田丰出言大不吉利，立即就要处斩田丰。在众大臣一再求情之下，这才延缓下来，但仍将田丰下至监狱。

结果，袁曹官渡之战，正如田丰所料，袁绍去时带了七十万人马，回时只引八百余骑，不仅出师不利，而且一败涂地。更可悲的是，在狱中的田丰见此败局，却料定自己死定了，他对狱吏说："袁绍外表显得很宽厚，实际上内心里猜忌刻薄，不爱考虑他人的忠诚和恩惠。如今他彻底失败，正是一腔怨怒无处发泄，而事实证明我的劝谏是正确的，他的做法是错误的，他怎能忍受他人比他高明呢?"说话间，袁绍使者来到，带着袁绍的剑和信，来取田丰的首级。田丰遂自杀而死。

我们再来看袁绍手下的另一谋士许攸的情况。曹操据守官渡，率六七万人马和袁绍七十万大军隔河对峙达两月之久。此时曹操因兵力悬殊，粮草将尽，便修书一封与使者，令许昌的官员速送粮草到官渡前线。不巧使者中途被劫，告急信落入了袁绍谋士许攸手中。许攸就向袁绍报告这一重要情报，并献策道："曹操屯兵官渡，与我相峙已久，许昌必然空虚；若趁机分一军星夜偷袭许昌，则许昌可破，曹操可擒!"

袁绍却说："曹操诡计多端，这封告急信也许是诱敌之计，不可轻信。"

许攸说："曹操南来与我决战已经这么长时间，粮草告急肯定属实，而今若不乘机攻取许昌，必然反受其祸害。"

此时正好有使者自袁绍的大本营来，呈上袁绍的谋臣审配的信，说许攸在冀州时，滥受民间财物，而且纵令子侄们收取民间杂税为己有，已经把他的子侄下狱。

袁绍大怒，指着许攸大骂道："滥行匹夫！还有面目向我献什么计！你与曹操是朋友，想必今天你是受了他的贿赂，为他做奸细来骗我！是不是，嗯！本当斩首，今权且留一颗头，快滚出去，日后不许见我!"

许攸退出后，不禁仰天叹说："忠言逆耳，竖子不足与谋！我儿子、侄儿肯定已遭审配之害，我有什么面目再见冀州人呢!"就要拔剑自刎，因被左右劝说，投奔曹操去了。

曹操听说许攸来投，欣喜若狂，来不及穿上鞋子，赤着脚跑出帐外迎接许攸。许攸得曹操如此厚礼相待，遂献出一计奇谋，说："袁绍从河北调来的军粮辎重，全部聚积在大本营以北四十里的乌巢，而把守粮草的淳于琼，却是个酒色之徒。明公可选精兵诈称袁绍的将领，带兵到乌巢加强粮草保护，乘机烧掉对方的粮草辎重，如此，袁军不出三天必然自乱!"

曹操大喜，听得乌巢并无重兵防守，于第二天亲领五千精兵，打着袁军的旗号，深夜偷袭乌巢去了。结果，乌巢的一万车粮草化为灰烬，袁绍七十万大军人心惶惶，不战自乱，被曹操率军全线攻击，竟至于一败涂地。

在汉末逐鹿中原的群雄中，袁绍声望最高，势力最大，若以其实力而论，本可以称雄于世，干出一番轰轰烈烈的大事业。然而，在与曹操的交锋中，他一败于官渡，再败于仓亭，遂使百万雄兵，土崩瓦解，英雄事业，付之东流，自己落了个吐血而亡的悲惨下场。

"外宽"是为了"内合"，是为了招贤纳士，获取民心，为了把自己的事业做得更好，而不只是为了图个虚名。袁绍对外宽厚仁义，对内却是猜忌刻薄，多谋少断，不听取手下重要谋臣田丰的劝谏，不采纳谋士许攸的奇谋，反而将他们的忠诚报国之心当成别有用心，只因面子关系便杀害重要谋臣，又因其人品行有瑕而不采纳奇谋，大失人心，使忠诚有谋之士日益远离自己，甚至直接投奔敌营效力，最终只能是遭受惨败。

反观曹操，宽容大度，惟才是举，用人不疑，并善于采纳他们的建议。被袁绍赶出来的许攸前来投奔，献上奇谋，曹操也不多加怀疑，敢于亲自率领五千精兵前往乌巢偷袭袁军粮草。再如荀彧曾在袁绍手下做事，后来投奔曹操，曹操一见荀彧来投，便说："我的子房到了。"开始任其为司马，后升为汉尚书令，曹操有重要事决断不下，都要与荀彧商议。尤其是在曹操大破袁绍之后，在敌营里缴获了大量的自己部属与袁绍私通的一批书信，有人劝他对这些人从严处理，他不同意，说：“当时袁绍势大，我自己尚且不能自保，何况他人。”于是命令把这一大批书信焚毁了。当时，天下未定，正在用人之际，曹操如此大度，抹杀矛盾，正是在理解下属的处境的前提下宽容他们的错误，打消他们的疑虑，给他们一个悔改前非的机会。正因如此，各路人马都愿前来为其效力，曹操的周围得以汇集大批文臣武将，故而南征北战，无往不胜。

官渡之战前，曹操一听说袁绍谋臣田丰没有随军，大喜说：“袁绍必败。”等到胜利以后，曹操又说：“假如袁绍使用田丰，还不知胜负如何呢?”战后，曹操的谋士郭嘉曾通过对袁、曹的对比，指出“袁绍有十败，曹公有十胜”，其中两条说的是：“袁绍表面看起来很宽厚，实际却是心胸狭隘，任人惟亲，而曹公您外简内明，用人惟才，这是度胜；袁绍多谋少决，曹公得策则行，这是谋胜。”任人惟亲，这是对外人有所怀疑，用人惟才，这是用人不疑的前提；多谋少决，也是多有疑虑，得策则行，这是用人不疑，决策果断。可以说，用人是否合理得当，是否能用人不疑，充分发挥人才的才智，在很大程度上决定了事业的成败。

看双方对待人才的态度，使用人才的度量，其反差之大，便可知道袁绍之败、曹操之胜乃是再自然不过的了。

以信用人

“疑人不用，用人不疑”是领导者用人的一项重要原则。领导者要做到用人不疑，以信用人，就必须具有以下理念。

1. 用人宁可选择的时候多加慎重，疑人不用；而不可任用后却又滥生怀疑，不予信任；

2. 授人职权，就不要随意剥夺；任人以事，就不要乱加干涉；

3. 推诚相见，不玩弄权术；

4. 任用人须专一，信任他须坚定，这样才能发挥其才能；

5. 任用人而不予以足够的信任，这与不任用没什么分别；

6. 危险莫过于用人而又怀疑人；

7. 天下不愁没有有才能的人，而害怕有才之人得不到信任重用；

8. 领导用人要有宽大包容的心胸，以德服人，部属自然会归服他。

在实际行动上，用人不疑，以信用人，有以下几个方面：

1. 相信下属的道德品质；
2. 肯定下属的做事才能；
3. 认可下属的工作态度；
4. 理解下属的内在欲求；
5. 支持下属的工作方式。

具体来说，领导者该怎样做到以信用人呢？

首先，要相信他们对事业的忠诚，不要怀疑他们有什么不良动机，不要束缚他们的手脚，给他们充足的活动空间，让他们创造性地开展工作。要做到这一点，首先是要对所用人才有一个深入的了解，相信他们的为人品性，对品行尚有疑虑的人才暂时不要重用，而对品行端正的人才，就可以大胆地使用，而不要轻易地心生怀疑，不管事情出现多大的挫折，也不要因为有了流言蜚语就有所动摇。

其次，要相信他们的工作能力，既要委以职位，又要授予权力，使他们敢于负责，让他们明确自己的职责忠于职守，遇事不推诿，大胆工作。对人才的信任和使用还包括当下属在工作中出了问题，走了弯路时，用人者要勇于承担责任，帮助他们总结经验，鼓励他们继续前进。

信任是对下属的最有力支持。领导者对下属的信任会引发他们充分发挥才能的动力。那些鼓励员工参与和自我管理的领导们讲述了他们令人吃惊的感受：员工们的才华、能量、忠诚、创造性甚至爱戴几乎把他们淹没了。而过去他们都想当然地以为：员工们只是为了钱才来工作，他们都是自私而且狭隘的，他们并不在意企业的兴衰。

其实许多领导者也想用人不疑，但因为种种利害关系而就是放心不下。一位《财富》100 强企业的领导曾说过：“我心里也明白，当员工来上班时，他们不会去想‘我今天怎么捣乱呢？我怎样才能难为老板？’没有人是怀着这样的目的来上班的，但我们这些领导的所作所为却总让人以为我们是这样看待我们的员工的。我们害怕给他们任何钻空子的机会。”

因此，领导者要做到用人不疑，要对下属以充分的信任，就要建立起一套比较适合的用人制度，双方共同遵守执行。关于现代企业老板和职业经理人之间如何保持长久的信任关系，百龙集团总裁孙寅贵讲了这样一个例子。

百龙集团属下青岛百龙总经理，曾在一次接机时跟他说：“老板，我跟了你这么多年了，你这么相信我，确实让我感动，就凭着你的这份信任，我这一辈子给你牵马。”孙寅贵说：“你慢点，这是你自己上你自己的当，跟我没关系。因为我从来就没相信过你，虽然表面上看我信任你，但是我还是睁着一只眼睛看着你的，我并没有相信你，你只是自己觉得我相信你了。”他一下子就蒙了，第二天就清理办公室准备辞职——他受不了老板对他不信任。他在这里努力地工作了这么多年，做得非常出色，留下了超过两个亿的资产，现在老板突然说不信任他，他非常难受。后来孙寅贵跟他谈话，使他接受了这样一个观点：信任是相对的，不信任是绝对的，彼此之间必须要建立一种制度关系。后来这位总经理又多次在他主持的会议上，向下属灌输这套原则：就是在企业中，员工和员工之间，企业和企业之间，职业经理人和老板之间，应该建立起一种制度关系，就是互相依存的制度关系，而不是一种感情关系，因为感情关系非常脆弱。有时候一句话不对头，就可能把几十年的朋友给毁了。但是如果他们之间建立起一种制度关系，就会藕断丝连，你打他一拳他都走不了，这才是一个应该建立的东西。

当然，合适的用人制度是建立在一定的基础之上。除了企业文化上有着共同的价值观念外，自然还要有一定的物质基础。三株集团总裁张蕾认为：“应该在责、权、利、风险四统一的前提之下，寻求利益的一致性。老板和股东追求的是价值回报的最大化，而职业经理人追求的是付出就要有回报，他还需要一个施展自己才华的舞台，去实现自我价值。职业经理人自身价值的实现，就体现在不断地为企业创造效益，和不断地为员工带来效益的过程当中。只有这样才能达到目标一致。经理人拥有多大的权力，负有多大的责任，也必须界定清楚，否则他权力使用不得当带来的伤害是非常大的。经理人业绩和利益的关系，也是首先必须界定清楚的。”

既然相信部属的品德才智，放权给他，就应该充分地信任他，他该做什么还让他做什么，不做不必要的干涉，也不无端地猜疑。作为一个领导者，如果做不到这一点，听到谗言就对其部属不予信任，朝令夕改，今天让部属做，明天又不让他做，部属这么做，他又让那么做，这样的话，只会败坏了自己的事业，导致身败名裂。

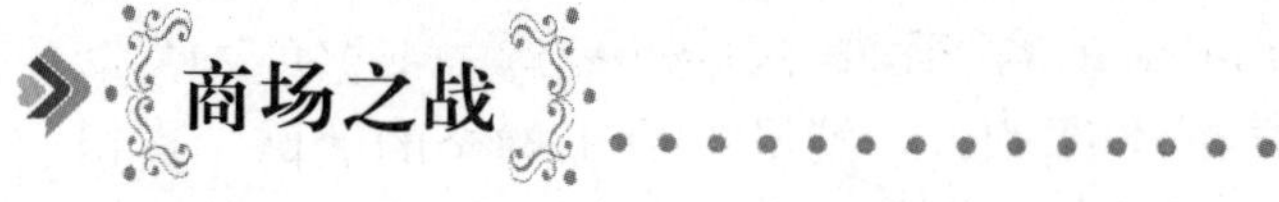

商场之战

做零售生意的陈老板，通过在美国接洽业务的侄子，进口了一批有着特殊香味的品牌香皂，每块进价 18 元，而以 20 元卖出，由于物美价廉，

所以生意兴隆。

戴维看在眼里，心想这个买卖大有可为，但是先得在陈老板获得足够的市场保证及独家代理权之前将他排挤出去。于是，他采用了原价销售法。

这一天，陈老板的电话响个不停，起初他还不相信。在他的索求之下，有老顾客拿着戴维所在公司卖出来的香皂和收据给他过目时，他几乎有些不敢相信自己的眼睛："这怎么可能呢？卖价 18 元？一样的东西？戴维不是要亏本吗?"

不久，又听有人说，戴维的进价要比自己的低得多，陈老板自然有些不信，然而戴维又怎么能卖出 18 元的价钱呢？于是他立马叫人打电话给他的侄子，让他责问美国的生产工厂，到底是怎么回事？太不像话了！

很快，侄子便打回电话。"什么？美国工厂说给戴维的价钱也是 18 元？这可能吗？你另外再想个办法问一问。"

但得到的还是一样的回答。陈老板有些恼火了，"我不信，非问戴维不可……"

"你看我像个会做不赚钱买卖的人吗?"戴维在电话那头哈哈地笑着："要不要看看我新买的运货车?"

陈老板脸都绿了，心想必然是我那侄子搞的鬼，于是再次拨通他的电话，要他做出一个合理的解释。

可怜他这位侄子又如何能做出什么让他满意的解释来。两个人在电话里互相埋怨、争吵，最后更是闹翻了。戴维趁机大量跟进，并获得了这种香皂在国内的独家代理权。他在通知陈老板时说："老陈啊！你可别怨我，说实在的，我当时并没有在电话里骗你。不信的话，你看我现在就要大赚钱了!"

第二天，戴维宣布：本公司独家代理的美国香皂，一律涨价 4 元钱。

至此，陈老板才恍然大悟，然而却是为时已晚。自己的侄子从来都是信得过的人，怎么自己慌乱之中竟至于如此糊涂，竟宁可相信传言和推想，却不信任自己的亲侄子呢？

用人不疑，就要充分地相信人，而不要一有风吹草动，流言蜚语，就心生怀疑，怀疑其忠诚，有私心。流言蜚语，只能动摇意志不坚的人，欺骗缺少判断能力的人，混淆信任不深的人，搅乱制度不健全的团队；真正有主见有判断能力的决策者，有健全的用人制度作保证的组织，能够真正地做到用人不疑，以信用人，而不会犯下信人不深的错误。

第四套 育才计

第十九计　激励赞赏

激励赞赏是领导者激发员工热情、鼓舞员工士气、提升工作效率的手段，也是领导者领导力量的一种。早在1912年，便被美国“钢铁大王”卡内基以年薪100万美元重金聘请的夏布先生曾说：“我认为，我那能够使员工鼓舞起来的能力，是我所拥有的最大资产。而使一个人发挥最大能力的方法，是赞赏和鼓励。”在激励赞赏员工方面，领导者应该树立这样一种观念：让员工对自己的工作发生真正的兴趣，觉得这是自己的工作，必须由自己对它负责，工作成效的大小，与自己的荣誉、利益息息相关。著名投资专家巴菲特甚至这样说过：“我其实只有两种功能：其一是分配资本；其二是帮助15到20名高级管理人员，使他们手下的那些人在经济上已没有热情工作的积极性时依旧保持工作热情。”

激励员工可采取的方式较多，除了物质激励、目标激励和赞赏激励外，还有信任激励、尊重激励、情感激励、提升激励、参与激励、培训和发展机会激励、荣誉激励、榜样激励以及惩罚性的负激励等。

领导者都希望自己的员工能充满热情地工作，而不是漫不经心或者敷衍塞责应付完工作了事。当一个人对自己的工作充满激情的时候，他便会全身心地投入到自己的工作之中。这时候，他的自发性、创造性、专注精神等等对自己工作有利的条件便会在工作的过程中表现出来，他就能够把工作做到最好。那么，领导者该如何激励自己的员工，使他们充满激情地投入工作呢？

目标激励法

目标是组织对个体的一种心理引力。目标激励法，就是组织确定适当的目标，诱发员工的动机和行为，达到调动员工积极性的目的。目标作为一种诱引，具有引发、导向和激励的作用。一个人只有不断启发对更高目标的追求，才能激发其奋发向上的内在动力。

鼓舞员工的士气，首先应当为他们设立具体而恰当的有挑战性的目标，在他们完成既定目标之后再给予奖励。为员工设定一个明确的工作目标，通常会使员工创造出更高的绩效。目标为员工确定了奋斗的方向，同时也使员工产生压力，从而激励他们更加有效地工作。在员工取得阶段性成果的时候，领导者还应当把成果反馈给员工。反馈可以使员工知道自己的努力水平是否足够，是否需要更加努力，从而有益于他们在完成阶段性目标之后，进一步提高他们的目标。

在目标激励的过程中，要正确处理大目标与小目标、个体目标与组织目标、理想与现实、原则性与灵活性的关系。领导者在为员工安排任务设立目标时，要注意分析员工的性格特征，合理地分配安排。每个员工都是不同的个体，每个人都有自己的个性，都有自己的特长和天赋，从事与自己特长相关的工作，就能很轻易地取得成功。对有一定风险和难度的工作，最好能让有能力、成就欲较强的员工单独或牵头来完成；依附性较强的员工，应让他参加到团体工作中去；而权力欲很强的员工，则可以让其担任与其能力相适应的管理职位。

而且，领导者为员工设立的奋斗目标不能太大太长远，而应是一个个看得见、够得着的目标，这样才能引导整个团体不断前进。实践表明，无论目标客观上是否可以达到，只要员工主观认为目标不可达到，他们努力的程度就会降低。目标设定应当像树上的苹果那样，站在地下摘不到，但只要跳起来，或者是攀高一点就能摘到。这样的目标激励效果最好。

山东省莒南县一位公司领导人刚上任时，接手的是一个乱摊子，企业连年亏损，员工士气低落，再讲什么宏伟蓝图也没人肯听。于是，他上任后，便为公司确立了这样一个很是现实的奋斗目标：“鼓士气、正名气、复元气”。为了实现这个目标，他来了个“小步快跑”：给每一个分支机构定一个力所能及的月度目标，然后在全公司开展“月月赛”。每到月末，他都亲自给优胜单位授奖旗，那份隆重劲，毫不亚于表彰战斗功臣。在每个月的表彰会上，同时下达下个月的任务，“誓师出征”。这样一来，全体员工的注意力都被吸引到努力完成当月任务上来了，没有人再去谈论公司的困境，也没人抱怨自己的任务太重。半年过后，公司便开始扭亏为盈。这可是当初谁也没想到的“大”成果，全公司群情振奋，士气高涨。开始的目标基本实现，他又提出了“上水平、上等级、争一流”的更高奋斗目标。如今，这家公司已经成为在市内小有名气的先进企业了。

当然，在员工完成了既定目标，取得了一定成就之后，领导者就应该为他们颁发奖励，及时表彰他们所取得的成就。没能完成目标的员工也要给予一定的惩罚，或者给其施加压力，让其将功补过。

描绘愿景

东汉末年，丞相曹操统兵15万讨伐张绣。时值盛夏三伏天，骄阳如火，天干气燥，行军路上都是荒山野岭，远离水源，找不到一滴水。将士们个个都渴得有气无力，垂头丧气的，队伍渐渐七零八落，行军速度越来越慢。

曹操骑在马上，看到这幅情景，心中忧虑，皱着眉头，忽然心生一计。只听他拿令旗指着前方说："将士们，坚持一会儿，再往前面走一段路，就有一大片梅树林，绿荫荫的树上结满了青梅，又甜又酸。大家快点走啊!"

兵士们一听说前面有梅子可以吃，腮帮子都酸了，嘴里立刻涌出了口水，顿时个个精神抖擞，走得飞快，及时到达了战场。

这就是历史上有名的望梅止渴的故事。望梅可以止渴，因为曹操让将士们看到了希望所在，燃起了行动的激情；另外，渴得要命的人一听到前方有了酸酸的青梅，就会产生心理反应，口生津液，这自然也就从实际上化解了相当一部分的干渴。在现代企业管理中，许多领导者常用的描绘愿景激励法，与望梅止渴有着相似的道理。

"愿景"到底是什么呢？胡佛认为，"愿景"是人的一种意愿的表达，它概括了企业的未来目标、使命及核心价值，是一种企业为之奋斗的意愿。描绘愿景，就是领导者要让下属了解公司的发展前途，了解工作计划的远景全貌，让他们看到自己努力可能带来的成果。员工越了解公司和自己的发展前途，对公司的向心力越高，对工作也会越加充满热情，也会更愿意充实自己，以配合公司的发展需要。胡佛认为，伟大的企业之所以伟大，就是因为它们能够看到他人看不到的东西，将洞察力和策略结合起来，描绘适合企业的最佳"愿景"，以此激发全体成员为之奋斗的热情。

胡佛进一步分析认为，清晰、持久、独特和服务精神便构成了"愿景"的四大要素。这样的"愿景"是企业发展中的共同目标、不变的理念和核心的价值观，甚至是企业的灵魂。它时刻说明着企业存在的目的和理由，随时激励着企业中的每一个人。而"愿景"作为一种理念要能真正地存在于企业的意识之中，还需要足够的动力支持。于是，胡佛又在四大要素之上加了"热情"。他认为，对工作的热情是保证企业"愿景"存在并具有强大生命力的重要原因。

在描绘愿景激励员工方面，锐步国际公司董事长保罗为了鼓舞员工的士气，向全体员工以及新闻界做出一个大胆的承诺：他将带领锐步公司在两年内业绩超过耐克公司。

这样的承诺可不简单。锐步公司全体上下先是一惊，然后精神为之一振。有了这个，保罗再也用不着威胁、利诱他的部属了。他表现出甘冒风险的姿态，并且鼓励员工们也有大胆创新精神。他制定了一个产品创新的计划，并为之提供大笔的经费，他发誓将不惜任何代价，聘请世界上最伟大的运动员作为锐步公司的代言人。

保罗为锐步国际公司描绘的愿景，具有鲜明的独特性，并且清晰、持久，能为全体员工带来非常实质的利益，这极大地激励了公司全体员工的热情。最终，在公司上下一心、全力以赴朝着目标迈进之下，短短两年内，锐步公司取得了巨大的成就。

通常情况下，有较高才能、斗志激昂的员工都喜欢迎接挑战。如果企业能够不断提出高标准的目标，他们就会安心地留在公司，等待着公司发展的机会，等待着自身价值的实现。管理顾问克雷格说："设立高期望值能为那些富于挑战的有贤之士提供更多机会。留住人才的关键是，不断提高要求，为他们提供新的成功机会。"

事实上，若只是把梦想描绘出来而不努力去追求去实现，那也不过是空中画饼罢了。经营者既不想去实现它，只是用嘴巴说说，那么就是愿景描绘得再好，未来的利益许诺得再多，也难以得到员工们的信任。毕竟，望梅可以止渴，画饼却不可以充饥，因为饥饿的人们一听说有饼就想吞嚼，然而如果吞嚼的只是空空的空气，无法充饥，相反却可能更感饥饿。因此，现今一些老板好为员工们"空中画饼"，虽能产生短时功效，其结果却是付出失去员工信任的代价。

制订合理的薪酬制度

在激励员工方面，物质利益激励法是最基本也是最直接的激励方法。领导者要想让员工们自觉自愿地为公司努力工作，就必须让他们知道，他们的收益是和公司的盈亏直接相关。因此，对于企业来讲，制订合理的员工薪酬制度以激励员工的热情，鼓舞员工的士气，增强团队的凝聚力，对

保持企业长久、稳定地发展有着重要的作用。

一般来说，企业内部可以分为技术高度密集型岗位、部门和一般经营、服务型两类。这二者在工薪制度上将有所区别：技术高度密集型岗位，企业对所招募的员工有比较强的依赖性，为了招募到技术人才，在工薪设计上必须考虑企业的长远发展目标和相对的稳定性。为此，工薪制度应采取灵活的组合方式，如直接给股份、高薪加高福利等。

对于一般经营、服务型部门和岗位，应采用岗位、级别的等级工薪制度。这项制度建立得越早越好。领导者可根据企业的岗位需求和实际能力，以及员工的实际能力和水平，有目的地定岗、定员和定级、定薪。员工进入企业有明确的个人定位及发展目标，岗位的变化与薪水具有必然的联系。

要注意的是，企业的工薪制度和激励制度是两个不同的制度，尤其是创业企业，更要加以区分，否则会导致基本工薪制度与激励制度的混乱，使员工的工作热情受到打击。譬如，领导者要对做出杰出贡献的员工给予激励，就不能采用在原岗位直接加薪的简单方法，而应采用一次性奖励或升职加薪的方法。

同时，薪酬设计要注意：避免差距过大或过小。差距过大是指优秀员工与普通员工之间的报酬差异大于工作本身的差异，也有可能是干同等工作的员工之间存在着较大的差异。前者的差异过大有助于稳定优秀员工，后者的差异过大会造成员工的不满。差异过小则是指优秀员工与普通员工之间的报酬差异小于工作本身的差异。它会引起优秀员工的不满。

此外，处于企业生命周期中不同发展时期，薪酬制度也应该有所不同。以企业的创业时期为例。在企业初创阶段，因为人员数量不多，所以员工薪酬的标准主要有创业者根据市场行情拍板决定和个别洽商等模式。这种模式因其成本低廉，简捷易行，目前依然有相当市场。但因为带有较大的盲目性，当企业逐步走上正轨后，这种模式必然暴露出其诸多弊病，故有改变之必要。对一些核心员工，一些决定公司发展成败的关键人物，创业者还可以采取个别洽商模式，所谓“上不封顶”，即对某一职位或某一段时间就某一个人的特殊情况进行洽商的行为。一般来说，创业企业的薪酬设计可采取高工资、低福利以及简明、实用原则，并且为了创业的顺利成功，大多会增加激励力度。

真诚赞赏

在所有的激励员工热情的方式中，最有效果的方式当然也是员工最渴望最受用的方式——真诚的赞赏。夏布先生说：“我认为，我那能够使员工鼓舞起来的能力，是我所拥有的最大资产。而使一个人发挥最大能力的方法，是赞赏和鼓励。”“再也没有比上司的批评更能抹杀一个人的雄心。……我赞成鼓励他人工作。因此我急于称赞，而讨厌挑错。如果我喜欢什么的话，就是我诚于嘉许，宽于称道。”他还说：“我在世界各地见到许多大人物，还没有发现任何人——不论他多么伟大，地位多么崇高——不是在被赞许的情况下，比在被批评的情况下工作成绩更佳、更卖力气的。”夏布的信条同卡内基如出一辙。卡内基甚至在他的墓碑上也不忘称赞他的下属，他为自己撰写的碑文是：“这里躺着的是一个知道怎样跟他那些比他更聪明的下属相处的人。”

曾为美国总统的柯立芝刚上任时，聘请了一位女秘书协助他的工作。这个女秘书年轻又漂亮，让人赏心悦目，但是她在工作上却是屡出问题，不是录入文字时会出现错打或多打漏打的情况，就是时间记错了。这些给柯立芝的工作带来很多的麻烦。

有一天，女秘书一进办公室，柯立芝就跟她说她的衣服颜色漂亮，样式好看，并盛赞她的美丽。女秘书受宠若惊，要知道总统平常是很少这样夸奖人的。柯立芝接着说：“我相信你的工作也可以像你的人一样，变得漂亮。”

仿佛是奇迹，女秘书的公文从那天起就再没有出现过什么错误。有个知道来龙去脉的参议员就好奇地问总统：“你这个方法很妙，是怎么想出来的?”

柯立芝笑一笑：“这很简单，你看理发师帮客人刮胡子之前，都会涂上肥皂水，这样做的目的就是让他人在受刮时不会觉得很痛。我不过就是用了这个方法而已!”想想，既然总统将自己的工作和容貌联系在一起了，又有哪个女人不选择漂亮，而甘愿自己的容貌与工作一样糟糕呢？

诚于嘉许，宽于称道，这就是领导者明智的做法。这个世界上有不愿意听人批评指责的人，但又到哪里去寻找不喜欢听取称道赞许的人呢？既如此，领导者就应该诚于嘉许，宽于称道，即便是在劝说他人、批评他人

的错误时，也可以采用委婉的方式，将批评之内核加上赞美的外衣，以减少对方的痛苦和逆反心理。领导者如果能够这样做的话，又有谁不愿意心甘情愿地接受你的建议性的批评呢？

但在工作中，我们有时候能看到这样的领导，如果他不喜欢什么事，他就一心挑错；如果他喜欢的话，他也是什么也不说，在这种情况下，大多会听到员工们这般抱怨："一旦我做错了一次，马上就能听到指责的声音；而我表现比较优秀的时候，却很难听得到一声夸奖。"

当然，领导者在鼓舞员工士气或承诺做出奖励时，切记不要随便做出承诺，尤其是不要做出难以实现的承诺。领导者在任何时候做出承诺，都必须慎重，在许诺之前要考虑自己实现承诺的能力，如果对自己履行诺言的能力有所怀疑的话，就不要轻易地做出承诺。当你做出承诺，就一定要确保自己能够履行它。第一次失诺或许可以原谅，但是如果常常做出承诺却不能保证实现的话，那你将会失去员工对你的信任，这样便有违鼓舞士气的初衷了。

适时适度激励

激励赞赏的形式可以多种多样。比如，奖励团队和个人，以示你赞赏团队成员所作的努力。把团队成绩作为奖励依据，奖励形式不拘一格。可以从利润中拿出一部分作为奖励，也可以是聚餐、休假、团队旅游或者音乐会、比赛的门票等。肯定与赞扬能让企业产生意想不到的绩效，绩效又是企业与员工彼此满意的标准。有绩效的员工，对自己、对公司都会感到满意，进而肯定自己的内在价值；有绩效的公司，才能获利，能获利的公司，才有可能提供优厚的薪酬与福利，也才能创造员工对公司的满意度。在员工和公司彼此满意的情况下，才能营造一个良好的工作环境。

激励赞赏要注意适时适度原则。激励的适时性表现为它的及时性。领导者适时地嘉奖员工，最能激励该员工的工作热情，同时也能带动其他员工的积极性，鼓舞大家的士气。

美国福克斯波罗公司，专门生产精密仪器设备等高科技产品。在公司创业初期，有一次大家在技术改造上碰到了一个难题。一天晚上，正当公司总裁在冥思苦想对策时，一位科学家闯进办公室来，向总裁详细论述了他的解决办法。总裁听罢，觉得很有道理，便想立即给予他嘉奖，于是在抽屉中找来找去，但最后还是只找出了一根香蕉。他在给这位科学家香蕉时，说道：“对不起，这是我所能找到的唯一奖品了。”

这位科学家为此十分感动。虽然奖励的只是一根香蕉，但这行为本身表示他所陈述的解决办法得到了总裁的认可。从此以后，该公司对攻克重大技术难题的技术人员，总是授予一只金制香蕉形别针。

福克斯波罗公司总裁在没有别的东西做奖品的情况下，用一只香蕉作为嘉奖品，这样做至少有两个好处：一是受嘉奖者的行为受到肯定后，有利于他继续重复所希望出现的行为；二是以这种嘉奖行为，激励其他员工。其他人从中可以看到，只要按制度要求去做，就可以立刻受奖，这说明制度和领导是可信赖的，因而大家就会争相努力，以获得肯定性的奖赏。

激励的适度性指的是领导者在激励赞赏员工，要是善于把握度量，不太少也不过分，以保持激励的有效性。领导者适度地激励员工，就能有效地激发员工的热情；反之，如果员工的行为太容易达到被奖励和被处罚的界限，那么，这套激励方法就会使激励对象失去兴趣，达不到激励的目的。

通用电气的激励制度

通用电气公司的前身是美国爱迪生电气公司，经历了一百多年的创业历程，通用电气公司现已成为全球最大的电气设备制造公司，尤其是近19年来，在董事长兼首席执行官杰克·韦尔奇的带领下，公司不仅长盛不衰，而且焕发出了勃勃生机，连续多年名列《财富》杂志公布的全球500强前列，且在2003年度荣登全球第二的宝座。通用电气之所以能取得如此巨大的成就，是与韦尔奇就任公司CEO以来，善用人才，并建立了一整套完善的激励员工的用人制度分不开的。《杰克·韦尔奇自传》一书详细地描述了这一套激励制度。

工资增长计划

通用电气公司为员工提供有竞争力的薪酬，但并不认为这是主要的激励方式。公司采取“区别化”用人制度，根据员工的业绩确定A、B、C三级，员工的工资增长都是根据员工的业绩制定的，员工上一年的业绩好坏，直接决定着下一年工资增长的周期和工资的涨幅。表现优秀的A级员工，其工资增长的幅度高，周期短。表现非常优秀的员工，根本无需一年时间，有的10～11个月就可以增长薪金。

股票与期权

对表现特别突出的员工，奖励公司股票与期权。这是一种非常有效的激励措施。

灵活的物质激励

在日常工作中，还有一些很小，但却富有人性化的奖励。比如，奖励500元钱给某位员工，让他与他的家人共享晚餐，共同度过一个愉快的晚上，以感谢员工家属对公司员工的支持。

每个部门内部这种奖励非常灵活，经理可以随时为部门内表现优秀的员工颁发这种奖励。让员工体会到：只要业绩表现突出，肯定会被上级领导所注目，受到公司的激励。这就是公司的核心价值观之一：注重业绩。

职位晋升

晋升表现突出的员工，让他们承担更大的责任，肯定是一种必不可少的有效的激励手段。在通用电气公司全球十三大业务集团中，有着大量的充满诱惑与挑战的机会，激励着员工去为之奋斗。

海外工作机会

有时，对于有潜力的员工，公司会安排他们到美国总部或海外其他通用电气公司工作一段时间。这种海外工作机会同样被视为一种非常有效的激励方式，不但是绝佳的培训计划，更是一种荣誉，虽然公司的经营是全球化的，奉行培养国际化的人才，但并不是每一个人都能够被派往海外工作。

给员工荣誉

对于表现非常突出的员工，公司自会嘉奖其相应的荣誉。这是精神上的嘉奖，有时所起的作用甚至更大。这种例子有很多，如通用电气职业女性协会中国地区创始人与负责人、通用电气中国人力资源总监王晓军，因她在很短的时间内，成功地建立并发展了该协会中国地区分会，为这一事业做出了杰出贡献，在纽约举行的通用电气职业女性协会峰会上，获得了该协会的“杰出领导奖”。

团队奖

对于成绩突出的团队，公司同样会大力加以表彰。如为表彰通用电气工业系统集团亚太区团队在扩展亚太区业务的杰出表现，通用电气工业系统集团总部 CEO 将“全球化举措”的奖励，颁发给了通用电气工业系统集团亚太区团队。

爱迪生奖

这是针对通用电气公司科学家等研究人员设立的奖项，旨在奖励那些为公司的科技创新与发表做出最佳贡献的研究与开发人员。

通过以上的激励措施，我们可以看出，在通用电气公司，物质的奖励、职位的晋升、荣誉上的嘉奖，等等，各种激励手段被使用得淋漓尽致，以此激励着公司全体员工取得更大的成功。直到即将卸任时，韦尔奇还对公司管理人员这样强调："热爱你的员工，拥抱你的员工，用钱包来奖励，用心灵来奖励你最好的员工——工资、大量的期权，令人振奋的工作，使人激动的工作气氛……"

韦尔奇在接受采访中被问及财富观时，曾这样表达："只要有尽可能多的人参加到企业成功中，只要有尽可能多的人分享到成功的喜悦，并且得到公司的回报，就越激动人心。并不是说一把手要感到非常的兴奋，一把手有很多值得他满足的方面的，作为一把手应当看到其他人生活发生变化，买了更大的房子，他们的孩子都去上很好的学校，看到你的手下都有钱去度假，你如果看到财富尽可能在较多的人中分布开来分享的话，应该感到非常的高兴。所以在通用电气，我们薪酬体系并不是主要针对最上层管理人员，最上层管理人员已经得到了很丰厚的回报，他们的口袋已经很肥了，最上面的人拿了很多的钱。关键是我们要确保在我们整个企业当中所有的人都能够分享财富，也就是说做得最好的人应该拿得最多，做得最差的人也应该能够拿到一点点。"

在韦尔奇的描述中，我们看到了这样一种情景：公司采取良好的薪酬体系，以在物质利益上最大限度地激励全体员工，鼓舞员工的工作热情，而员工也能在个人利益得到保障、个人价值得到实现的情况下，为公司做出最大的贡献，推动公司朝着更大的目标前进，取得更大的成就。而公司在取得巨大成就的同时，又会将获得的利益的大部分返回到全体员工的身上。这是一种良性的循环制度，也是一种比较理想的前景。

第二十计　悉心栽培

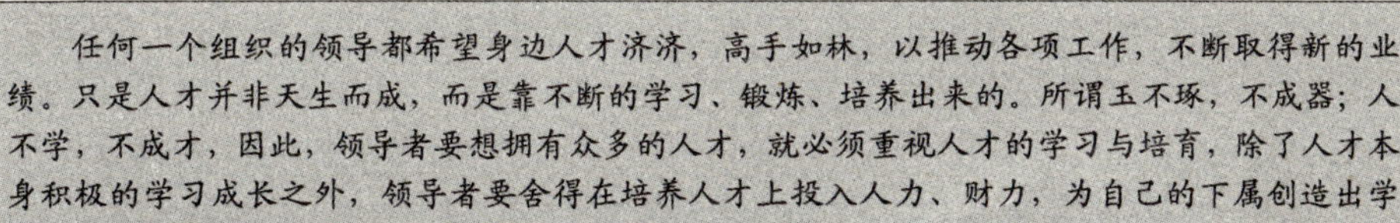

任何一个组织的领导都希望身边人才济济，高手如林，以推动各项工作，不断取得新的业绩。只是人才并非天生而成，而是靠不断的学习、锻炼、培养出来的。所谓玉不琢，不成器；人不学，不成才，因此，领导者要想拥有众多的人才，就必须重视人才的学习与培育，除了人才本身积极的学习成长之外，领导者要舍得在培养人才上投入人力、财力，为自己的下属创造出学习、锻炼的机会，创造人才健康成长、脱颖而出的环境。

在今天这个时代，企业里最值钱的已不是有形资产，而是无形的人力资本。传统经济往往是资本控制人才，人才追逐资本；而现代经济则是人才控制资本，资本追逐人才。人才不仅是资源，更是一种资本，对人才的投入能够产生出更多的回报。领导者对员工的培训是对人才智力的投资，同时，领导者为员工创造出实践的机会，也是对人才智力的投资。就员工个人而言，在今日这个日新月异的信息社会中，学习绝非耗费光阴，而是一种切实需求。大多数员工都明白，要在这个经济社会里生存下去，就非得要不断地增强自己的技能不可。因此，不管是对公司还是员工，悉心栽培，都将会结出累累硕果来。

栽培骨干

天然的玉石虽然质地优良，但若不加以精心琢磨打造就不能放出灿烂的光芒，就不能玲珑剔透；有潜质的人才若不能得到足够的学习锻炼，得不到精心的指导、栽培，自然也就难以显露卓越的才识来。因此，在培养下属的计划中，精心栽培管理骨干，使其成为壮大事业的“将才”，甚至成为日后自己的接班人，可以说是领导者的一项重要使命。

如果你在自己的身边已经找到了才德兼备、有领导气质的骨干人选，你便可以将他们请进你的办公室，和他们进行一番详尽的交流，讨论你的想法和计划，看他们是否有同感，有无相应的才略或者志向。有人比较保守，安于现状，有人才高志远，当你一提及有意提拔重用时，他马上会显露跃跃欲试的神情。当然，在进行这样的交流时应该保持非正式的基调，目的是言谈之间透露自己的打算意图，同时也让对方尽可能全面地显露其真实面目。

有时候，一次交流不够，还可以看情况进行第二次、第三次的交流，目的自然是有个更为深入的了解。之后，符合你心意的入选者应该立即投入到学习培训之中。基于你对他的了解，在清楚了他在哪些地方最需要帮忙，哪些工作又是最容易示范领导力的领域，还需要发展哪些技巧之后，你自然可以有针对性地为其安排学习培训事务。

在这个培养过程中，你可以采取正式的培训方式，也可以采取轻松的做法，时间长短、深入细节或是抓住原则，也都可以视情况而定。但须记住，这段时期是你扶他上马学骑的过程，你需要做的是不断提供支援，而不是在考验他是否跑得最快或者最远。

也许你没有多少时间，但这没有多大关系，你可以给下属更多自由，放手让他们去工作。如果他们碰到问题，机敏的下属一般会回来向你求助。你应该赋予他们以真正的责任和挑战，并对他们在处理新问题时会遇到的危险与困难做一些必要的暗示。

当一段时间的学习培训之后，你可以授权给这位受训骨干，让他真正去独立展开工作。当然，你须记住，你这是在扶植人才，协助他们解决工作的问题，你关注的焦点当是在这位受训骨干最终的成就与长远的收获上，因此，你不能寄望他一出手就能成功，满足你的期望。谁都难免犯错，尤其是在初试的时候，但“失败是成功之母”，明智的人能以过错换取教训和磨砺，因此，你应该宽容受训骨干的过错，容许他犯下自己的错误，并从犯错中汲取经验教训。这同时也意味着，你应当给双方以较长一点的时间，以得到最真切的观察。

等观察时期告一段落之后，才是你插手的时候。你可以提供一些建议、一些建设性的批评，做一些调整，或是其他类似的有益的协助。这时候你的角色是指引他以新的方向，协助他解决训练过程中遇到的棘手的问题。当然，这时候你应该表现出足够的宽容理解、人情练达，如能做到恩师对待弟子般，那是再好不过了。

善于栽培骨干的领导者是最会打气，诚心赞美而疏于责备的人。即便在事情坏到难以挽回的地步，他也能给予足够的宽容，鼓舞下属的士气，并且帮助下属纠正过错，或尽可能将损失降低。当受训的下属知道你不会在他一出错时就出言责备时，就会更加大胆地放开手脚，充分发挥其才智，即便他真的犯了错，他也会以更好的表现来表明他的能力，他的责任心。

有时候为了培育下属成为真正的领导者，你还可以协助他挑选自己的下属。这样做，可以在全体组织成员中提升他的威望，扶持他的势力，同

时也能够使培训组织骨干的过程自动重复地开展，以更多更广泛地培养骨干人才。

麦当劳育人之道

享誉全球的麦当劳快餐店，其育人用人之道，体现在公司的理念上：麦当劳首先是一个培养人的学校，其次才是快餐店。阿里巴巴网上《麦当劳的用人之道之培训与晋升机制》一文，比较详尽地阐述了麦当劳的育人用人之道。

首先，公司在招人时从来“不嫌新人”，也不强调一定要相貌姣好，而是强调“心理素质良好，勇于面对困难，渴望个人成长”。按照麦当劳的用人理念，没有经验而有潜质的员工，好比一张白纸，对公司管理观念的灌输更容易接受，因而更具有可塑性的优势。他们往往工作积极，有冲劲，而且埋头苦干、任劳任怨。在麦当劳，95%的管理人员都是从员工做起。当然，为了拥有尽可能多的优秀人才，他们会对员工进行大量的投资培训。每年麦当劳北京公司要花费约 1200 万元用于员工的日常培训，或者去美国上汉堡大学。

其次，麦当劳有着自己独特的人才晋升机制。许多企业的人才结构像金字塔，越往上去越小；而麦当劳因为自己独特的连锁经营方式，便可以避开这种局限，使得自己的人才体系像树枝型，一个分枝接一个分枝地向上发展。因此，只要你有足够的能力，你就总有升迁的机会，正如麦当劳北京公司总裁所说：“每个人面前有个梯子。你不要去想我会不会被他人压下来，你爬你的梯子，争取你的目标。我鼓励员工永远追求卓越，追求第一。”

在培育人才方面，麦当劳实施的是一种快速的晋升制度。一个刚参加工作的年轻人，可以在一年半内当上餐馆经理，可以在两年内当上监督管理员。而且，晋升对每个人是公平的，既不作特殊规定，也不设典型的职业模式。每个人主宰自己的命运，适应快、能力强的人能迅速掌握各阶段的技能，自然能得到更快的晋升。而每一阶段都举行经常性的培训，有关人员必须获得一定的知识储备，才能顺利通过阶段性测试。

首先，一个有能力的年轻人要当 4 ～ 6 个月的实习助理，其间，他以一个普通班组成员的身份投入到公司各基层岗位，如炸薯条、收款、烤生排等；他应学会保持清洁和最佳服务的方法，并依靠最直接的实践来积累管理经验，为日后的工作做好准备。

实习助理之后，便是要承担部分管理工作的二级助理。此时，年轻人在每天规定的一段时间内做好餐馆工作，还要负责一部分像是订货、计划、排班、统计等管理工作。他必须在一个小范围内展示自己的管理才能，并在日常实践中摸索经验，协调好工作。

在 8 ～ 14 个月后，有能力的年轻人将成为一级助理，即经理的得力助手。此时，他肩负着更多更重要的责任，他要在餐馆中独当一面的同时，使自己的管理才能日趋完善。

一名有才华的年轻人晋升为经理后，麦当劳依然为其提供广阔的发展空间。经过一段时间的努力，经理又可以晋升为监督管理员，负责三四家餐馆的工作。

3 年后，监督管理员可能升为地区顾问。届时，他将成为总公司派驻下属企业的代表，成为“麦当劳公司的外交官”。其主要职责是往返于麦当劳公司与各下属企业，沟通传递各种信息。同时，地区顾问还肩负着诸如组织培训、提供建议之类的重要使命，成为总公司在某地区的全权代表。当然，成绩优秀的地区顾问仍然会得到晋升。

此外，麦当劳在培育人才方面还有一个独到之处，那就是它特别重视发现人才，强调培养接班人。如果某位管理人员没能预先培养自己的接班人，那么他就不能获取晋升机会。正因如此，麦当劳成了一个发现与培养人才的基地。

麦当劳的用人理念，极大地调动了全体员工的积极性，使他们能全心全意地投入工作，从而让麦当劳不断突破现状，由一个普通的快餐店发展为一个遍及世界 50 多个国家和地区，并跃升为全球最大的经营快餐的企业实体。麦当劳育人用人的成功，为企业在用人管理之路上创立了一种新的模式，值得用人者借鉴。

海尔的综合培训

海尔集团从创业伊始，一直贯穿“以人为本”提高员工素质的培训思路，建立了一个能够充分激发员工活力的人才培训机制，最大限度地激发每个人的活力，充分开发利用人力资源，从而使企业保持了高速稳定发

展。阿里巴巴网《海尔的用人之道之员工培训与发展》一文，为我们详细地介绍了海尔的育人用人之道。

1. 综合素质培训

海尔培训工作的原则是“干什么学什么，缺什么补什么，急用先学，立竿见影”。在此前提下首先是价值观、综合素质的培训，“什么是对的，什么是错的，什么该干，什么不该干”，这是每个员工在工作中必须首先明确的内容。对于企业文化的培训，除了通过海尔的新闻机构《海尔人》进行大力宣传以及通过上下灌输、上级的表率作用之外，重要的是由员工互动培训。目前海尔在员工文化培训方面进行了丰富多彩的、形式多样的培训及文化氛围建设，如通过员工的“画与话”、灯谜、文艺表演、找案例等用员工自己的画、话、人物、案例来诠释海尔理念，从而达成理念上的共识。

海尔集团通行这么一句口号：“下级素质低不是你的责任，但不能提高下级的素质就是你的责任!”对于集团内各级管理人员，培训下级是其职责范围内必须的项目，这就要求集团每位领导，上到集团总裁，下到班组长都必须为提高部下素质而搭建培训平台、提供培训资源，并按期对下属进行培训；特别是集团中高层人员，还必须定期到海尔大学授课或接受海尔大学培训部的安排，他们若不参与授课则要被索赔，同样也不能参与职务升迁。有关这一点，每月进行的各级人员的动态考核、升迁轮岗，就是很好的体现：部下的升迁，反应出部门经理的工作效果，部门经理也可据此续任或升迁、轮岗；反之，部门经理就是不称职。为调动各级人员参与培训的积极性，海尔集团将培训工作与激励措施紧密结合。如海尔大学每月对各单位培训效果进行动态考核，划分等级，等级升迁与单位负责人的个人月度考核结合在一起，促使单位负责人关心培训，重视培训。

2. 实战技能培训

技能培训是海尔培训工作的重点。海尔在进行技能培训时重点是通过案例、到现场进行的“即时培训”模式来进行。具体地说，是抓住实际工作中随时出现的案例，当日利用班后的时间立即在现场进行案例剖析，针对案例中反映出的问题或模式，来统一员工的动作、观念、技能，然后利用现场看板的形式在区域内进行培训学习，并通过提炼，在集团内部的报纸《海尔人》上进行公开发表、讨论，形成共识。员工能从案例中学到分析问题、解决问题的思路及观念，提高员工的技能，这种培训方式已在集团内全面实施。

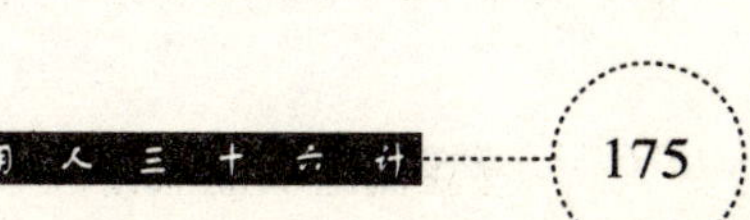

对于管理人员的培训，则以日常工作中发生的鲜活案例进行剖析培训，且将培训的管理考核单变为培训单，利用每月 8 日的例会、每日的日清会、专业例会等各种形式进行培训。

3. 个人生涯培训

海尔集团自创业以来，一直重视员工的个人生涯培训。上至集团高层领导，下至车间一线操作工人，集团根据每个人的职业生涯设计为每个人制定了个性化的培训计划，搭建了个性化发展的空间，提供了充分的培训机会，并实行培训与上岗资格相结合。

在海尔集团发展的第一个战略阶段（1984 年～ 1992 年），海尔集团只生产冰箱，且只有一到两种型号，产量也控制在一定的范围内，目的就是通过抓质量、抓基础管理、强化人员培训，从而提高员工素质。

海尔的人力资源开发思路是“人人是人才”、“赛马不相马”。在具体实施上，集团为员工做了三种职业生涯设计：针对管理人员、专业人员和工人，各有不同。每一种都有一个升迁的方向，只要是符合升迁条件的即可升迁入后备人才库，参加下一轮的竞争，跟随而至的就是相应的个性化培训：

（1）“海豚式升迁”。海豚在水中下潜得越深，则跃出水面越高，同样，一个管理人员在基层基础打得越扎实，则才能发挥得越充分，所能取得的成就也越大，升迁得也越高。譬如，一位在生产系统表现出色，从班组长一路升迁到分厂厂长的人员，如果现在让他任事业部的部长，那么他对市场系统的经验可能就非常缺乏，就需要到市场上去，并且深入到市场从事最基层的工作，然后再一步步升迁上来。能够升迁上来，才可以上岗；而如果升迁不上来，则就地免职。

（2）届满轮流。一个人长久地做某一样工作，久而久之便会形成固化的思维方式及知识结构，针对这种情况，海尔这样的以“创新”为核心的企业便采取了届满轮流的制度。海尔已制定明确的制度，规定了每个岗位最长的工作年限。

（3）实战方式，也就是一边锻炼，一边学习，边干边学，拓宽知识面，积累工作经验的培训方式。

4. 海尔的培训环境

海尔为充分实施全员的培训工作，建立了完善的培训软环境（培训网络）。在内部，建立了内部培训教师师资网络；在外部，建立起了可随时调用的师资队伍。目前海尔以青岛海洋大学海尔经贸学院的师资队伍为基

本依托，同时与国内外20余家大专院校、咨询机构及国际知名企业近百名专家教授建立起了外部培训网络，利用国际知名企业丰富的案例进行内部员工培训，在引入了国内外先进的教学和管理经验的同时，又借用此力量，利用这些网络将海尔先进的管理经验编写成案例库，成为MBA教学的案例，也成为海尔内部员工培训的案例，达到了资源共享。

当然，海尔集团除重视“即时”培训外，更重视对员工的“脱产”培训。在海尔的每个单位，几乎都有一个小型的培训实践中心，员工可以在此完成诸多在生产线上的动作，从而为合格上岗进行充分的锻炼。

此外，为培养出国际水平的管理人才，海尔还专门筹资建立了用于内部员工培训的基地——海尔大学。海尔大学目前拥有各类教室12间，可同时容纳500人学习及使用，有多媒体语音室、可供远程培训的计算机室、国际学术交流室等。为进一步加大集团培训的力度，使年轻的管理人员能够及时得到新知识，海尔国际培训中心第一期工程于2000年12月24日，在国家风景旅游度假区崂山仰口已投入使用，该中心建成后可同时容纳600人的脱产培训，且完全是按照现代化的教学标准来建设，并拟与国际知名的教育管理机构合作，举办系统的综合素质培训及国际学术交流，办成一座名副其实的海尔国际化人才培训基地，同时向社会开放，为提高整个民族工业的素质，做出海尔应有的贡献。

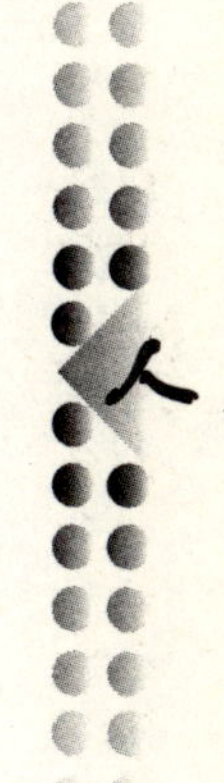

助其自主

从学校走出来的学子大都知道，正如有些老师所说，无论多么优秀的成绩都只能代表过去，我们真正拥有的，不是我们学会了多少知识，而是从中学会、培养出了学习、思考的方法和能力。在培养人才方面，也要重点培养其独立思考、独立处事的能力，而不要把部属培养成是惟命是从的傀儡。

日本幕府时代，德川家康想精心培养自己的儿子——纪州藩主德川赖宣，便聘请名师安藤直次为其辅佐。安藤直次感觉到自己的责任重大，所以决定要严格训练年轻的赖宣。为了使赖宣将来能成为明君，安藤直次着重于培养其独立思考的能力，每每采用启发自主的方法来辅佐他。

据军政府最高行政官土井利胜的回忆，安藤直次在纪州担任赖宣辅佐人时，每次都有人来向安藤直次请求断案，安藤直次都只回答“可以”，或者是“不可以”，然后便由他们回去重拟判决，却从来也没有说明过其中的理由，就是这样反反复复，直到最后安藤直次说“可以”为止。土井利胜看到这种情形，觉得甚是奇怪，有一天他终于忍不住好奇心，便问安藤直次，为什么不直接告诉他们怎么做？这样岂不是省事得多？安藤直次回答说：“你的看法也对，直接告诉他们怎么做比较省事。但我年事已高，若想为德川将军栽培纪州的好人才，总不能每件事都由我做决定吧？如果每件事都要由我来提示才能做决定，那么大家都会依赖我，如此又怎能栽培出优秀的人才呢?”土井利胜听了这番话后，诚服地牢记在心。这实用的一课，对他后来在德川赖宣即位以后，能够顺利地担任军政府最高行政官，也有着很大的帮助。

领导者在给下属以指示、委派工作时，只要不是一些重大的原则性的问题，就可以适当留些余地，留下让其思考的空间，便可以让下属充分发挥自己的才能，有足够的成就感，同时，也能在实际的工作中得到磨砺与成长。当然，一些比较棘手的事情交给部属，难免会因考虑不周或技巧不够，而造成一些失误。在这种情况下，一般的领导者大多会比较详细地交待部属如何去做，还需要注意什么问题。问题是，如果领导者习惯性地给下属以详细的指示，且不论事情的大小轻重，其结果就很可能使部属养成依赖的心理，惟命是从，不肯再动脑筋。如此长时间内都只是机械性地工作着，根本谈不上思考做事的方法，又怎能培养出优秀的人才呢？又怎能期望他们独立自主，独当一面呢？

第二十一计　施压加力

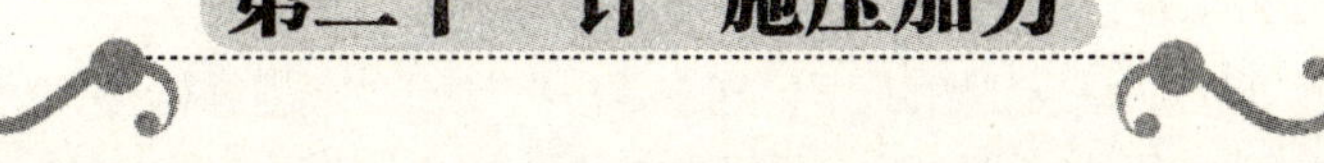

激励并不全是肯定性激励，它还包括许多负激励。负激励是一种惩罚性控制手段。按照激励中的强化理论，激励可采用处罚方式，即利用带有强制性、威胁性的控制技术，如批评、罚款、降薪、降级甚至淘汰等等，给激励对象施加一定的压力，激发其潜能，以否定某些不符合要求的行为，促使其才能的挥发。

从理论上讲，人的潜能需要外在压力的激发。所谓“潜能”通常是指一个人身体、心理素质等方面存在的发展可能性。人的潜能是十分巨大的，我们能做的比我们想到的要多得多。要释放人的潜能，就需要进行潜能激发，让人进入能量激活状态。在潜能激发的途径上，有自我激励和外因激发两种。一般来说，虽然人们可以通过自我激励来开发潜能，但更可靠、更适用的方法是通过外因的激发带来能量的释放。因为自我激励需要坚强的意志力，而外因的激活则是人的一种本能反应，人们在高压环境、困境中，往往能最大程度地释放自己的潜能，较之平时有着更大的能力，因此，在使用人才、培育人才上，要及时地给他压担子，引入压力竞争和激励机制，形成“优秀人才有成就感，一般人才有压力感，不称职人才有危机感”，个个力求进取，充分发挥个人才能的良性循环。

伯乐驯马

一天，伯乐在集市上选了一匹上好的青鬃马。他说，只要经过训练，这匹马一定可以成为千里马。

可是，几个月过去了，无论伯乐采取什么办法，青鬃马的成绩始终不理想。每日的奔跑距离，总是在900里左右徘徊。伯乐对青鬃马说：“伙计，你得用功啊！再这样下去，你会被淘汰的!”

“没法子啊，我已经尽最大的努力了。”青鬃马愁眉苦脸地说。

“真的吗?”

“真的，我把吃奶的劲儿都使出来了。”

新的一天训练开始了。青鬃马刚起跑，突然背后响起惊雷般的一声吼叫，青鬃马扭头一看，一头雄狮旋风般向它扑来。

青鬃马大吃一惊，撒开四蹄拼命地狂奔起来。

晚上，青鬃马气喘吁吁地回到伯乐身边说：“好险！今天差点喂了狮子!”

伯乐笑道："可是，你今天跑了 1050 里!"

"什么？我今天跑了 1050 里?" 青鬃马望望伯乐，伯乐脸上挂着欣慰的笑容。

青鬃马心中豁然一亮。从此，它一上训练场，就设想有一头狮子在后面追赶自己。后来，它果然成了一匹千里马。

一个人的潜能是无限的，不同条件下发掘潜能的程度也有所不同。当部属运用自己所有的力量充分挖掘自己的潜能之后，其实他还可以更深地释放其潜能，那就是来自上面的强大压力。领导者若能够有意为自己的部属适度地施加强大的压力，自然会提升其潜能，增长其才能。

灌输紧迫感

有经验的领导者，善于找到一些巧妙的办法来施加压力，自上而下灌输一种紧迫感，在公司内部造成一种紧张气氛，以此激发公司员工的团队精神和奋斗精神。这是一种高屋建瓴、纵观全局的战略性激励措施，它能够在全局范围内巧妙而有效地激励全体员工。关于这一点，《总经理手册》一书，为我们总结了以下几个巧妙的办法。

1. 为公司进行明确的定位。

杰克·韦尔奇，在他担任通用电气公司的董事长期间，为了给公司上下灌输一种急迫感和次序感，曾经为公司进行了明确的定位，他向公司上下宣布："如果通用公司不能在某个市场领域坐到第一或者第二把交椅，通用公司就会把它在这个领域的生意卖掉或者退出这个领域。"如果说，通用公司上上下下曾经十分奢侈地考虑过让那些赔钱的部门自己慢慢定位，那么，自从韦尔奇一纸令下之后，这种局面就到此结束了。韦尔奇为通用公司提出的这个定位，成了商界的一句管理名言，经常被他人引用，它道出了商界的一个事实：如果一个公司在某个领域排不到领先地位，那么，这家公司要想赚大钱就难了。

2. 寻找一个机会的窗口，然后做好窗口关闭的准备。

在现代这个快速发展的时代，机会的窗口随开随关，速度快得让人困惑，又让人惊喜，人们大都会想办法追赶它的步伐。因此，当你告诉你的员工说，眼下某个机会的窗口已经打开的时候，不妨也告诉他们，这个窗口可能随时都会关上。

3. 要形成一支队伍，不要形成一个委员会。

即便公司上下每一个人的切身利益都与公司的盈亏有关，但毕竟每一个人与其关系大小不同，因此，并不是所有的人都会对威胁、对鼓动性的谈话做出反应，有的人也会无动于衷。但是，当你开始对某一个部门或者项目追加许多人力、投资的时候，就会引起与其相关的每一个人的关注。把员工从他们原来的岗位上调离，集中于某一个项目，而不是形成一个委员会，这就可能会增加职员们对形势的紧迫感。这意味着你在利用公司的资源进行投资。这时，如果你能比较合理地安排好被调动人员的职位的话，你就可以达到预期的目的，并得到很高的效益。

4. 规定一个较高的执行标准。

如果员工将自己的工作目标定出某个标准时，即使这个标准是很公道的，大多数管理者都会主动把这个标准翻倍。因为他们知道，员工们往往把标准定在他们能够相对轻松就达到的尺度。而给员工们定下一个较高的目标，造成一种紧迫感，便可以让员工们“跳得更高一些”。设定这样一种较高的标准，一般都能达到一种良好的效果，有了这样一个高标准，无需你的监督，你的下属都会尽量设法实现这个目标的。

公平的淘汰机制

杰克·韦尔奇执掌通用电气公司，为百年老公司带来了巨大变化，焕发出了勃勃生机。自然，韦尔奇为员工们带来的福利资金也是极为丰厚的，但同时，他也给全体员工带来了巨大的压力。其具体体现，便是在给公司以高定位的同时，引入了淘汰机制。据阿里巴巴网《GE的用人之道——“区别化”用人》一文描述，每年，通用电气都要对员工进行业绩评估，通过评估，将员工划分为A、B、C三级。

A级员工为占员工总数20%的最优秀的员工，公司会为这部分员工制订详细的培训计划，为他们提供更广阔的发展空间。B级员工占总员工70%的比例，他们是公司的主体，也是公司业务成败的关键。这部分员工同样可以得到培训与提升的机会。而C级员工，也就是占员工总数10%的表现欠佳的员工，公司要求他们必须快速调整状态，找出原因并迅速赶上，争取进入70%部分并继续进步。若他们在3～6个月中仍旧不能适应公司的前进步伐，便面临被辞退的危机。公司不允许不全力以赴工作的平庸之辈拖公司的后腿。

通用电气的淘汰机制看起来有些不讲人情，但其实这正是公司尊重人才的表现，是公司为所有员工创造公平的竞争环境，提供均等的发展机会而引入的制度。杰克·韦尔奇本人也认为，10%的淘汰制，不是一种“残酷”，恰恰相反，这是对员工的“仁慈”，而不告诉表现欠佳的员工，让他待在一个不能成长和进步的环境里，才是真正的“假慈悲”。这样将避免将来等到员工已经岁月不饶人时，就业机会越来越少了，但还要供养孩子上学，还要支付住房贷款，那时再告诉他说：你走吧，这里不适合你——那才是残酷！所以公司愿意尽早告诉他们，可能你不符合公司的文化与价值观，到其他公司可能会有更好的发展。

按照这种用人管理方法，杰克·韦尔奇曾经开除了许多高层领导；而承受着可能被淘汰的危机的人员就更多了，甚至现任 CEO 杰夫·伊梅尔特也感受过这种压力。当年杰夫负责通用电气医疗系统时，有一年业绩不太好，韦尔奇便告诉他，我们都很喜欢你，但如果明年你的业绩还不好，我们就必须采取行动了。当时杰夫这样回答他：“如果结果不尽人意，你不需要亲自来辞退我，因为我自己会离开的。”结果，第二年，杰夫·伊梅尔特的业绩又重新做了上去。

可以说，在通用电气的每一名员工，自上至下，无一例外，都公平地面对公司的评估，在获取良好的发展前途、享用着丰厚的高额奖金之时，也面临着淘汰机制的巨大压力，面临着“危机与挑战”。正是在这种高激励与高压力并存的公平竞争机制下，企业的全体员工发挥了巨大的才能，百年老公司也变得生机勃勃了。

鲇鱼效应

人们爱吃沙丁鱼，但沙丁鱼非常娇贵，极不适应离开大海后的环境。很久以前，挪威人从深海捕捞沙丁鱼，当渔民们把刚捕捞上来的沙丁鱼放入鱼槽回程抵港时，用不了多久沙丁鱼就会死去。而死掉的沙丁鱼味道不好，销量自然也差，渔民们想了无数的办法，想让沙丁鱼活着上岸，但都失败了。

然而，有少数的渔船总能带着活着的沙丁鱼上岸，自然，他们带上岸来的鲜活的沙丁鱼要比死鱼的价格高出好几倍。这又是为什么呢？

原来，他们在沙丁鱼槽里放进了鲇鱼。鲇鱼是食肉鱼，也是沙丁鱼的天敌，当将鲇鱼放进装有沙丁鱼的鱼槽里时，鲇鱼会不断地追逐沙丁鱼。在鲇鱼的追逐下，沙丁鱼自然会拼命游动，激发了其内部的活力，从而保持了旺盛的生命力，最终一条条活蹦乱跳地回到渔港。

这就是“鲇鱼效应”的由来，“鲇鱼效应”的道理非常简单，无非就是人们通过引入外界的竞争者来激活内部的活力。在用人上同样存在鲇鱼效应。在现实生活中，人们大都有着懒惰的倾向，尽可能地逃避工作，大部分人没有雄心壮志，缺少勇于负责的精神，宁可期望他人来领导和指挥，如果没什么外在压力的话，他们一般很难有什么作为。而在一个公司，如果人员长期固定，就缺乏活力与新鲜感，容易产生惰性，尤其是一些老员工，工作时间长了就容易惰怠、厌倦或倚老卖老，在这种情况下，有必要引进少许外来的能够带来激烈竞争的鲇鱼式人物，制造激烈竞争的紧张气氛，以保持团队成员的活力。

适当的竞争犹如催化剂，可以最大限度地激发人们体内所蕴藏着的巨大潜力。“鲇鱼效应”是最经典的潜能激发案例，一个组织中需要有少许鲇鱼式人物，虽然他们本身未必有多大能量，但他们可以给整个组织带来能量释放的连锁反应。这样一来，整个企业自然而然就生机勃勃了。

丈量河宽

一次在行军途中，拿破仑带领部队和一位工程师先到前面探路。他们来到了一条河边，河上没有桥，但部队又必须迅速通过。

拿破仑就问工程师：“告诉我，河有多宽?”

“对不起，阁下。”工程师回答道，“我的测量仪器都落在后面的部队里，他们离我们还有10英里远。”

“我要你马上测量出来。”

“这做不到，阁下。”

“我命令你马上给我量出河宽，不然我将处罚你!”

工程师很快想了一个办法：他脱下钢盔，让帽檐和他的眼睛、还有河对岸的一点刚好在一条直线上。然后，他小心地保持身体的直立，不断地向后退，等到眼睛、帽檐和这边河岸的相应一点刚好在一条直线上时，他就停了下来。他把自己所处的位置标好，接着，用脚量出前后两点的距离。然后，他对拿破仑说："这就是河流大概的宽度。"

拿破仑大为高兴，马上就提升了他的职务。

其实工程师测量河宽时不过是运用了平行四边形对边相等的原理，只不过是离开了平时用惯了的测量仪器，有些不习惯而已。一般情况下，事情都会有解决的办法，人们之所以一时找不到解决的办法，或不能有所突破，那是因为思索不够，没有打破固有思维的藩篱，或者没能激发体内的潜能。俗话说"人急智生"，在外在的高压外力作用下，在苦苦思索中，人们更容易打破习惯的藩篱，打破自我心理的设限，极大地激发体内的潜能，从而寻得更多更好的解决办法。

压力管理

在世界化工行业，一提到台湾的王永庆几乎无人不晓。他把台湾塑胶集团推进到世界化工工业的前 50 名。台塑集团取得如此辉煌的成就，是与王永庆善于用人分不开的。众所周知，王永庆善用"奖励管理"和自己创造的"压力管理"。《新人力资源管理》中《王永庆的用人法宝》一文，详细阐述了王永庆的这两大用人法宝。这里我们来看看王永庆的"压力管理"。

"人无压力不进步，井无压力不出油"，王永庆一贯认为承受适度的压力，甚至主动迎接挑战，更能充分表现一个人的生命力。他在总结台塑企业的创业发展过程时说："如果台湾不是幅员如此狭窄，发展经济深为缺乏资源所苦，台塑企业可以不必这样辛苦地致力于谋求合理化经营就能求得生存及发展的话，我们是否能做到今天的 PVC 塑胶粉粒及其他二次加工均达世界第一，不能不说是一个疑问。台塑企业能发展至年营业额逾千亿元的规模，可以说就是在这种压力逼迫下，一步一步艰苦走出来的。"

事实的确如此。台塑企业如果在当初不存在产品滞销，在台湾没有市场的问题的话，王永庆就不会想出扩大生产，开辟国际市场的高招；没有台湾塑胶粉粒资源贫乏的严酷事实，他就不会有在美国购下那 14 家 PVC 塑胶粉粒工厂之举。当然，台塑公司也不会有今天的规模。

王永庆从自己的创业实践中深刻地研究了这一问题，把它用于企业管理中，从而创立了"压力管理"的方法。压力管理，顾名思义，就是在管理中人为地施加压力，造成组织人员有压力感，以提高其工作效率。具体

来说，王永庆在台塑用人管理方面使用了以下的压力管理方法。

首先压力是企业发展的生命力。随着台塑企业的规模逐渐扩大，生产PVC 塑胶粉粒的原料来源将是一个越来越严峻的问题。台塑在美国有14家大工厂，而美国的尖端科技与计算机技术领先世界各国，台塑在这样的市场环境下与人竞争，其压力之巨大可想而知。因此，他们必须想办法去开辟更多的原料基地，企业才会获得更大的发展。这既是台塑企业全体的压力，也是企业发展的生命力。

再说全体员工的压力。台塑的主管人员最怕“午餐汇报”。王永庆每天中午都在公司里吃快餐，用餐后便在会议室里召见各事业单位的主管，先听他们的报告，然后会提出很多犀利而又细微的问题。主管人员为应付这个“午餐汇报”，他们需要延长自己的工作时间，须对自己所管辖部门的大事小事十分清楚，对出现的问题作过真正的分析研究，才能够轻松过关。由于压力太大，工作又十分紧张，台塑的很多主管人员都患有胃病，这一点曾被医生们戏称为午餐汇报后的“台塑后遗症”。主管人员有了压力，自然也会将压力向下面员工扩散。台塑在1968年就成立了专业管理机构，只要在顶端施加一种压力，自上而下的各个层次便都能感觉到这种压力，从而产生一种紧迫感。

王永庆自己呢？他自然而然地也给自己增加了很大的压力。他每周的工作时间在100小时以上。由于他追根究底、巨细无遗，整个庞大的企业都在他的掌握之中，他对企业的运作的每一个细节也都了如指掌。

当然，王永庆明白，给员工施加“压力”是必要的，但在施加压力的同时，合理的激励机制也不可缺少，二者必须相辅相成，灵活运用。若是单有压力却没有相应的激励嘉奖，人们便会心存怨恨并消极怠工。王永庆对员工的要求虽近苛刻，但对下属的奖励也是极为慷慨，正所谓压力管理与奖励管理交相运用。正是这两大法宝的并用，使得台塑企业充分发挥了人才的价值，从而保证了企业的长足发展。

我们常常看到，一些企业人浮于事、效率低下的现象。这种现象，一方面是企业激励不足，另一方面是员工在工作岗位上没有压力。因此，在尽可能增加激励措施的同时，领导者也可以通过一定的手段给予有效的监督和考核，增加适当的压力，来提高员工的工作效率。

第二十二计 试以重任

善用人者不怕手下没有可用之才，只怕自己没有为人才提供良好的成长环境、广阔的用武之地，不能及时地给员工压担子，提拔可造就之才，从而打击了潜在“千里马”的积极性。善于育人用人者，就要有大胆用才的胆识，给龙以海水，而非困于浅滩，给虎以深山，而非陷身平阳，使“乳虎”、“卧龙”迅速成长，并各尽其能，各展其技，这才能聚集四方人才，并出现人才济济、蔚为壮观的局面。

皮格马利翁效应

有这样一则希腊神话故事：很久以前，在塞浦路斯岛上，住着一位伟大的国王，他的名字叫皮格马利翁，他渴望成为英雄，并渴望得到爱情，然而遗憾的是，他经常感到孤独。

有一天，他开始雕刻一个美丽的女人。他全心全意地投入到这项工作中，所有的孤单和烦恼都随之而去。这项工作完成后，他发现自己雕出来的是一个栩栩如生的美丽女人，他不由自主地深深爱上了她。他爱得如此深沉，以至于他可以不要世界上的其他一切，只希望这个自己一手雕成的女人能有生命，这样在醒着的每一刻他都可以和她在一起。为此，他的心都要碎了，每天他都要向爱神阿佛罗狄忒祈祷，希望爱神能够满足他的愿望。

见皮格马利翁如此痴情，阿佛罗狄忒决定帮助他。她来到人间，用魔法把这个冰冷的石雕变成了一个活生生的美丽女人，她的名字叫伽拉忒亚。此后她和皮格马利翁结为夫妻，并永远生活在一起，过得非常幸福。

希腊神话故事中的这个美好传奇同时也体现了期望所具有的巨大能量，因此，人们用“皮格马利翁效应”一词描述了期望所具有的巨大的改造现实的力量。在日常生活中，“皮格马利翁效应”确实存在，并且在近些年已经得到了大量研究的证实。哈佛大学研究员罗伯特·罗森塔尔就曾做过这样的实验，以此说明“皮格马利翁效应”的影响力。

罗森塔尔去了一些小学，并告诉学校的老师们，他正在进行一项能确

定学生学习潜力的测试。事实上他并不是真的在做测试。然后，他完全是随意挑选出来一批学生，却告诉那些老师们，这些学生的天资非常好，如果能得到充分的指导和支持，他们将会有非常优异的表现。到学年结束时，在罗森塔尔向老师们所指出的“冲刺能力强的学生”中，绝大多数人的智商得分和学习成绩都有了大幅度的提高。

这其中奥秘何在呢？原来，罗森塔尔的这项假测试的得分提高了老师们对这批挑选出来的学生的期望值，因此，老师们在教这些学生时，会真的把他们当作特别的学生来教。而老师们这般行为的每个方面都传递了他们对这些学生的信念。之后罗森塔尔还对社区学院里学焊接的学生进行了类似的研究，也都取得了同样的结果。

“皮格马利翁效应”告诉我们：当我们传递我们对他人的看法以及期望时，我们就会对他们自身的期望值产生影响，而这种影响所产生的张力就可能把他们引向我们所期望的方向。当然，我们在他人眼中的位置越重要，影响力就越大。

在领导管理上，领导者对下属寄以厚望，同样会取得奇特的效果。每个人都拥有尚未挖掘尚未充分利用的特质，有潜能的年轻人更是如此，因此，领导者首要的职责就是帮助组织里的成员发现并培养他们的特质，并对他们寄以厚望，试以重任。领导者必须向他们展示他们所拥有的这种才华，并寄以厚望，这样他们就会提高自身的期望值，并同样地看待自己。

洛杉矶加州大学篮球队的传奇教练约翰·伍顿，就非常尊重他的球员们，相信他们的能力。对他来说，帮助球员们让他们感觉自己很重要是件非常自然的事情，因为他深知他们确实很重要。他期望他的球员们首先是学生，并经常用言行来传递这种期待。结果他的球员们的毕业率达95%，远远高于全部学生的毕业率。他手下的很多球员毕业后在从商业到医学和教育的诸多领域里都取得了成功。

因此，作为领导者，如果你希望你的团队能不断发挥出他们的最高水平，那么你必须让他们形成这样一个真正的信念：你在倾听他们的声音，你关心他们，他们是非常重要的，你永远相信他们，并对他们寄以厚望。

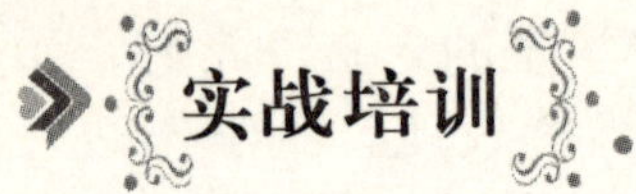

实战培训

海尔集团从创业伊始，一直贯穿“以人为本”提高员工素质的培训思路，建立了一个能够充分激发员工活力的人才培训机制，这种培训机制的一大特点是强调实战方式，也就是一边锻炼，一边学习，边干边学，拓宽知识面，积累工作经验的培训方式。

比如海尔集团常务副总裁柴永林，是 80 年代中期在企业发展急需人才的时候入厂的。一进厂，企业没有给他出校门进厂门的适应机会。一上岗，企业领导就在柴永林稚嫩的肩上压上了重担，给他安排了国产化负责人的职位。后来，企业为了跟上时代的发展，又成立了引进办，柴永林又成了引进办的负责人。再后来，引进办发展成为进出口公司，他又成了进出口公司的一把手，领导们看得出来他很累，甚至压得他喘不过气来。有一阶段工作也上不去了，但领导发现，他的潜力还很大，只是缺少了一些知识，需要补课。为此，企业领导就安排他去补质量管理和生产管理的课，将他调到一线检验处任处长，后又调任分厂厂长，让他边干边学，拓宽知识面，积累工作经验。

在较短的时间内他获得了大量工作经验之后，变得成熟多了，企业领导便将柴永林提升为一个大型企业副总经理之位。由于业绩突出，1995 年企业领导又委之以重任，让他接收了一个被兼并的大企业。这个大企业长期亏损，困难较大，离市场差距较远。柴永林又不畏困难，抱着一切从头起的决心，全力以赴，一年后就使这家企业扭亏为盈。这家企业在柴永林的领导经营下，在短短两年内走过了同行业二十年的发展路程，成为同行业的领头雁。柴永林所取得的巨大成就，也成为了海尔吃“休克鱼”的典型，被美国哈佛大学收入其工商管理案例库。后来，柴永林又不断地创造奇迹，被《海尔人》誉为“你给他一块沙漠、他还给你一座花园”的领导人才。

史塔达说：“人们总是愿意接受可以发挥其能力的工作，甚至是能够激发潜能的工作。因此，我觉得激励最重要的部分，是将工作任务与个人能力恰当地结合起来，人们需要的是真正的挑战以及较高的期许。”海尔集团的实战方式，便是将工作任务与人才的个人能力以及其潜能较好地结合起来，给其以真正的挑战，较高的期许，因而也最大限度地激发了人才的活力。

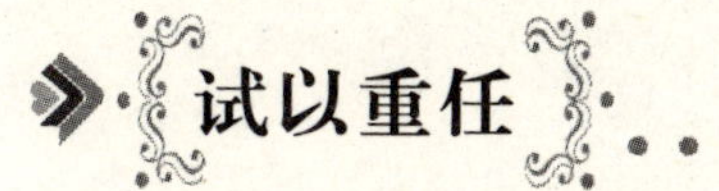

试以重任

一位年轻人在杜兰特公司找到一份工作，半年后，他很想了解公司总裁对自己的评价，尽管他觉得事务繁忙的总裁可能根本不会理睬，这位年轻人还是决定给总裁写一封信。他在信中向总裁问了几个问题，最后一个，也是最重要的一个问题是："我能否在更重要的位置上干更重要的工作？"

没想到总裁回信了，他没有回答这位年轻人的其他问题，只对他最后的问题作了批示："刚好公司决定建一个新厂，你去负责监督新厂的机器安装吧。但你要有不升迁也不加薪的准备。"随同那封回信，还有总裁给他的一张施工图纸。

年轻人没有经过这方面工作的任何训练，却要在短时间内完成任务，在一般人看来，这是非常困难的。那年轻人也深知这一点，但他更清楚，这是一个难得的机遇，如果自己因为困难而退缩，那么可能永远也不会有幸运垂青于他。于是他废寝忘食地研究图纸，向有关人员虚心请教，并和他们一起进行分析研究。最后，工作得以顺利开展，并且提前完成了总裁交给他的任务。

当这位年轻人去向总裁汇报这项工作的进展时，意外的是，他没有见到总裁。一位工作人员交给他一封信，总裁在信中说："当你看到这封信时，也是我祝贺你升任新厂总经理的时候。同时，你的年薪比原来提高十倍。据我所知你是不能看懂这图纸的，但是我想看看你会怎样处理，是临阵退缩还是迎难而上。结果我发现，你不仅具有快速接受新知识的能力，还有出色的领导才能。当你在信中向我要求更重要的职位和更高的薪水时，我便发现你与众不同，这点颇令我欣赏。对于一般人来说，可能想都不会想这样的事，或者只是想想，但没有勇气去做，而你做了。新厂建成了，我想物色一个总经理。我相信，你是最好的人选，祝你好运。"

后来的事实也表明，被破格提拔的总经理不负总裁所托，在他的领导下，新厂的管理有声有色，规模也得到了有力的发展和壮大。

让有潜力但处于低位的人才高就，试以重任，寄以厚望，这是培育人才的一种成功做法，目的一是施压加力，一是提升其自我期望值，激发其才能，促使有潜力的人才迅速成长。

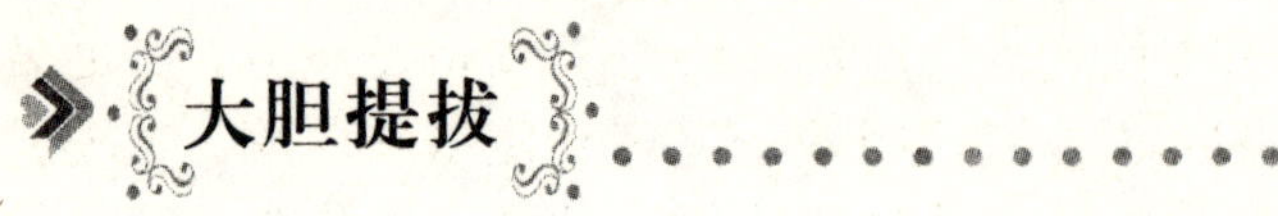

大胆提拔

在用人上，我们常常提倡“适才适用”，就是要选择适当的人才，给予适当的职位，追求人才价值的最大发挥。然而，事情往往说起来容易做起来难，事实上，要想在众人之中识人才并不容易，衡量其才能的高低也未必准确。

一般组织提升人才的根据，大都是依照人品、才能、资历、健康状况等作为评判的标准。但是，有些时候，因为评判标准的相对性，分析判断的主观性，再加上才能发挥所需时间、条件的限制，人们对他人的评判在短时间内并不一定准确。正如唐朝诗人白居易诗云：“试玉要烧三日满，辨材须待七年期。”人才的真伪忠奸，若不假以时日，是很难辨明的。实践是检验真理的唯一标准，有时，我们认为某人很有才华，可是真正做起事来，却可能让人大失所望；有些人平时看起来没什么本事似的，办起事来却是有板有眼，颇有些出人意料。明张居正用“器必试而后知其利钝，马必驾而后知其驽良”来说明人应该“试之以事，任之以事，更考其成”。因此，领导者在提拔人才时一方面需谨慎行事，另一方面又需要大胆地行事，就是在对人才有了大致的把握之后便加以提拔，试以重任，并随时调整。

日本松下公司在用人方面就有这种大胆提拔的冒险精神。松下认为，如果确信了某人60%的能力，便可将他在较高的职位上试用。因为，人的能力大约60%能够根据学识、经验阅历、成就等做出判断而获知，其余40%的能力，非经试验是不知道的。其中这60%是判断，其余40%乃是博弈，全靠运气。既然是博弈，就有胜负输赢之别了。根据松下自己的经验，在还不能确定某个人是否胜任，多少还有几分不放心，而目前却只有这个人可用时，不妨就给他机会，试用看看，结果成功的事例还很多。当然，需要注意的是，这确信了的60%，不是随随便便的60%，一定要比较准确，要有把握。

因此，如果你发现了某人有不一般的才能，只是尚不大确定时，不妨给他以机会，试以重任。即便其人被提拔之后难以胜任其职务，还可以在你的考查、监督之下施以援手，或做出新的调整。

这种大胆提拔的育人用人方法，既不同于人才高消费，又有别于人才

超负荷，比较科学，恰到好处，即使员工感到有稍许的压力，但又不至于感到压力过大，工作职位稍有挑战性，有助于激励员工奋发进取。身处要职，肩挑重任，其中所获得的经历和阅历是一笔富含能量的矿藏，这笔矿藏，与其留给庸才不知挖掘，不如送给优秀人才，助其有所作为。适时地提升那些优秀人才的岗位和职位，试以重任，对于他们不断提高、继续成长大有益处。这也是造就复合型人才的有效方法之一。

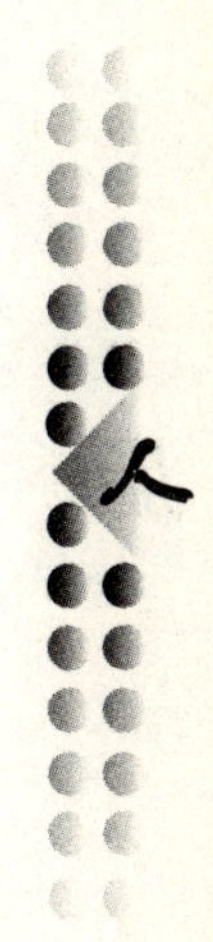

第二十三计 爱护有加

情感是影响人们行为最直接的因素之一，任何人都有渴求各种情感的需求。领导者要多关心员工的生活，在满足他们物质需要的同时，还要关心他们的精神生活和心理健康，提高其情绪控制力和心理调节力。对于员工事业上的挫折、感情上波折、家庭上裂痕等种种问题，都应给予体贴支持、真诚关爱和及时的疏导，以建立起良好、健康、融洽的团队氛围，增强员工对本企业的归属感。

在这个世间，关爱是一种宽而厚的力量，尤其是在人们身处困境、患难的时候，关爱更能显示出她那巨大的力量来。领导者不要一味地显露自己的严厉、批评、指责，而将自己内心对部属的重视、关爱隐藏。适时地给予赞美与支持，让部属了解自己对他们的信任、重视、厚望、关爱与支持，会给他们以更大的信心，鼓舞起他们对事业的热忱，引导他们向着更为远大、明确的目标奋斗，这是最好的育人用人之道。

用

仁爱部属

吴起做了魏国的将军，还是与士兵们穿同样的衣服，吃同样的饭菜，睡觉不另设床铺，行军不乘坐马车，他还跟士兵一样亲自身背干粮。可以说，他在衣食住行上与士兵们没有一点特殊，完全是同甘共苦。曾经有一个士兵身上长了个大毒疮，痛苦不堪，吴起查知后，便当场用嘴把疮里的脓血吮了出来。士兵的母亲听说此事后，便大哭起来。

有人不解地问道："你儿子是个士兵，将军亲自用嘴给他吮出疮里的脓血，你为什么还哭?"

士兵的母亲说："我不是因为这个才哭。有一年，吴将军为孩子的父亲吮去疮里的脓血，孩子的父亲为了他，打起仗来从不后退，于是死在敌人手里。吴将军现在又为他的儿子吮去痈里的脓血，我不知道我儿子他又将死在哪里啊!"说完又开始痛哭起来。

吴起与士兵同甘共苦，关心爱护士兵，因而深得士兵们的信任，大大提高了军队的战斗力，以至于每战必胜。吴起也因善于用兵，而被任命为西河郡的太守，抵御秦国、韩国的进犯。

自古有云："得民心者得天下，失民心者失天下。"国家君主实施仁德政治，仁爱百姓，关心民间的疾苦，军队领导人与士兵同甘共苦，关爱士兵，组织领导人关爱下属，都是赢得民心，赢得部属的拥护爱戴之道。而赢得了民心，赢得了部属的拥护爱戴，他们就会甘心为了共同的事业而努力奋斗，为你效力，流血流汗，甚至舍命相报。

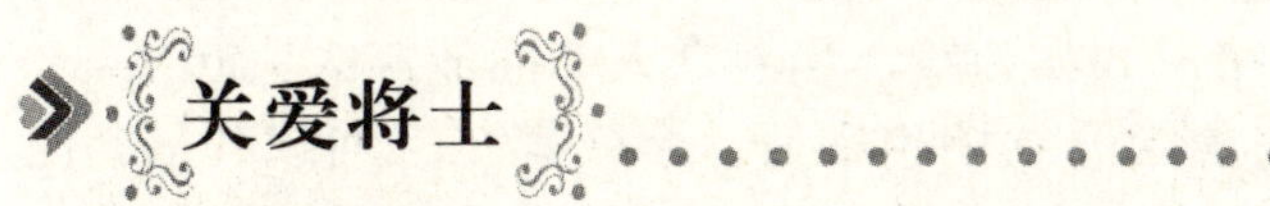

关爱将士

曾国藩带兵打仗的时候，有那么多的人才聚集在他的周围而至死不渝，最重要的一条，就是曾国藩真诚地爱护他们，关心他们的处境，并注重与他们进行情感交流。

曾国藩在刚刚组建湘军进行操练时，每个月都会调官兵过来与湘军会操。在这个时候，曾国藩发现了塔齐布是一个不可多得的人才。塔齐布是提督鲍起豹手下的一名守备，在每一次官兵与湘勇会操的时候，塔齐布都是忠勇奋发，吃苦耐劳，并且深得手下士兵之信任。然而，就是这样一个杰出的人才，反遭到副将清德所嫉妒和提督鲍起豹的羞辱。曾国藩在得知这一情况之后，便专程向朝廷呈上奏章，保奏塔齐布为游击将军、参将、副将，直至取代鲍起豹为提督，使之成为湘军之中一位主要的将领。塔齐布任职提督，"受印日，士民聚以观，叹诧国藩为知人"。

塔齐布知恩图报，作战英勇，尽心尽力为曾国藩打了几次大胜仗，尤其是在关系到湘军命运的湘潭、岳州两仗，塔齐布更是立下了汗马功劳。但在一次作战中，塔齐布因寡不敌众，马陷泥潭之中，迷失了道路，后来被当地的一位农民看见，带回了家中休养。第二天早上，塔齐布的部下们因为主将一晚上都没回来，认为他肯定战死了，都哭成了一团，曾国藩也悲痛不已。这时塔齐布回来了，曾国藩听说后，连鞋子都没穿，赤脚就跑了出去，抱住塔齐布大哭起来。塔齐布说："我饿极了，快拿饭给我吃吧。"曾国藩这才破涕为笑。

1855 年 8 月，塔齐布因为打九江打了很长时间打不下来，又急又气，结果呕血而死。曾国藩听到塔齐布的死讯以后，伤心欲裂，连续几天都不睡觉、不吃饭。他亲自赶到塔齐布在九江城下的军营中，为塔齐布主持了葬礼，并且在塔齐布的灵前大哭一场，在场的将领们也都忍不住哭了起来。塔齐布家中还有老母亲，十分清贫，曾国藩知道后，便让湘军粮台设法为塔齐布筹了一笔银两，再托人转交给塔齐布的老母，并对塔齐布的两个弟弟的生活也作了安排。

湘军之中另有一员将领李续宾，深受曾国藩的推重。李续宾对曾国藩也是忠心耿耿。1858 年，李续宾在与太平军作战时孤军深入，结果被围于三河。曾国藩得到消息后，非常伤心地说，以李续宾的刚烈性格，肯定会死在这场战役中了。后来，当李续宾战死的确切消息传到曾国藩大营的时候，曾国藩还是控制不了自己的情绪，心如刀绞，当着众人的面放声大哭起来。

李续宾的弟弟李续宜与曾国藩感情也很好。李续宾在三河战死后，他的部队就归了李续宜带领。曾国藩和李续宜可以说是无话不谈。1862 年 8 月，李续宜在曾国藩的大营中治病，曾国藩每天都到他的病床前去探视，晚上还要看一看李续宜的睡眠情况。当他看到李续宜晚上睡觉十分香甜的时候，感到由衷的高兴，特意写信给弟弟们，谈说李续宜的身体健康进展情形，把快乐和他们一同分享。

曾国藩在塔齐布失踪后悲痛不已，在他回来时鞋子都顾不上穿，抱住他一哭一笑，都是真情的流露，塔齐布又怎么能不感动呢？在场的将士又怎能不为之感动呢？如此，将士们又怎能不奋勇作战呢？曾国藩赶至塔齐布灵前大哭一场，在得李续宾死讯后当众大哭，也都是其真诚爱护将士的表现，客观上也达到了激励将士们奋勇作战的目的。这一点，正如曹操亲祭在宛平城和张绣之战中舍身相救自己的典韦时，号哭着对部下说道："我折了长子、爱侄，俱无深痛，独号泣典韦也!"后来再过襄阳时，曹操又于马上大哭，并下马吊慰亡魂。如此哭祭，三军将士无不为之感动。这些既是领导者关爱部属，与部属心心相通的表现，同时又是激励将士们的最好手段。正如曾国藩所言，"能打动人心的莫过于真情"。曾国藩对官兵如此真诚关爱，促使湘军之中形成了浓浓的"家人父子之情"，很多人才也都乐意为曾国藩所用。曾国藩作为一个文人统帅，带领的湘军之所以能作战勇猛，多打胜仗，是与曾国藩善于知人善任、关爱将士离不开的。

营造大家庭氛围

人力资源是企业不可或缺甚至最为重要的资源，组织的发展离不开人力资源的投入，所以员工的事同时就是企业的事。关心照顾退休员工会使在岗员工安心工作；关心有困难的员工会使他们对企业更加忠诚。只有关

心员工、上下同心，组织才能形成团结向上的气氛，共同进步。另一方面，对员工来说，不只是有一份简单的工作，它还维系着员工的理想和事业，并直接影响着员工的生活，员工的家庭。因此，从某种程度上说，一个企业就是一个大家庭，而领导者就是这个大家庭的“家长”。

领导者要做好“家长”这一角色，在组织中营造出大家庭般的氛围，有必要做到以下几点。

1. 尊重员工。尊重是信任的基础。如果员工在组织中得不到尊重，得不到信任，就谈不上员工能够尊重和认同公司的管理理念和企业文化。作为领导者，更应该身体力行，把尊重员工落到实处而不只是停留在口头。不过多地限制员工的自由，不提出苛刻的要求，不将员工当外人般提防，等等，都能让员工有一种受尊重的感受。

2. 精心保护员工的利益。作为企业领导者，理当是员工利益的“保护人”，也就是说，领导者要竭尽全力地维护员工的种种切身利益，如经济利益、政治利益、文化利益、法律利益等等。这往往也是许多员工最为关心的现实问题。

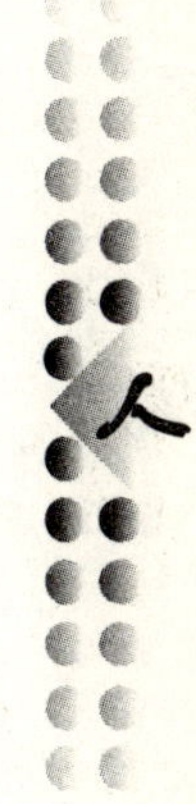

美国柯达公司在这方面往往有他人意想不到的绝招。创始人伊士曼早在 1912 年就在柯达公司建立了当今早已风行的“红利”制度，工人们除了每月领到比在其他公司优厚的薪金外，每年还可以根据自己为公司所作贡献的大小参加分红，这在美国企业中是首创。1919 年，当其他公司都在竞相效仿时，伊士曼又开始了“入股制”，即鼓励员工入股，把自己公司三分之一的股权与大家共同分享。这两项制度延续至今，工人得到的“红利”与“股息”随着企业的兴旺而逐年上涨。这样，便形成了这样一种现象：柯达公司所在地纽约罗彻斯特的商人，每年都热切地盼望柯达分红这一天——3 月 15 日后的第一个星期五，他们总是以种种喜庆的形式欢迎这一天的到来。这一天对柯达公司员工更是如同节日，员工们与亲朋纷纷庆贺，所分得的红利也化为大包小包的物品，而当地的商人，便也成为这笔红利的间接受益人。

3. 体贴关爱员工。理解下属的需求，关心下属的困苦，真心爱护员工。试想，如果一个领导连下属的困苦都不了解，只一味地强迫命令他好好工作，这能行得通吗？这样的领导者能赢得下属的信任吗？因此，应该认真听取下属意见，深入了解涉及下属生活中的方方面面。

在日常工作中，为员工准备生日宴会，举办员工娱乐活动，努力营造大家庭的感觉。有条件的话，还可以为员工建造淋浴设施，供上班时间使用；开办内部食堂，甚至建造娱乐设施、学校、俱乐部、图书馆以及公园等等。这样的措施或投资，都能解决员工实际生活中的不少困难，提供不少方便，员工便会越加把自己的组织当成大家庭。

雇主与雇员、领导者与被领导者虽然是一种客观存在的关系，但这远远不是双方关系的全部。作为领导者，你应该尊重员工，信任员工，精心保护员工的利益，体贴关爱员工，让你的组织成员在一个分享民主与参与管理的大家庭氛围中轻松地工作，并感受着大家庭般的温暖。当众多的小家庭融入了组织这个大家庭后，员工们有了半个主人般的自在感受，同时也意识到，这个大家庭的发展，正是他们小家庭幸福的基础和依靠，他们才会更加尽心尽力地投入到工作中去。

改善员工的工作环境

这是一则哈佛 MBA 课堂上“老生常谈”的如何调动员工积极性的案例。

富豪公司是瑞典的汽车制造厂家，虽然历史较长，但在 70 年代初期曾面临危机，生产不振，工人厌倦、怠工，公司出现严重亏损。危难之时，该公司最高领导层于 1971 年访求到了皮尔·吉伦哈马，重金聘请他出任为公司总经理。这位年仅 36 岁的新任总经理研究和分析了公司现状后，发现工人怠工、公司出现严重亏损的主要原因，是因为汽车生产的程序太单调呆板，工厂的嘈杂环境使人产生烦躁情绪，员工的积极性受到了极大的挫折，许多工人，特别是年轻工人，因承受不了这样恶劣的工作环境而经常旷工，工厂人员流动率极高，致使工厂的产量及产品质量不稳定。因此，吉伦哈马决心把富豪公司彻底改革，通过改善员工的工作环境，将员工的工作积极性调动起来。

吉伦哈马为了把工厂广大员工组织起来，形成力量，首先改革工厂的生产程序和环境。他把生产车间布局改成三叶草形状，25 个工作站环绕着三叶草的边缘分设，每个工作站有 25 个工人负责装配汽车的工序。汽车则在无人驾驶的滑车上移动，从一个站送到另一个站。经过这样布局和工序的调整，到 1974 年 2 月 8 日，第一辆“富豪”164 型车生产出来了。

吉伦哈马这样的调整，不仅节省了人力和时间，而且起到了隔除噪音的作用。因为三叶草型的车间相距远了，那精心设计的从天花板上弯弯曲

曲伸下来的管子，将机油和汽油的气味吸走了，车间的隔音设备使周围的噪音扩散不进来。

三叶草型的车间还确保每个工人可以靠窗工作，只要能在指定时间内把规定数量的汽车送到另一个区，组内工作可以自行做主。另外，在一个工作站内，工人可以转换工作。

凡此种种，使工人在生产时间内的单调感和烦躁情绪大为减少，工作情绪和效果明显好转。瑞典劳资委员会在 1984 年 2 月曾对富豪公司作了调查，发表了一项 1984 年研究报告，指出富豪公司制造一辆汽车所需人力时间节省了 40%；生产工人的流动率降至 15%；装配一辆汽车的总成本比调整前低了 25%。

吉伦哈马除了从工作环境的改善入手去调动员工的工作积极性外，还制定出种种激励员工提建议和研究开发新技术、新产品的措施，使多贡献者获得多报酬，那些出勤不出力或无所作为的人则受到应有的惩罚。

由吉伦哈马主管了 20 年的“富豪”公司，不但迅速扭转了亏损局面，而且还发展成为了一个世界闻名的大企业。

工作环境是员工工作的地方，改善工作环境，使员工在更加安稳、舒适的工作环境中工作，也就是关爱员工，改善员工的生活，使员工过得轻松、安稳。领导者若能用心关爱员工，尽心尽力改善员工工作生活环境，那么，员工必定会以更大的工作热情来回报。

松下不说“不”字

日本松下电器公司总裁松下幸之助的领导风格以骂人出名，但是也以最会栽培人才而出名。有一次，松下幸之助对他公司的一位部门经理说：“我每天要做很多决定，并要批准他人的很多决定。实际上只有 40%的决策是我真正认同的，余下的 60%是我有所保留的，或者是我觉得过得去的。”

经理觉得很惊讶，他想，作为公司总裁，如果松下不同意什么事情，大可一口否决就行了。

“你不可以对任何事都说不，对于那些你认为还算是过得去的计划，你大可在实行过程中指导他们，使他们重新回到你所预期的轨迹。我想一个领导人有时应该接受他不喜欢的事，因为任何人都不喜欢被否定。”松下这样解释他的这种观点。

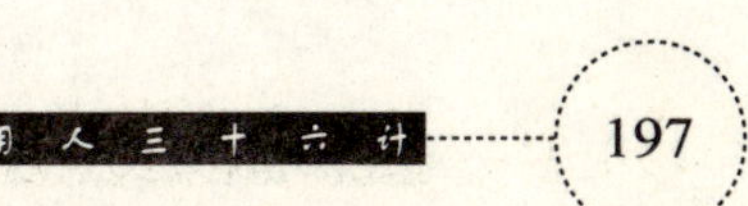

作为一名领导，你必须懂得尊重部属的个性，维护部属的尊严，体贴部属的内心感受，借以增强部属的信心，切不可过多地打击部属的信心，打消其工作的积极性。一个人的信心对于工作的热情，对于事业的成功极为重要，而善于增强部属信心的领导者，既是在给部属打气，也是在帮助自己获取成功。

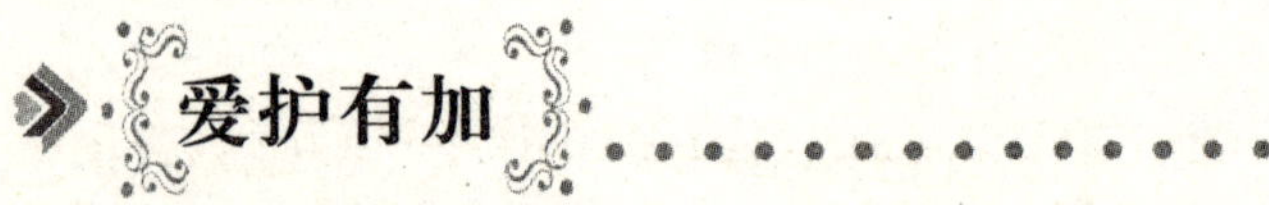

爱护有加

蓝伯第教练带领的一支橄榄球强队，在绿湾比赛的训练期间，队伍的情况不大顺利，尤其是一名后卫杰瑞，因为屡屡失误必须退到场外，不得继续参加比赛。蓝伯第将杰瑞叫了下来，严厉地训诫道："孩子，你是一个卑劣的运动员。你没有阻挡对方，没有跟对方交锋，没有全力参战。事实上，你今天已经全完了，快回去冲洗吧!"这位身材高大的后卫点点头，走进了更衣室。

三刻钟后，蓝伯第走进来，看见杰瑞还坐在他的柜子前，穿着运动服，低头咽泣。蓝伯第走到杰瑞身边，手臂搂在对方肩膀上。"孩子，"他说，"为什么我说你是个卑劣的运动员呢？因为你没有阻挡对方，不敢跟对方交锋，你丧失了一个高大后卫应有的勇气和责任感。但是，凭良心说，我应该告诉你，你自己的内在有一个伟大的橄榄球运动员，我正要紧紧地抱住你，直到你内在的伟大的橄榄球运动员有机会出来，并且声明他是一位伟大的橄榄球运动员为止。"

教练的这番话，使得杰瑞激动万分。教练不单指出了自己所具有的巨大潜能，还表现了对自己满怀深情的关爱，这正是爱之切才责之切啊。有了教练的关爱，有了奋斗的明确目标，眼前的挫折又算得了什么呢？后来，正如教练所指出的，杰瑞最终成为橄榄球界的杰出人士之一，甚至还荣获职业橄榄球界最近五十年杰出后卫的称号。

领导者不要一味地显露自己的严厉、批评、指责，而将自己内心对部属的重视、关爱隐藏。适时地给予赞美与支持，让部属了解自己对他们的信任、重视、厚望、关爱与支持，会给他们以更大的信心，鼓舞起他们对事业的热忱，引导他们向着更为远大、明确的目标奋斗，这是最好的育人用人之道。

第二十四计　人才接力

自古以来，能成就大事的人都懂得为自己培养后备、后继人才。人才储备，人才接力，是公司的一个大问题。身居高位的领导者，在平时就应该多给自己员工机会，给员工提供多种培训、岗位轮换的机会等等，以培养公司的后备、后继人才。一般来说，在人才接力上面，内部人才储备要优于外部人才储备，但可以采用“内外结合，侧重内部”的人才储备、选拔方式。

不要等到缺人的时候，才手忙脚乱地在现有的人员里看看，感觉谁不错就勉强推谁接任。这是内部提拔最忌讳的。如果奋斗一生、艰苦创业，好不容易打出一片天下，而到老了才发现，后继无人，那将是其人最大的悲哀，也是其一生最大的失败。

通用选拔接班人

2001 年 4 月，美国通用电器公司第 8 任董事长兼 CEO 杰克·韦尔奇在其任职 20 周年之际宣布从其岗位引退。三个月后，通用公司董事会一致通过时为公司医疗系统集团总裁的杰弗里·R·伊梅尔特为通用电器第 9 任董事长兼 CEO。

CEO 是对一个企业的组织和战略、计划、绩效以及环境变化反应负最终责任的人，是企业权力中心中最具影响的人物，在很大程度上决定着一个企业的增长和绩效，有时，CEO 个人的成败甚至会被看作是公司的成败。因此，对企业接班人的培养，是企业最重要的战略资源，而企业接班人在什么情况下会被继任、继任如何进行以及继任者的个性特征，都将深刻影响到企业的绩效，对企业发展至关重要。

通用公司第 7 任 CEO 雷吉·琼斯，韦尔奇的前任，整整用了 7 年时间才挑选了韦尔奇，这一选择被称为通用公司发展史上最成功的决策。韦尔奇上任之后，大刀阔斧地实施改革行动，使得这家以传统产业为主的百年老公司，焕发出了全新的光彩，使公司走上了“中兴”富强之路。在 1981 ～ 2001 年，杰克·韦尔奇任职的二十年间，通用电气一直保持着两位数的增长，连续多年名列《财富》全球 500 强前列，并一度荣登全球第二的宝座。韦尔奇的变革精神、领导才能、管理方法和竞争策略，为全球工商界人士树立了楷模，世人皆称之为“世纪经理人”、“全球第一CEO”。

从1994年韦尔奇59岁时，通用公司就开始着手考虑企业接班人的问题，到2001年4月伊梅尔特继任，整整又历时7年。可见，通用公司对选拔企业接班人是何等的重视。正因为总经理继任是企业最重大的战略决策，因此要把培养、选拔接班人当作公司头等大事来抓。这次通用公司的最后三名候选人，年龄最大的罗伯特·纳达利54岁，1971年加入通用公司；W·詹姆斯·麦克罗尼和44岁的伊梅尔特均是1982年加入通用公司。通用公司没有论资排辈，而是从战略高度，从通用公司公司的前途出发，选任年龄最轻的伊梅尔特为正式接班人。

企业接班人的培养，接班人的选取，作为一个公司的重大决策，自然应该有较优裕的时间和精力来做出决定，不能仓促决策，并且还应该由公司董事会决定，这样才能确保继任的公正、规范和有效。

培养企业接班人

新老更替是自然法则。没有一个人能够永葆青春，也没有一个企业家可以永远掌舵。任何企业都有其一定的生命周期，而企业领导人，同样也有其生命周期。企业发展到一定时期，领导人个人的能力出现不适应时，就需要推陈出新，推出新的接班人。

领导者尤其是企业的创业者如果只靠自己个人的能力和声望进行领导管理，却未曾有意识地培养自己的接班人，那么在企业进入领导人交替的阶段，就可能出现内乱，影响企业的顺利发展。因此，如何保证企业健康持续的发展，不因企业领导人的更替而使企业受损，甚至就此衰落下去，培养和选择好企业接班人至关重要。

事实上，发现或培养比自己更好的领导者，把职位交给最有能力和最有责任心的人，是领导者的一项重要任务。一个负责任的企业领导人，他的成就不应只在于目前所取得的业绩，他的目标也不应只局限于自己掌权领导的时期，正像美国通用电气公司前CEO韦尔奇所说：“我的成就将取决于我的继任者在未来20年里将公司发展得如何。把我这样的老家伙剔除出去，他们才能做好自己的事。”

那么，一个负责任的领导者，一个负责任的公司，该怎么样培养自己

的接班人呢？

第一步，是培养彼此配合的高层管理团队。

国际上的大公司，都会有一套“接班人计划”和“领导力培养计划”。它们通过制度化的体系实现了接班人的产生、选拔、培养和更替。更为重要的是，这样做不仅是产生了领袖人物，而且产生了一个能够彼此配合，而且能够支持、配合这位领袖人物的高层管理团队。而培养高层管理团队对企业的持续发展至关重要。

高层管理的工作应由一个领导班子而不是由一个人来担当，不论它在组织结构图上采用什么职衔。因为，一个人不大可能同时具备高层管理工作所要求的各种不同气质；其次，高层管理的工作量也不是一个人所能完成的；再者，在企业中，由一人担当高层管理者常常形成“接班人危机”，那就是除了原来的最高人物以外，没有其他真正做过高层管理工作的人可以接班。

第二步，在培养高层管理团队的基础上，制定、执行培养接班人计划。

1. 制定关键职位接班人计划。最先进的公司人才库甚至会早早地为一些关键性职位制定接班人计划，以免在最后一刻才采取行动，造成不必要的损失。

2. 摆脱对猎头公司的依赖。现在越来越多的大公司宁愿在自家的人才库里寻找适当的候选人，选拔高素质的管理人才。人才库瞄准的人才，特别是管理人才，需要业务好、能力强、有丰富的经验。

3. 发现和培养公司内部人才。这也就是以内部提拔为主，外部引进为辅的用人育人原则。过一点，从企业发展的角度看，如果在企业高速增长的成长期，由于内部供给不足，需要外聘的规模会比较大；如果在保持期，则需要充分考虑内部资源，因为内部员工认同企业的组织文化，在人际关系上又处于优势。如果在衰退期，则需要注入新鲜血液。

事实上，许多公司60%～90%的领导岗位都是由通过内部晋升的人员担任的。许多公司认为，企业管理人员经过培训和工作锻炼，随着在企业中不断积累经验，他们也越来越有能力。

建立人才通道

帕金森定律是由英国著名历史学家诺斯古德·帕金森通过长期调查研究后，在其所著《帕金森定律》一书中所提出的一个定理。他在书中阐述了机构人员膨胀的原因及后果：一个不称职的官员，可能有三条出路，第一是申请退职，把位子让给能干的人；第二是让一位能干的人来协助自己工作；第三是任用两个水平比自己更低的人当助手。这第一条路是万万走不得的，因为那样会丧失许多权利；第二条路也不能走，因为那个能干的人会成为自己的对手；看来只有第三条路最适宜。于是，两个平庸的助手分担了他的工作，他自己则高高在上发号施令，他们不会对自己的权利构成威胁。两个助手既然无能，他们就上行下效，再为自己找两个更加无能的助手。如此类推，就形成了一个机构臃肿、人浮于事、相互扯皮、效率低下的领导体系。

帕金森定律所概括的现象，是许多公司无法解决的难题。按照中国传统的谋略，相信大部分高层在挑选部门经理的时候，会充分考虑未来下属的发展是否会造成对其地位的影响，而大部分部门经理在挑选助手的时候，同样会思考这样的问题。尤其是在特别强调能力与业绩导向的企业中，这种潜意识的价值趋向会显示得更为明显。这种基于自身利益而非顾全大局的选才原则，必然导致管理干部利用权威的各种影响力而难以有效培养下属，这是非常不利于企业进行人才储备计划的。

那么，在公司培养核心骨干人员、培养后备人才时，如何解决这一难题呢？

首先，帕金森定律之所以能够起作用，其前提是处在领导位置上的是一个不称职的官员。因此，有没有一个能力强的领导人，有没有能力强的核心团队，是帕金森定律能否起作用的根源。叶生在《人才接力棒》一文中认为，如果有一支能力强的核心团队，那么问题就要集中反映在：提高部门经理素质，设计职业生涯通道。不断提升部门经理的综合素质，加强他们的技能，通过良好的职业生涯规划，让每一个部门经理都有广阔的晋升空间，是解决公司人才梯队的根本。如果这些部门经理本身的问题没有解决，自己晋升的路都被堵住，他们就会成了阻碍公司新秀的发展，人才通道就会不畅通。因此，在根本上，公司必须设置好任职资格管理系统以

及企业人员晋升机制。

其次，要建立这样一种制度，让每一个部门经理都知道：为公司培养人才是他们的第一职责。为了打破帕金森定律的作用，公司就有必要通过制度、通过各种管理工具强制要求中高层管理人员致力于为企业培养下属、培养人才。有些公司在建立能力导向的绩效考核中，加入领导力提升的指标就是这个道理，应当在中高层管理人员中建立这样的理念：给你带的人出不了成绩，那么就是你的责任，就是说明你能力不行的表现。

该文并以 IBM 公司通过若干制度的设计取得了成功的经验为例，介绍了 IBM 的领导力培育机制。IBM 在领导力发展方面之所以能够取得成功，首先是分享权限并要求负责。仍然抱着“谁掌管，谁就有权力”心态的企业认为，分享领导力发展的权限，就会意味着没有人为结果负责。IBM 摒弃了这个看法，并制定了一个全面的、以结果为导向的方法。董事长兼 CEO 彭明盛把这样的人力资源思维提升到了核心价值观的高度，他认为 IBM 公司的每个经理和高级主管都有责任发现并发展领导人，他说：“我们全力以赴地执行这项原则，把它看作我们的核心价值的基石。”IBM 拥有三百多名成员的强大的高层管理团队建立起明确的领导力期望标准，确保具备领导潜质的个人都能够被发现，并在最高管理层的季度会议上得到讨论。在这些会议中，高层经理参与“五分钟操练”。在操练中，每个高层经理都必须做好准备，从自己的业务单位或职能部门中至少推荐一名显现出领导潜力的员工。彭明盛通过主持五分钟操练，表现了自己对这个流程的承诺。大家都知道，如果这些被推荐出来的“高潜质人员”在相对短期内没有被赋予更广泛的任务，董事长办公室就会有人找那些推荐名单的高层经理们。通过类似这样的办法，IBM 的直线经理为领导力发展担负起了责任：他们知道，除非自己表现出发展领导人方面的技能，否则高层的职位就轮不到自己。跟高层经理一样，直线经理必须全力挖掘有前途的人才，并确保高潜质人员在各类会议和场合被识别、推荐出来。

IBM 在领导力发展方面取得成功的第二个关键是，公司投资于流程，而非产品。公司领导力发展流程接受“IBM 领导力架构”的指导——这是由公司最高层主管、直线经理以及全球高级主管与组织能力部共同创建的文件。全球高级主管与组织能力部由大约 50 名企业和领导力顾问以及接班规划专家组成，他们帮助 IBM 的直线经理思考公司的经营战略对人力资本的意义。

该架构的重要部分是经过反复研究制定的一套领导力胜任素质，即

IBM 杰出领导人所表现的 11 项技能和行为。公司教练和导师以这些资质为试金石，评估某人是否有潜力在愈来愈苛求的环境中成长为领导人。如果答案是肯定的，他们便确保该员工得到更有发展挑战性的工作。该架构的另一个重要原则是，经理人从经历中比从教育课程中更能有效地学习领导力。在这种思想指导下，IBM 倾向于运用有计划的在岗发展来培养领导人。全球高级主管与组织能力部的顾问们跟 IBM 直线经理紧密合作，以确保高潜质人员进入可充当发展平台的岗位。在岗学习的关键领导技能包括扭转经营局面、启动新业务、管理文化多样性，以及进行跨部门的合作。

人才储备

现在好多招聘广告上都可见储备干部一职，不论是什么行业，也不管什么公司，那么，储备干部是怎么回事呢？人们比较准确的解释是：储备干部就是企业管理层的储备人才，通过系统的培训和锻炼，最终成为中层甚至高层管理人员。企业为了在激烈的市场竞争中求得发展，必须有中坚管理阶层和优秀的人才，除了外聘，企业越来越重视培养自己的管理人才，打造能够带领企业乘风破浪的尖兵。为此，企业一般会经过严格审慎的招聘程序，甄选出最具潜力的人才，并加以严格培训，使储备干部成为专业经理人所需要的一切能力和技能。

既然是各行各业都有招聘储备干部一职，那么当然的，他们招收的条件也是五花八门，不一而足。企业在招聘储备干部时，基本上是应届毕业生优先考虑，对社会经验无明显要求，但大多要求勤奋好学，能吃苦耐劳，并须经过基层锻炼，因此，用人者一般都特别注重应聘者的整体素质和发展潜力，是否具备良好的心理素质和从业态度，愿不愿意从基层做起。按照企业不同的性质，这些受聘为储备干部的员工，很可能从普通工人、内勤人员、售货员、业务员等基层职位做起。

当然，储备干部们并非都能成为干部，只能说比其他人更有成为管理者的可能。储备干部要真正成长为管理者，必须有良好的心态，扎扎实实地干实事，从切实的工作实践中获取知识和经验，磨练自己的才能。老板如果有意栽培你，不会一开始就给你很高的职位，一般都是让你从基层做起，经过锻炼逐步提拔的。如果经受不住考验，就有可能长时间停留在低层，或被淘汰。因此，储备干部需要有从基层做起的心态，愿意接受更多

的磨砺，战胜更多的挫折。

企业在引进了有潜力、有实干精神并给予了一定的锻炼和培训的储备干部之后，就会在公司人力资源战略中从容筹划，不至于因为企业内外环境的发展变化而在迫切需要人才时却只能仓促应对。譬如企业在规模扩张时，对管理人员的需求量也在增加，等到那时再对外招聘就太迟了，一下从外招聘过多管理人员，有可能引起因环境不熟、企业文化冲突而造成管理上的混乱。而自储备干部中脱颖而出的优秀人才，正可以满足企业发展对管理人员的需求。即便是企业还没有向外扩张，作为老板，适当引进一些储备干部也是必要的。这样，一方面可以更换一些业绩平平的管理人员，如果等到某位管理人员工作效果低落的时候，才想要寻找他人来替换，这样便已经迟了，容易把事情拖延下去；另一方面，还可以防止一些管理骨干认为自己必不可少，而在关键的时刻以辞职要挟老板。养兵千日，用在一时，关键的时刻，储备干部就像是预备部队一样，完全能够替补管理骨干的工作。由于储备干部可以替补管理骨干，这样也有利于管理骨干正确地评价和定位自己，也就不会过于自我崇拜，便于管理骨干理智地思考问题，进而稳定管理队伍，确保企业的良性运转。

此外，企业招聘储备干部，可以引进多元活力，促进企业管理层的新陈代谢。企业在招聘储备干部时，除了为未来做准备外，还有意识地适当引进一些有其他工作经验的储备干部，也能为企业带进新活力。企业管理层如果缺少充分的新陈代谢，很可能缘于企业传统文化、过去的经验而在观念上陈旧固化，充满沉滞，缺少创新，因而难以及时、准确地把握时代的脉搏。而拥有不同行业经验的储备干部，往往能提出超脱旧有做法的新观点；而当企业提出新的战略，推行新的措施时，他们接受度也比较高，无形中会影响企业其他老员工的观念，使得企业新的战略、措施得以顺利实施推行。

第五套 容才计

- 第二十五计 尊贤重士
- 第二十六计 上通下达
- 第二十七计 重赏轻罚
- 第二十八计 容人改过
- 第二十九计 善留人才
- 第三十计 当断则断

第二十五计　尊贤重士

哲学家们对于人类关系的定律，思考了数千年。而所有的思考中，结果只引证出一条定律。这项定律不是新的，它跟历史一样的古老！这是人际交往上的白金法则：“你希望他人怎样待你，你就该怎样去对待他人。”由此可直接推出一条人际交往定律：你要想他人认为你重要，你就要永远使他人感觉重要。

人有脸，树有皮。人都是有自尊心的，不管身分高低，职权高下。每一个人都希望他人的言行不伤及自己的自尊心，都希望自己在他人心目中显得重要。杜威教授曾这样说过：“自重的欲望，是人们天性中最急切的要求。”贾姆斯博士说：“人们天性的至深本质，是渴求为人所重视。”自尊心的高低是以自我价值感来衡量的。自我价值感强烈，则自尊心水平较高；自我价值感不强，则自尊心较低。他人的肯定会增加人们的自我价值感，而他人的否定会直接威胁到人们的自我价值感。因此，人们对来自人际关系世界的否定性的信息特别敏感。

尊贤重士的能力是一个领导者所应该具备的最基本的素质。在组织工作中，领导者不能只靠行政命令去强制人们的意志，而要懂得尊重部属的尊严和意志，尊重其意愿和感情，以这种人们普遍接受和认可的方式，来激励人才的自尊心自信心，充分发挥其才能。

尊贤重士分天下

周威烈王二十三年（公元前403年），三国分晋的韩、赵、魏三家得到了周天子的册命，代之出现的韩、赵、魏三个新兴的国家。在魏国，促成这一历史性转变的国君是魏文侯，此前，他已经执政22年，此后，他在位16年，继续推行改革的措施，使得魏国的经济得以迅速发展，国力逐渐强大。在这个国家富强的过程中，魏文侯善于尊贤重士对魏国的繁荣起了重大的作用。

对于有才德的贤士，魏文侯一向非常尊重，不管这位贤士是何出身，来自何方。这一点当与他的老师田子方的教诲有关。田子方认为：“诸侯而骄人则失其国，大夫而骄人则失其家。”魏文侯对此深信不疑。诸侯、大夫在贤士面前态度骄纵，其表现便会失礼，失礼便会有所不尊，不予重视，如此，贤士便会不乐于为其所用。

当然，尊贤重士并不是说只对为自己所用的贤士表示尊敬重视。尊贤重士，自然也要尊重贤士的选择。因此，对于一些拒绝做官，不为自己所用的贤士，魏文侯也照样礼敬。如贤士段干木拒不出仕，魏文侯不仅不生气，反而派人送去百万俸禄，对他的礼遇到了无以复加的地步。

由于魏文侯打内心里尊贤重士，推重人才，而不是只做表面文章，因此获得了很高的声望，一大批贤才慕名而来，涌向魏国。在子夏、田子方、吴起、李悝、西门豹等政治家、军事人才的尽忠效力下，魏文侯开创了魏国历史上最为辉煌的时代。

“得人才者得天下”。尊重人才，笼络人心，网罗天下人才，进而得天下，这历来是聪明的统治者们的第一要务。

刘邦尊贤取陈留

《史记·郦食其传》记载：郦食其，陈留高阳（今河南省杞县南）人，喜好读书，然家庭贫穷，只好在里中做了个看门人。因其人性情与一般人有异，为人狂傲，乡里之人都称其为“狂生”。

当陈胜、吴广起义，天下响应，各路将领为掠地经过高阳者数十人，郦食其都感觉他们目光短浅，无有远志，故而都未曾动心。他听人说沛公刘邦志向远大，且平易近人，能采纳智者的计谋，便有心追随，只恨无人引介。刘邦掠地到陈留，其麾下有与郦生同乡的一个骑士归来，郦生便拜托他转告沛公：“臣里中有一位郦生，年六十余，长八尺，人们都叫他狂生，郦生却自以为不是狂生。”骑士说：“沛公不喜欢儒生，凡有带着儒冠前来之客，沛公便解下他的儒冠，在其中拉尿。而且在与他们说话时，常常开口大骂。不可说自己是儒生。”这位骑士回去后，把郦生托他的话转告给了刘邦。

刘邦到高阳驿站寓所，派人召见郦生。郦生进来时，刘邦正坐在床上让两个美女洗脚。郦生只是作了个揖，而不跪拜，站着说：“足下是想助秦进攻诸侯呢，还是想率领诸侯破秦呢？”

刘邦一听此言，便发火骂道：“竖儒！天下为暴秦所苦很久了，所以诸侯争相举兵攻秦，怎么能说助秦攻诸侯呢？”

郦生便说：“如果真要聚合义兵诛灭无道之秦，足下不应该再这样子相待长者。”

刘邦一听郦生这句话，立即停止洗脚，起来穿好衣服戴上帽子，请郦

生上座并向他道歉，询问：“计将安出?”

郦生先是说了一番六国合纵抗秦的故事，之后便说：“足下起纠合之众，收散乱之后，不满万人，以这样微弱的兵力直接去与强秦抗争，这与所谓的‘探虎口’无异。陈留，四通八达，天下之要冲，且城内又积贮有很多粮食。我与县令比较友好，请派我为使者，前去劝他投奔足下。如果他不听的话，足下便举兵进攻，臣也可为内应。”

刘邦采纳了郦生的计谋，立即派他去游说陈留县令，自己带领部队跟在他的后面。陈留县令果然听信了郦生的劝说，归附了刘邦。刘邦深为感念郦生的功劳，封郦生为“广野君”。

在逐鹿中原的乱世时代，刘邦虽然觉得读书人没多大用处而轻傲儒生，且缘于其粗野习性而常常开口大骂，但对于真正有才智的儒士，刘邦还是十分尊重，恭敬相待。在接见郦生时，尽管一见面，刘邦傲态毕露，又破口骂他是“竖儒”，可是当郦生一旦显露出有志向有才能的模样，并且批评刘邦的错误后，刘邦便能知错就改，向他道歉，以礼相待，并虚心请教。正是这种尊贤重士的态度，以及善于虚心请教，能知错就改的品性，才使得郦生认为自己此行不虚，没有看错人，而愿意将自己的极富建设性的建议献出来，并且甘冒风险前去游说陈留县令。而郦生一献出取陈留之计，刘邦一见很有可行性，便能立即采纳实施，这也是尊贤重士的一种表现。

历史上，曾辅助武王灭商，并一度代成王执政的周公“一沐三握发，一饭三吐哺，犹恐失天下之士”，所以赢得“天下归心”；时为汉丞相的曹操闻贤士许攸来投，跣出迎之，以故友身份相待，遂得其奇谋，以弱胜强，大败袁绍，这样的事实数不胜数，它们都在说明着一个道理，那就是作为领导者所应遵守的基本原则：尊贤重士。

尊重对方的意愿

罗斯福当纽约州长的时候，他完成了一项很不寻常的事情。下面是他为这项功绩做的一件小事而已。

当一个重要职位出缺时，罗斯福就邀请各位政治领袖推荐接任人选。起初，他们也许会提议一个比较差劲的人选，就是那种需要“照顾”的人。罗斯福就告诉他们，任命这样一个人不是好政策，大众也不会赞成。

然后他们又提供了另一个人的名字。这一次是个老公务员，他只求一切平安，少有建树。罗斯福告诉他们，这个人无法达到大众的期望，遂又请求他们，是否能找到一个更适合这个职位的人选。

他们第三次建议的人选，基本可以，但还不太理想。罗斯福还是谢谢他们，请求他们再推荐一个。这一次，他们推举的人选，很是理想，正是罗斯福内心认定的最佳人选。

于是，罗斯福首先对他们的协助表示感激，并还把这项任务的功劳归之于他们。这样一来一回，双方的目的都能达到，双方关系也比较融洽，对以后政务工作的开展创造了有利的局面。

在与人交往过程中，几乎没有多少人喜欢按他人意愿或遵从他人命令行事。我们宁愿觉得是出于我们自己的意愿来做事。任何人强迫我们，我们都不会高兴地接受。因此，如果你想赢得他人的合作，如果你想赢得同仁的信任和支持，就要征询他的意愿，最好是让他觉得是出于自愿。每个人都重视自己，喜欢谈论自己。因此，即便你不同意他的意见，你也不要粗鲁地打断他的谈话，而要耐心地倾听对方的意愿，了解对方的需要，再与其诚恳磋商，从中加以引导。

要尊重对方，尊重同仁和部属！永远使对方感觉自己重要！要知道，使自己变成重要人物，是每个人的欲望。尊重对方，包括对其人格的尊重，还包括对其才智的认同，对其意愿的尊重，对其劳动成果的尊重。

委婉提出建议、批评

在生活中，一些带有批评性的建议、一些强制性或约束性的规定，以及一些比较特别的要求，直接说出来往往让人听了不大舒服；而如果说话委婉含蓄谦恭，或是换一个角度，用另一种柔和的表达方法，变为一种善意的劝诫、提醒和关照，表达自己对对方的尊重、体贴和关怀等，让人听起来更为舒服，因而也就更容易被接受了。

所以，即便是在指出他人的错误、批评他人的时候，也不要发脾气动怒，话中夹着火气，甚至口出侮辱性的言辞。我们来看公司中比较常见的这样一段对话。

年轻的秘书李琼被叫到了主管办公室，她已料到不会有好事发生。因

为主管的脾气她知道得一清二楚。果然这次又和以前一样，主管对她吼叫："这份计划书你是怎么写的？我连用脚趾头都会做的事情，你竟然做得这么糟!"

"可是大家都说很好啊!"李琼不服地说。

"还说好？是哪个饭桶说这份计划书写得好？真不知道你有没有头脑，连这点小事都做成这样，只会狡辩，可惜了公司的薪水!"

"如果你真觉得我像你所说的那样的话，我辞职好了，所有的计划书你都自己写!"说完，李琼摔门而去，留下仍然张着大嘴的主管。

不要说一个感情细腻、脸皮薄的女孩子，就是一般的职员，又有几个人能够忍受得了这样粗暴的批评呢？

对员工呼来唤去，任意指责他们的错误，员工们很努力地工作，却又得不到认可，这种种现象，根本原因就是管理者对员工缺乏应有的尊重。作为企业领导者，应当摆平自上而下的利益关系和人际关系，让处于企业内部各个层次的员工，在发挥自己在企业中的作用的同时，不单有一个相应的利益回报，还要有一个受人尊重的有一定自由的个人空间。这一点，从人性上说，是人类的一种受人尊重的需要；从经济角度上讲，则更加有利于企业获得稳定的利润和长久的生存空间。

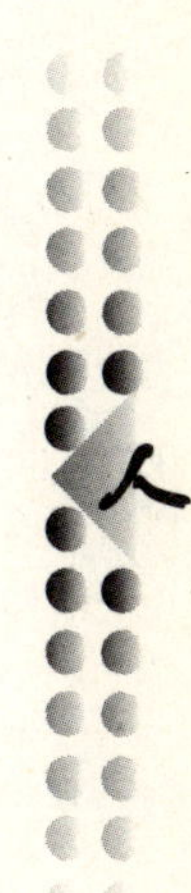

如果一个领导管理者在工作中经常用粗鲁、任意指责的语言来批评他人，那不管他的能力有多大，都难以赢得下属的信任。即使员工不像李琼那样摔门而去，而是耐着性子把话听完，然后再默默地退出去，那么接下来的工作也会是一件令人十分不快的事情。你能保证你的员工会完全按照你的意思去做吗？你能保证他不在背地里搞破坏吗？

在管理过程中，或许批评比较难以处理。无论是作为批评者还是作为被批评者，在那种特定的环境中多少都有些尴尬，甚至是互相伤害。

但要知道，当你要对某人进行批评的时候，你的用意何在？你希望达到什么样的效果？人们展开批评的真正目的不是伤害对方，打倒对方，而是纠正对方的错误。因此，我们首先要把握自己的分寸，对事不对人。批评对方时也要尊重对方，只批评对方的行为或行动，而不评判他的人格。你要把批评的焦点置于对方的行为上，方可增加对方的自我意识。

明白了这个原则之后，当我们不得不对某人进行批评时，我们就要讲究一定的方式方法。在批评对方时，我们应和颜悦色，使用礼貌、委婉的语言，而不应采取粗暴的态度去批评，否则很容易造成双方的对立，造成尴尬的场面，不利于双方的沟通和工作的开展。人际专家还告诉我们，在批评他人之前先赞美他，肯定对方的成就，表现自己的诚意，以及对对方的尊重，然后再委婉地批评他，激励他，这样对方才容易认识到自己的错误，感觉到你的真诚，从而心悦诚服地接受你的批评，在日后的工作中做出更好的业绩。

另外，要注意批评的场合。批评一定要秘密地传达给对方。要知道，若是有第三者在现场，即使是最温和的批评，也很容易引起对方的不满和怨恨。因为这是在第三者面前没给他面子，自然，这也是对他没能足够地加以尊重。

尊重员工的隐私

我们先来看这样一段插曲。

玛丽因儿子生病而请假，不能出差了，经理汤姆便请罗丝到办公室来，说：“罗丝，这次需要你到某地出差一个星期。”

“嗯——”

“我也知道你不乐意。但是玛丽的儿子病得很重，很需要她的照顾，我总不能在这个时候让她出差。”

罗丝很是不情愿地答应了，转身走出门去。不一会儿，玛丽推门进了汤姆的办公室。

“我还以为可以信任你，罗丝刚刚跟我要会议邀请信，说她很为我儿子的病难过。如果我想让他人知道我儿子的病情，我会自己告诉他们的，用不着你为我四处散布!”

玛丽之所以倍感生气，自然是觉得汤姆辜负了她对他的信任。像这样的情形在公司中并不少见。谁都不愿意自己的个人隐私被到处宣扬。但有时候，一些下属还是不得不让上司了解一些个人问题的细节，以便解释自己为什么会旷工，为什么要求给予方便，等等。但作为管理者，一定要知道，在这种情况下，员工让自己知道这些事情的唯一原因，是为了在工作与个人要求之间做出某种重要的安排，而不是乐意向你透露这些隐私。如果某个员工真的乐意告诉你一些私事，完全是因为他相信你判断和处理事情的能力。他希望你不会在得到他明确的许可前在办公室里大肆宣扬这些私事。因此，作为一个管理者，在对待员工的隐私方面，一定要谨言慎行，以下几点建议，值得参考。

1. 不要传播员工的隐私。

在没有得到明确的许可前，你最好还是假定这些告诉你个人问题的员工希望你对他人能就此事保密，而不管他们告诉你的是什么。

2. 表示你真正的关心。

关心员工、体贴下属本来就是管理者的责任。如果他们遇到了难以摆脱的烦恼，你要过问的，主要不是事情的原因，而是怎样才能给他们一个良好的结果，也就是给他们以安慰和适当的帮助，以保证他们能以一种愉快的心情来工作。

3. 当员工的隐私与公司利益有干系时，你也要以尊重员工为前提。

如果你认为让其他人知道此事对这位员工会有好处，或者为了公司的利益只能让其他人知道时，你也应该向他解释为什么你要把他告诉你的个人私事告诉他人，并征求他的许可。你的征求，会让他感觉到你的体贴和细心。

4. 不要拿员工的隐私来说事。

拿员工的隐私来说事，或者以此界定其以后的工作，都是管理者所不应为之事。

5. 不要向其他员工打探某人的情况。

管理者如果这样做，事情会弄得很糟糕。可能你是出于一片好心，但不管你是否好心，都很可能直接伤害到两个人，一个是被提供情况的人，一个是提供情况的人。因此，作为管理者，即使是怀着想帮助他人的初衷，也不能违背当事人自己的意愿。你可以表示你提供支持的意愿；但如果被拒绝，也不要生气。总之，我们要善于理解他人，尊重他人的感情。虽然说对未知与秘密的探究是人的天性，但对他人隐私的守护则是做人的责任与底线。

第二十六计 上通下达

善于人际沟通技巧的领导者能够做到上通下达，一方面，他们懂得如何打开部属的心扉，疏通部属的内心想法和情感，缓和紧张局面，帮助他们想办法解决工作和生活中的难题，并能够对那些不善于与人相处的员工产生积极的影响；另一方面，他们懂得向部属展示与其密切相关的一些事情或者问题，倾听部属的意见，增强组织的透明度，加强高层和底层之间的相互沟通，以最快地获取充分的信息，并最大限度地调解组织上下之间的矛盾。

兼听则明，偏听则暗

楚王自从任用昭奚恤后，宠爱有加，凡国家大事都同他一人商量。而昭奚恤深得楚王信任后，唯恐其他人争宠威胁到自己的地位，便常常阻止其他贤士甚至大臣晋见楚王。著名的辩士江乙想见楚王，都被昭奚恤拒之门外。有一天，江乙想方设法才得以见到楚王，他便对楚王说了这样一个故事。说的是一位主人非常宠爱自己家的狗，有一天这条狗正往井里撒尿，被邻居看见了。邻居就想去告诉狗的主人，却被这条狗凶狠地挡在门外，就是不让邻居进门。现在昭奚恤经常阻拦我，不让我见大王，就像恶狗堵门一样。

故事说完后，江乙接着说："大王只亲近专门说好话的小人，而疏远喜欢直言劝谏的人，纵然世上有了儿子杀父、臣子弑君的大恶人，大王却始终不知道。这是因为大王只爱听他人的阿谀之词，不爱听他人的直言指责的缘故啊!"

楚王听了不断地点头说："你说得很对，偏听则暗，兼听则明，今后我一定不再偏听偏信了。"

领导者不应该只凭个人好恶，而只信任少数几位自己宠爱的部属，只是偏听他们的建议，偏信他们，这样的话，领导者身边的这少许人，即便原本是贤明的人士，都会因为有心争宠，因为种种利害关系而多有恭维奉承，并且阻止其他人的进言，从而独揽大权，独享利益。"偏听则暗"，领

导者因此便会耳目阻塞，受到蒙蔽。因此，领导者只有广开言路，多多听取各方面的言论，才能做到“兼听则明”，掌握全面的情报信息，汇集各方面的意见和智慧，从而做出准确的判断、明智的决策来。

林肯的“民意浴”

1861 年亚伯拉罕·林肯出任美国第十六任总统。出身于贫苦农民家庭，曾做过伐木工、船工、店员、邮递员的林肯，对普通人民群众寄予了深厚的感情。他经常走出办公室到民众中去，而他在白宫的办公室，门也总是敞开着，任何人想进来谈谈都会受到欢迎，林肯不管多忙也要抽时间接见来访者。

林肯不愿意在他和民众之间拉开距离。他经常躲避身边的卫兵，或命令他们回到陆军部去，说：“让民众知道我不怕到他们当中去，这一点是很重要的。”

林肯常常不顾总统礼节，在内阁部长正在主持会议时闯进去；他不愿坐在白宫办公室等待阁员来见他，而是亲自去阁员办公室，主动与他们磋商；他不时亲自视察他的部队，并常站在威拉德旅馆的阳台上向士兵致意。在战争后期的一个雨天里，林肯还是站在那个阳台上，浑身被雨淋透了。士兵们向他欢呼，他说：“只要你们能坚持住，我想我也能。”

当他在白宫时，他打开办公室的门，让政府官员、社会各届人士、普通市民们沿着行政官邸的围墙排着队去见他。林肯很少拒绝接见来访的人士，甚至对有的人还鼓励他们来访。他在给一个公民的信中说：“对来见我的人们，我一般不拒绝见他们；如果你来的话，我也许会见你的。”

对于这种接见，林肯称之为“民意浴”，他说：“因为我很少有时间去读报纸，所以用这种方法搜集民意；虽然民众意见并不是时时处处令人愉快，但总的来说，其效果还是具有新意、令人鼓舞的。”

林肯的“民意浴”，开放式的倾听，缩短了他与人民之间的距离，从中了解了不同人士的思想，洞察了民意，加深了彼此之间的感情，提高了人民热爱国家的热忱，激发了他们参与国事的积极性。

善于倾听下属的声音

倾听是人与人之间沟通的最有效的工具之一。专心地听他人讲话，是我们所能给予他人的最大的赞美。对于这一点，美国汽车推销之王乔·吉拉德曾有一次非常深刻的体验。一次，某位名人来向他买车，他推荐了一种最好的车型给他。这位客户对车很满意，并掏出了1万美元现钞。出人意料的是，眼看就要成交了，对方却突然变卦而去。吉拉德为此事懊恼了一下午，到了晚上11点终于忍不住打电话给这位客户，向他诚心道歉，才知道其中原因是自己没有用心听他说话，就在签字之前，这位客户提到他的儿子吉米即将进入密执安大学念医科，提到儿子的学科成绩、运动能力以及他将来的抱负，但是这位客户发现吉拉德当时竟然毫无反应。

在组织内部的沟通中，倾听显得同样重要。我们来看这样一个案例。

A经理正埋头在办公桌前，想完成一份重要的报告，此时B职员走了进来，问道："对不起，我现在可以和你谈一谈吗?"

A经理："没问题。"然后继续写报告。一分钟后A经理才发现B职员没有说话，当他抬起头，看到B职员坐在椅子上，正耐心地等他完成手边的工作，便问道："你有什么想跟我谈呢？说吧。"

B职员："我等你。"

A经理："没关系，我在听。"

B职员："你没有在听。"

B职员的话让A经理十分惊讶，于是他放下笔，并说："我现在工作很忙，但是我可以一边工作一边来听你说。"

可是B职员却走了出去。A经理很是困惑不解，但他更想不到的是，第二天B职员就离开了公司，并把本来打算告诉他的一个非常重要的市场信息告诉了他的竞争对手。

显然，B职员就是因为A经理没有给他时间来听他说话，显得很不尊敬自己，也不重视他想说什么，而不愿再和A经理交流，才决定辞职，另谋去处。当然，并不是每一个员工在受到这种怠慢时都会选择辞职，但是他们一般都会对继续交流下去不情不愿，积极心下降，日后不再选择主动与上司交流，或至少不与A经理主动交流。

倾听是一种很重要的沟通方式，领导者必须倾听下属的声音。一方

面，领导者在倾听下属的意见时，能够让他们感到自己的重要性，感觉到了领导者对他们的重视；另一方面，现代社会化大生产呈现出整体性、复杂性、多变性和竞争性，益加凸显出个人判断决策的局限性，因此，领导者学会在沟通中倾听下属的声音非常重要。可惜的是，大多数的领导者都不太擅长倾听。只有少数领导者懂得如何倾听，并把它应用到实际的管理工作中去。布赖恩·比罗说过："如果你希望你的团队能不断发挥出他们的最高水平，那么必须让他们形成这样一个真正的信念：你在倾听他们的声音，你关心他们，他们是非常重要的。"可以说，很好地倾听下属的声音，就是你走近员工的第一步，也是聚拢人才的第一步。

当领导者选择倾听下属的意见时，就给予了他们最宝贵的资源——时间，只这一点就能充分表达领导者对他们的重视，并由倾听肯定他们的价值和重要性。日、英、美等国的一些企业的管理人员常常在工作之余，与下属员工一起喝几杯咖啡，就是让他们有一个倾诉的机会。在这个过程中，会让员工觉得自己很重要，进而会较乐于接受领导者的意见。

当员工向你抱怨，最希望先得到你的共鸣，再获得解决方法。尝试站在员工的立场想想，重复他所提过的问题，并让他知道，你了解他的心情。先使员工的情绪平静下来。既然员工鼓起勇气前来找你面谈，一定是对工作岗位或某方面感到烦恼，而他们的意见和看法必定是多日思索的结果。如果一下子走入正题的话，他的语言组织能力和情绪未能很好地配合，很容易会说出对你不敬的话。首先让他舒适地坐下，关切地表示欢迎他把困难说出来，表示你有耐性听他的意见，然后再慢慢转入正题。领导者宽阔的心胸、平和的态度，能够让下属自由自在地畅顺谈话，会使员工无形中减少许多困扰。当员工将心中的不满完全透露出来后，便能够转而以轻松、积极的态度投入到工作中去。

倾听是很重要的沟通技巧，在倾听下属说话时，要注意以下要点：

1. 尊重对方，集中注意力倾听

千万不要摆出一副高高在上的架势，那么你的员工可能就不能将他心中的真实想法表达出来。而且，这样做也很容易伤害说话人的自尊。

集中注意力倾听，不打岔，不敷衍应答，这是尊敬说话者的最起码的表现。聆听者的尊敬会使对方觉得有尊严。抛开自己的需要和时间表，而表现出你非常乐意倾听，更是重视对方的表现。当你表现出不乐意倾听，不能给予足够的注意力倾听对方说话时，你已在无意间冒犯了对方。

2. 善于聆听言外之意

当你在倾听时，要善于观察倾听，根据下属的表情、声音、语调等，把握说话者隐藏的感觉和情绪，洞察对方真正的意图所在。因为你们的位置毕竟不同，有些时候，下属不便直接地向你表达，而选择迂回的方式。

3. 要对对方的情感做出适当的反应

仅仅集中注意力倾听是不够的，还应当对说话者的情感做出适当的反应，并参与对话，给说话者以积极的回馈，好让他知道你正在努力听他说话，明白他所表达的内容，并理解他的情感。

虚心接受员工的批评和建议

作为一个领导者，无论你权位有多高，拥有多么骄人的成就，或者是怎样的聪明睿智，都难免会判断失误，做出不周到的决策，犯下这样那样的过错。而虚心接受员工的批评和建议，对自己有更深入的了解，便可以及时改正自己的错误决策，减少由此而来的损失，同时也赢得下属更多的拥护。

关于自己的缺点和不足，与员工坦诚沟通。要让对方告诉你，你做的哪件事情让他人对你有什么样的看法。详尽地了解自己的缺点和他人的看法，便会对自己有个更真实的了解，同时也避免一些无谓的猜疑、捕风捉影之传言。

多征求员工的意见，询问他们对事情的处理方法。不要问只用“是”或“不是”就能回答的问题，这样可以避免有人出于某些考虑而随声附和。

不要暗指批评你的人别有用心，或对你有成见。这等于拒绝他人的批评。即使他人真有什么“用心”，也可等日后再说，不要当面直接指出，与人争辩。

平心静气，认真倾听员工的批评。在员工的话讲完之前不要转变话题，转变话题意味着你不想听取批评；也不要半路上打断对方的谈话，即使你不同意他的批评，也可等他说完以后再说出你的见解。

对刚刚批评过你的人，无论如何不能反过来批评他。这有不接受批评，甚至报复之嫌，不管你有无此意。

对他人提出的意见要有所交代。在员工提出他对你的意见之后，你不要和他们争论，或者纠正他们的看法，而应该感谢他们，并从他们的角度

来理解这些意见，作为正确的意见接受下来。要多多听取和考虑员工的意见。通过征求并接受员工的反面意见，可以更好地了解自己，了解员工对你有什么样的期望，这样才能做出更明智的行为，更正确的决策。

领导者勇于听取和接受他人的批评，勇于自我反省，既能够及时发现潜在的问题，又表现了领导者虚怀若谷的胸襟，拉近了与员工的心理距离。

督促员工解决问题

身为领导者，你只有首先了解了员工出现的问题，才能够设法解决问题。你应当采用面谈的方式了解他们对现状的看法，而不应当采取质问的态度。面谈是一种积极的倾听，其目的是获得真实的情况，因此不应有盛气凌人的质询的倾向。在这种面谈中，你应当耐心地与下属促膝谈心，采取一种平和而坦诚的态度提出员工出现的问题，并征询他对出现这种问题的看法。在他回答的时候，要注意认真倾听并做出回应。当你在深入了解了真实情况之后，就能够进入解决问题的阶段了。只有清楚了问题的本质，你和他才能够找到有效的解决方案。

当员工因为工作中出现问题遭遇严重挫折而灰心丧气，或准备半途而废时，你要在背后给予支持和鼓励，鼓励员工继续努力，坚持不懈。但是鼓励员工坚持不懈并不等于唠叨不休，而是自有一定的策略。一般来说，领导者鼓励员工继续努力，可以采用以下三种策略：

一是提醒。如果你发现某个员工有半途而废的明确迹象，一定要不断提醒他，但要注意只是点到为止，而不要带有批评的语气或者严厉的情绪。不妨以“只是提醒你一下”开头，提出你对他的关心。

二是要求。与“提醒”不同，要求则是明确地提出你对他的要求，对他施加压力，迫使他制订出实际的行动计划。在提出要求的时候，首先指出对方行为的错误之处，然后再询问对方打算如何补救，迫使他制订出实际的行动计划，或者双方共同制订出一个行动计划来。

三是鼓励。如果你看到员工在向着你所要求的目标努力，应当恰如其分地给予鼓励赞美，以激励他继续努力。

在你的提醒、要求和鼓励下，下属一定会增强信心，增大动力，克服困难与阻力，寻找出有效的解决办法来，使事情朝着预定的目标发展。

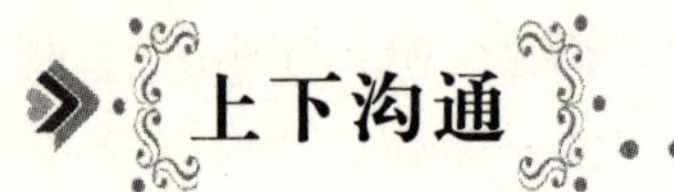

上下沟通

企业要想有效地经营，就需要获取充分的信息，需要组织上下之间进行良好的沟通。一般来说，企业内部沟通可分为正式沟通和非正式沟通两种。“正式沟通”一般通过企业的组织架构或层次系统来进行，“非正式沟通”一般通过正式系统以外的途径来进行。中国营销传播网《企业内部沟通渠道》一文，对这两种沟通类型做出了以下概括：

正式沟通指的是领导者在组织内依据组织规定来传递信息并进行交流，其手段和形式有公函、文件、会议等。正式沟通一般分“下向沟通”、“上向沟通”、“横向沟通”三种形式：下向沟通是传统组织内最主要的沟通流向，一般以命令的方式来传达政策、计划、规定之类的信息；上向沟通指下属按照规定向上级报告工作（意见箱、建议、座谈会等也属于上向沟通）；横向沟通主要指与同层次的不同部门之间的沟通。

正式沟通的约束力较强，效果较好且易于保密，通常情况下，像重要消息、文件、决策等都采用这种方式来进行沟通。但它也有缺点，由于需要依靠企业的系统来层层传递，所以很刻板，沟通速度也较慢，并且存在失真的可能。

非正式沟通与企业内的“非正式组织”有一定的关系，其沟通对象、沟通时间及沟通内容等一般都没有计划性，且难以识别，这种沟通主要借助于组织内的各种社会关系来进行，且这种关系往往超越部门、单位及层次。

但是，过分依赖非正式沟通这一途径也有风险，因为这种沟通方式导致信息歪曲或出错的可能性极大，且无从查证，尤其在与员工个人利益关系较密切的问题上常常容易产生“谣言”。但是，任何组织都或多或少存在着这种非正式沟通途径，对于这种沟通方式，领导者既不能完全依赖它来获取信息，也不能完全忽视它，而应当充分利用它来了解低层的情况，并密切注意错误或不实信息发生的原因，并设法纠错或提供事实性信息。

IBM内部的人事沟通

IBM 公司非常重视内部的人事沟通，其沟通渠道可分为以下三类：员

工—直属经理；员工—越级管理阶层；其他渠道。

“员工—直属经理”的沟通是每一个公司都存在的一条很普遍的沟通渠道，但在 IBM 内，这种沟通渠道有其独特的形式：每年由员工向直属经理提交工作目标，直属经理定期考核检查，并把考评结果作为员工的加薪依据。IBM 的考评结果标准有五级：未能执行任务的是第五级；达到既定目标的是第四级；执行过程中能通权达变、完成任务的是第三级；在未执行前能预知事件变化并能做好事前准备的为第二级；第一级的考绩，不但要达到第二级的工作要求，其处理过程还要能成为其他员工的表率。

在 IBM 公司，“员工—越级管理阶层”的沟通有四种形态：其一是“越级谈话”，这是员工与越级领导者一对一的个别谈话；其二是人事部安排，每次由 10 名左右的员工与总经理面谈；其三是高层主管的座谈；其四是 IBM 最重视的“员工意见调查”，即每年由人事部要求员工填写不署名的意见调查表，管理幅度在 7 人以上的主管都会收到最终的调查结果，公司要求这些主管必须每 3 个月向总经理禀报调查结果的改进情况。

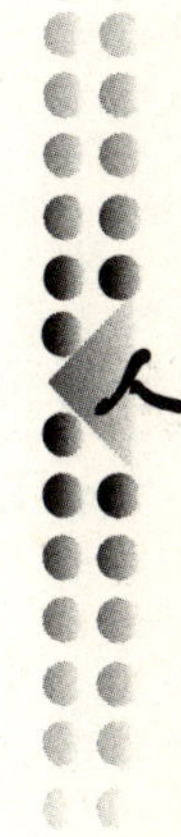

除了上述两类沟通渠道之外，IBM 公司还有其他沟通渠道，包括“公告栏”、“内部刊物”、“有话直说”和“申诉制度”等。“有话直说”是鼓励员工对公司制度、措施多提意见的一种沟通形式，一般通过书面的形式进行，员工的建议书会专门有人搜集、整理，并要求当事部门在 10 天内给予回复。IBM 的“内部刊物”的主要功能是把公司年度目标清楚地告诉员工。IBM 的“申诉制度”是指在工作中，员工如果觉得委屈，他可以写信给包括总经理在内的任何主管，在完成调查前，公司注意不让被调查者的名誉受损，不大张旗鼓地调查以免当事人难堪。

为了不使上述种种沟通渠道不流于形式，确保沟通目标得以实现，IBM 还制定了一个“沟通十诫”，以大家共同遵守的方式执行。“沟通十诫”指的是：一是沟通前先澄清概念；二是探讨沟通的真正目的；三是检讨沟通环境；四是尽量虚心听取他人的意见；五是语调和内容一样重要；六是传递资料尽可能有用；七是应有追踪、检讨；八是兼顾现在和未来；九是言行一致；十是做好听众。

第二十七计 重赏轻罚

心理学家研究得出，奖赏性的激励和惩罚性的负激励之间具有不对称性。受过惩罚的人不会简单地减少做错事的心思，还可能因此相信“干工作越多错误越多惩罚也越多”，从此，尽量推却工作，推卸责任，以此逃避处罚。而“奖赏激励”则是一项开发宝藏的工作。受到积极鼓励的行为会逐渐占去越来越多的时间和精力，这会导致一种自然的演变过程，员工身上的一个闪光点会放大成为耀眼的光辉，同时还会“挤掉”不良行为。可以说，在激励措施中，奖赏激励要远大于惩罚激励。

赏罚得当

赏罚一定要公平而分明。针对事实，深思熟虑，而后再采取最恰当的激励措施，力求赏罚得当。

赏罚不明历来是管理者常犯的一个错误，不该奖励的得到了奖励，该奖励的却被冷落在一边；该惩罚的得不到应有的惩罚，不该惩罚的却遭受到惩罚，这是最伤害员工积极性的情况。赏罚不明，会引起员工的不满，打击优秀员工的积极性，助长弄虚作假之风，自毁领导形象，其直接的结果，便是容易导致工作的失败。

那么，怎么样才能做到赏罚得当呢？

1. 赏罚制度要公平。要制定标准的赏罚制度，要有比较详细的赏罚条例，这样便可以做到赏罚时有法可依，有例可循。同时，应当增加赏罚的透明度。比如，消除发薪水的秘密程度，把员工每月的工资、奖金等张榜公布；或者对受嘉奖或惩罚的员工进行公示。这种行为将在员工中产生激励作用。

2. 针对不同的员工，就要采取不同的赏罚措施。赏罚公平，并不是说在遇到相同的情况时全部采取一样的奖励或者惩罚。由于每个员工的需求各不相同，对某个人有效的激励措施可能对其他人就没有效果。管理者应当在力求公正的基础上，针对员工的差异对他们进行个别化的奖励或惩

罚。比如在奖励时，有的员工可能希望得到更高的工资，而另一些员工也许并不在乎工资，而希望有更多的休假时间。

3. 弄清楚事实之后，再采取激励措施。

先找出事实的真相——无论这是值得奖励的行为，还是应该受到惩罚的行为。不要因为初步印象便武断评判，也不要为假象所蒙骗。因此，除非有非常紧迫的原因，管理者在奖励或惩罚之前都要有所认真调查，弄清事情的真相。如此，才能避免出现该奖励或惩罚的得不到适当的奖励或惩罚之类的赏罚不明的事情发生，造成不良的影响。

4. 惩罚要以不伤害员工为基准。

惩罚员工的目的是为了让该员工进步，并以此激励其他员工。它的目的并不是将员工一棍子打倒，所以，在惩罚中要注意不要伤害到员工，不要激发他的抵触、反抗情绪。因此，在施以惩罚之前，必须先对员工进行启发、教育，使他们明白工作要求和规则，这样在实施惩罚时，他们才不至于感到突然，不会感到冤枉。当然，惩罚的目的也是为了规范全体组织成员的行为，因此，如果只为了照顾员工的情绪，而使企业失去了一个行之有效的行动规范也是不对的。

高祖封赏怨臣

汉高祖平定天下后，居于洛阳南宫，每每从阁道上望见众将领三三两两地坐在沙地上议论。高祖心中不解，便问留侯张良说："他们这是在说些什么呢?"

张良回道："陛下还不知道么？他们这是在图谋造反啊。"

高祖说："张良你可不要乱说。如今天下刚刚安定，他们怎么还要谋反呢?"

张良说："陛下靠这班人南征北战，一同打下江山。如今陛下贵为天子，前些时曾有过一些赏罚，可封赏的都是陛下亲近的萧何、曹参这些元老功臣，而诛杀了一些陛下平常怨恨的人。如今军吏论功封赏，认为天下之地不够封赏，这班人因此既担心陛下不能全部封赏，又害怕被怀疑到平生所犯过失而遭受诛杀，因此就聚集在一起图谋造反。"

高祖于是忧虑地问计道："既是如此，又该怎么办呢?"

张良回道："陛下往日憎恨的人，群臣都知道的，只是陛下憎恨谁最为厉害呢?”

高祖说:“雍齿与我有旧怨,曾经多次困窘、羞辱我。我曾经想要杀了他,只是因为他立了较多的功劳,才不忍心下手。”

张良说:“现在陛下赶紧先封赏雍齿给群臣看。群臣看见雍齿尚且能受到封赏,那么大家对自己受到封赏都会坚信不疑了。”

高祖得计,便马上召集群臣,设置酒宴,当场分封雍齿为什方侯,并加紧催促丞相、御史论功行赏。

酒宴过后,群臣退出,都欢喜地说:“雍齿都能受封为侯,那我们这些人就再不必提心吊胆了。”

刘邦的将领大都出身农民,目光比较短浅,所以爱发牢骚,且容易意气用事,但只要激励得当,这样的将领也容易效忠听命。

在现代管理中,一同创业的功臣元老挑肥拣瘦,在很多创业企业中都存在。这些人有功劳也有苦劳,创业者不可轻视他们的贡献。然而从正常的管理秩序来看,应该是按部就班地解决问题,因此一时之间难以让他们立即获得相应的职称和地位。在这种情况下,由于愿望不能立即实现,难免会有人因心怀疑虑而满腹牢骚,心生怨恨,从而酿成这样那样的祸患。缓解类似危机的办法,便是先提拔最为勉强的人。其他的人见此情况,自然会明白创业者的苦衷,会清楚自己的待遇,不管怎么说都是疏不间亲呵。

多颁荣誉勋章

天下熙熙,皆为利来;天下攘攘,皆为利往。名利二字,从来就和人紧密纠缠,牵扯不尽。人们追寻事业,求取工作,也离不开名利二字。因此,领导者也要善于满足部属追名逐利的欲望,以此调动下属的积极性。

拿破仑的军事天才令世人叹服,而善用“名利”二字,也是他统帅军队的一大绝招。他定制了荣誉勋章,颁发了1.5万个给他的部下,又把18名将军升为“法国元帅”,此外,他更是自己称自己的军队为“无敌陆军”。当有人批评他,说他用“玩具”捉弄摆布饱受战争洗礼的老兵时,拿破仑答道:“人就是被玩具所统领的。”

事实上,虽然有人或许对拿破仑此举有所微辞,但又有哪一个在战场出生入死的将士,不为身上挂上几个荣誉勋章、家中藏有荣誉证书而自豪

呢？也正因如此，他们才能向着拿破仑的战刀所指的方向，奋不顾身地直冲向前。

对于有功的将士，对于做出一定成就的员工，领导者都应该在物质上给以丰厚的报酬赏赐，同时在荣誉上也应该给予大度的封赏。所谓“重赏之下必有勇夫”，重赏之下也必有功臣。重赏而轻罚，这是优秀的统帅、领导者团结部属，将上下拧成一条绳，全力进取的一大招数。

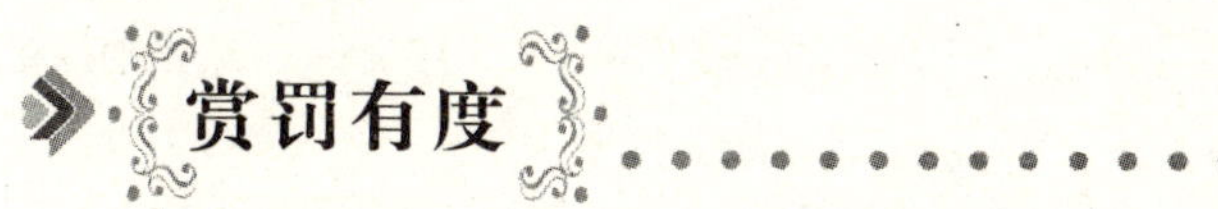

赏罚有度

北宋初年，宋太祖赵匡胤派遣大将曹彬率大军讨伐南唐，出师前，赵匡胤对曹彬说：“等你打了胜仗回来，我就让你担任枢密使。”“枢密使”对武将来说乃是最高的职位，约相当于今天的武装部队总司令。

大臣潘美听说此事后，便来祝贺曹彬。曹彬却说：“你不要高兴得太早，枢密使位居极品，皇上怎么会这么容易就把这个位置给我?”潘美不大明白，曹彬便说，就算平定了南唐，还有北汉尚未平定，皇上怎么会轻易让我升到这个高位呢！

果然，曹彬在平定南唐后得胜回朝，赵匡胤又对他说：“我本想升你为枢密使，但北汉尚未平定，你还是先等等吧!”

潘美见状，在一旁看着曹彬直想笑。赵匡胤见他们两人眉来眼去的，就问其中的缘故。潘美把曹彬的一番话原原本本地告诉了赵匡胤。赵匡胤听后哈哈大笑，便重重地赏赐了曹彬。

退朝后，有人向曹彬问起升任枢密使一事，曹彬回道：“干吗非得当这个枢密使呢？再好的官也比不上多得金钱啊!”

古代帝王对于有功者既给予重赏，又注意“不过分封赏”的原则，尤其是对于功高权重的大臣。从授予赏赐的一方来讲，手中的资源毕竟是有限的，一下子给太多了，尔后便可能难以为继。比如曹彬在平定南唐后，赵匡胤就封他为枢密使，那么下一次他又平定了北汉，还能封他什么高位呢？从接受赏赐的一方来讲，如果有些东西来得太容易，便容易志高气满，也不会好好珍惜，甚至权欲膨胀，贪心十足。

因此，在赏罚激励部属方面，虽说重赏轻罚，但还是赏罚得当，节制有度。这一点也与人性的需求相通。如同驯兽的杂技演员，在表演的动物听令完成一个或一段精彩的动作之后，便赏它一些食物，而如果一下子便喂饱它们，它们便不会继续做出精彩的表演了。高明的做法，应该是将赏赐渐次投入，一步步地进行激励。

批评时要有所安慰、鼓励

批评下属，最重要的一条就是对事不对人，不要对对方的人格品性妄加评价，更不要做人身攻击。像是“你的态度很不好，实在让人难以接受!”，或是“你的观点很不客观!”等说法，不但于事无补，还会引发对方的反感与抗拒心理。

譬如某员工一段时间出现迟到、早退的情况，你可以这样婉转地说：“这段时间你有些迟到、早退，是否有一些难言之隐呢?”或是“公司早有明文规定，你迟到、早退，的确对其他同事的工作有一定的影响，而且显得很不公平。”

这样子，对方自会意识到自己的行为所带来的消极影响，也会明白你的一片苦心，即使有不少困难，一般也会想办法尽力去克服，努力工作的。

此外，在批评时还需要讲究一些技巧。美国著名企业家玛丽·凯曾经说过自己批评下属时的一个原则：“绝不可只批评不表扬，这是我严格遵循的一个原则。你无论批评什么或者批评哪个下属，也得找点值得表扬的事情留在批评之后。这叫作‘先批评再表扬’。”当然，这只是玛丽·凯个人的一种有效方式，并不意味着要求每一次批评过后都要给予表扬，还有一些领导者喜欢先表扬再批评，但她道出了领导者批评下属时所应遵循的一个普遍原则，那就是批评时要有所安慰、鼓励，以缓和紧张的气氛，平衡对方的心理，让下属更容易接受批评，保证其工作的积极性。

一般来说，当员工犯下比较严重的错误时，上司都会对其加以批评。然而，若是不掌握批评的方式和尺度，批评时由着性子偏激、过多、过重，都会让下属产生消极、反感心理，其效果适得其反。而如果上司能够以关爱的态度进行批评，帮助他认识、改正错误，或者在批评过后再有所安慰、鼓励，特别是在一番严厉的批评之后，那么，这样的批评便会很容易为对方所接受，效果自然也好得多。

三洋机电公司前副董事长后藤清一年轻的时候，曾在松下公司做管理工作。有一次，因为工作上的一个错误，他惹恼了松下幸之助。当他进入松下的办公室时，松下一见后藤就来了气，拿起一只火钳死命往桌子上拍

击，然后对后藤狠狠地叱责。后藤被骂得狗血喷头，内心窝着一团火正要离去，这时却听得松下说："等等，刚才因为我太生气了，不小心将这火钳弄弯了，所以麻烦你费点力，帮我弄直好吗?"

后藤见松下忽然向自己提出这种请求，甚感意外，但还是拿起火钳使劲敲打，而他的心情也随着这番敲打逐渐归于平衡。当他把敲好的火钳交给松下时，松下看了看，说道："嗯，比原来的还好，你真不错!"然后高兴地笑了。

后藤走后，松下又给后藤的妻子拨通了电话，说："我是松下幸之助，今天你先生回家，脸色一定很难看，请你好好地照顾他。"

本来后藤在挨了松下一番痛斥之后，内心已决定辞职不干，但松下的题外话给了自己少许安慰，而且，松下打电话请自己的妻子照顾自己的做法，完全安抚了自己激动的情绪。后藤对松下这样的批评口服心服，虽然日后他还是难以忘记松下批评自己时有些过火，然而内心早已没了不平，反而决心更加努力工作，不负松下厚望。

再后来，后藤清一担任了厂长之职。他本想大有作为，不料，由于他的失误，一场大火将工厂烧成一片废墟，给公司造成了巨大的损失。后藤清一十分惶恐，认为这样一来不仅厂长的职务保不住，还很可能被追究刑事责任，这辈子就完了。他知道松下从不姑息部下的过错，为了一点不怎么大的事情竟然也发那么大的火。但让后藤清一感到宽慰的是，这一次松下竟然是连问也不问，只在他的报告后批示了四个字："好好干吧!"

松下的脾气虽然较大，对于部属要求也很严苛，但他能够适当控制自己的脾气，在发了脾气之后还能够照顾他人的情绪，并且深明大义，重赏轻罚，松下这般做法深深地打动了后藤清一的心，他心怀愧疚、报恩之心，对松下更加忠心效命，并以加倍的工作来回报松下。

真正善于激励下属的领导者，在不得不严厉批评下属之时，都会适时地补上一句安慰、鼓励性的话语，或是采取其他办法加以鼓励。因为一个人在犯了比较严重的错误而遭到上司的严厉批评之时，必会灰心丧气，产生消极情绪，或者对上司的过火批评产生反感心理，心中难免会想："在他手下，怕是别想再往上爬了!"

此时，上司若能适时地补上一两句安慰、鼓励性的话语，或是采取其他办法加以鼓励，直接或间接地表示"我是看你有前途，所以才狠狠地骂你"之意。如此，对方必可深深体会到你的"爱之深，责之切"的良苦用心，从而更加发愤图强。

第二十八计 容人改过

宽容是一个领导者的美德。领导者要善待自己的部属，能够容忍他们的缺点和错误，宽容他们的过失。宽恕部属之过失，给以支持和鼓励，而不要讽刺他们，不可做刻薄鬼，更不可不给人以改过的机会。做领导宽容部属的过失，对方永远不会忘记，并知恩图报，在日后回报以积极的行动，而在关键时候，只要力所能及，他们一定会挺身而出，相助一臂之力的。

当然，领导者容人之过，并不是说不得罪人，只做“好好先生”，而是设身处地地替下属着想，为整个组织利益着想。一般来说，宽容他人，就是宽容自己；而宽容部属的过失，给部属留以余地，也就是给自己留以余地，给组织留以更快发展的余地。

楚庄王宴饮

春秋时，国势逐渐强盛的楚国，展开了与晋争霸的过程。当楚军小试牛刀，即连克舒、陈两国时，楚庄王十分高兴，便设宴款待文臣武将。为了助兴，还特意命令自己美丽的爱妃为大家敬酒。君臣欢饮，一直到深夜。正当大家喝酒喝得酣畅之际，突然一阵大风刮来，吹灭了大厅里所有的灯烛。这时，正在席间轮番敬酒的庄王爱妃在黑暗中被人拉着了衣袖。突如其来的非礼行为，使得庄王爱妃“啊”地叫了一声，并在情急之下拉断了那人的帽缨。

挣脱之后，爱妃便向庄王哭诉说：“大王，刚才有人非礼我。那人趁烛灭，牵拉我的衣襟。我扯断了他的帽子上的系缨，现在还拿着，赶快点灯，抓住这个断了系缨的人。”

楚庄王听了，并没听从爱妃的话，而是趁灯烛未明之际高声说道：“今天聚饮，是我赏赐大家喝酒，请各位开怀畅饮，不必拘礼。现在大家都扯断自己的帽缨。如果有谁的帽缨没有扯断，就说明他没有尽欢。”群臣虽不知何故，但都扯断了系缨。待灯烛重新点上，一片亮堂，却根本找不出是谁调戏了庄王的爱妃了。大家兴致高昂地饮酒，尽欢而散。

三年过后，楚庄王借口郑庄公与晋国结盟，倾全国之力围攻郑国，激

烈的战斗持续了三个多月。战斗中，有一位将军勇猛异常，多次深入郑军营垒斩杀敌将，使郑军将士闻风丧胆。战斗胜利结束后，庄王感到惊奇，忍不住问他："我平时对你并没有特别的恩惠，你打仗时为何这样卖力呢?"

这位将军回答说："我就是当年被扯断了帽缨的人。"

"人非圣贤，孰能无过。"善于用人，有容人之量者，大都会爱护自己的下属，善于宽恕他们的过错。像楚庄王这般巧妙地宽恕部属的过失，不单做了错事的下属内心无限感激，感恩图报，同时还赢得了其他部属的钦佩与追随。明智的人，是将对手变成自己的朋友；只有头脑简单的人，才把身边的朋友统统变成对手。胸怀大志，希望有所作为的领导者当有如此宽容部属过失的心胸。

丙吉掩过扬善

丙吉从一个小狱吏一步一步升任丞相高位之后，在任五年间，一直崇尚宽以待人，遇事礼让，关怀爱护下属官员，使丞相府官员上下同心为朝廷尽职。对于犯有错误的官员，丙吉也不是一棍子打死，总是尽量掩过扬善，给他们改正错误的机会。如他的丞相府中有一个椽史，犯了错误，不能再任职，丙吉不是粗暴地把他斥退罢官了事，而是让他采取请长假的办法离职，后来也没有再追究案情，使他比较体面地下台了。

有的人对丙吉的作法不理解，就对丙吉说："你身为汉丞相，对犯了错误的官员，为什么不加惩治呢?"丙吉回答说："在朝廷三公的办事机构里，有人被立案审查，我觉得太丢人现眼了。"从此以后，对三公府中的官员犯罪不立案审查，也是为了保护朝廷办事机构的权威所采取的措施。

丙吉不仅对下属官员掩过扬善，而且对身边的人也极为宽大，从不因小过而责难他们。丙吉的一个马车夫，嗜酒如命，经常喝得醉熏熏的，曾多次行为放荡大发酒疯。丙吉从未责怪他。有一次驾车送丙吉出门，这位马车夫又喝醉了，竟然趴在丞相的马车上呕吐起来了。西曹主吏（主管考察选拔丞相府官员）知道这件事后，就向丞相提出来要惩治和开除这个马车夫。没想到丙吉却说："他是因为喝醉了酒才犯了错，现在若是把他开除了，以后这个马车夫还有什么地方会要他了。这次也只不过是吐脏了我车上的垫子而已，你宽大一点就算了吧!"于是这个马车夫没有被开除。车夫做梦也没想到丞相这么宽宏大度，所以非常感激，总想着要报答丞相。

正好这个马车夫很熟悉边境的情况，懂得边境上如遇敌寇入侵时，如何报警及送紧急文书等事项。有一天这个马车夫外出，看见从边境方向来了一个驿使，带着紧急文告，匆匆忙忙地向宫门走去。马车夫一看这人的打扮就知道，一定是边境上出事了，于是就跟着驿使来到了皇宫的门卫处，向驿使打听有关情况。得知边境上发生了敌寇入侵云中（今内蒙古呼和浩特西）、代郡（今河北蔚县）的情报后，马车夫急忙回到丞相府，向丙吉报告了这个重要的军情，并且还向丙吉建议说："据我了解敌寇入侵的边境地区，主要官员都是年老体弱的，他们无法胜任带兵打仗的重任。丞相应该事先物色好合适的边境长官，以免临时措手不及。"

丙吉立即召集东曹（主管任免高级官员），仔细地逐人逐条查阅边境长官的档案和边境其他的材料。果然，到傍晚时皇帝召见丞相、御史大夫，向他们通报了边境情况，并问及敌寇所入侵边境的官吏情况。御史大夫事先没有得到敌寇入侵边境的情报，丝毫也没有准备，被汉宣帝问得张口结舌，什么都回答不出来，结果受到皇帝的批评；而丙吉因事先早有准备，所以回答得准确而清楚，受到了嘉勉。朝廷因此也及时做出了相应的边境防御措施。

为此，丙吉感叹地说："要能容纳各种人，他们都各有所长。假如不是马车夫有心打探，并及早向我报告听到的情报，我怎么分析得这么清楚呢？又怎么会得到皇帝的嘉勉呢?"

而通过这件事，丞相府中的官员都认识到，丙吉的宽宏大度不光是个人品德好，而且是为了朝廷，从大局着想。他的大度宽容，使各种人才都能发挥所长，从而更好地为国家做出贡献。

多栽花，少种刺；多铺路，少拆桥，这是古人多少经验积累下来的箴言。在用人方面，领导者善待下属，宽容下属，这是领导者在用人方面所应做到的一条准则；而如果能进一步遮掩其过失而表扬其善绩，广结善缘，施恩于人，往往能赢得下属衷心的拥戴，其绩效有时难以估量。

曹操大度宽容

三国时期的曹操最是善于利用人才，善待人才。他大力提倡惟才是举，对自己的部下十分爱护，善于赏罚激励，而且，他在善用人才方面还有一个重要的特点，那就是大度宽容，有容人之海量。

魏种是一个颇受曹操信任的人，曾任河内太守，曹操对他有荐举之恩。当年兖州被张邈、陈宫、吕布等人夺去，郡县大多叛曹之时，曹操曾不无得意地对手下说："我相信魏种肯定不会抛弃我。"话音刚落，就接到了魏种叛变的消息。曹操怒火攻心，咬牙切齿地发誓道："除非你有本事逃到飞头之国，断臂之乡，看我不收拾你?"随着曹操大军的节节胜利，不多久，叛逃的魏种即被兵士绑得结结实实，送到曹操面前。"哪能这样对待魏先生？"曹操喝退兵士，亲自上前为魏种解开绳索，仍旧让他官复原职，就像两人之间根本没有过节，就像自己从来没有发过誓。——"惟其才也。"当事后有人问及此事时，曹操这样解释。

刘备投奔曹操时，曹操不杀刘备，说起来肚量也大得惊人。依刘备此前反复无常的行为，他本来完全可以找到杀死刘备的借口，何况他早已看出刘备身上有一股不羁的英雄之气，不但不能为自己所用，且迟早会成为心腹大患。"方今收英雄时也，杀一人而失天下之心，不可。"曹操说。

曹操放关羽归山，更显出其超乎群雄的雅量。那本来是一个借机杀死关羽的大好机缘：临阵叛逃，投靠强敌。当时关羽旧主刘备，正以贵客身份，坐在劲敌袁绍的府上。不可猜度的曹操，竟嘱咐下人先去通报"云长慢行"，再亲率百官，备上丰厚的礼品，亲自为关羽送行。想想刘备、关羽后来给曹操造成的危害，曹操为求一时风雅，实在付出了过于高昂的代价。

吕布失败后，其部将张辽被曹军俘获，曹操原本想亲自杀他，经关公、刘备劝阻，说明张辽是个忠诚义士，应当留用，曹操立即掷剑于地，笑曰："吾亦知文远忠义，故戏之耳。"于是，亲手为张辽松绑，把自己的衣服脱给他穿，并以上宾之礼待之。张辽十分感动，当即降曹，甘愿为之驱驰。

官渡之战，袁绍大败，主将张郃、高览见袁绍使者来召，怕袁绍问罪，便来投奔曹操。此时，有人认为张郃、高览二人前来投降，恐怕其中有诈，不可尽信，但曹操说："吾以恩遇之，虽有异心，亦可变矣。"遂令人打开营门让这敌营两位主将进来，对他们说："今二位将军肯来相投，如微子去殷，韩信归汉也。"当即封二人为偏将军，一并封侯。就此获得了他们二人的忠诚。

后来张郃天荡山失守，曹洪状告曹操，认为张郃有罪，但曹操却说："非郃之罪，胜负乃兵家常事耳。"

即便是与自己有过节或多有仇恨，曹操也能从大局出发，宽容待之。袁绍出兵讨伐曹操时，命记室陈琳写檄文，陈琳才气横溢，义正词严，把曹操及其祖宗三代都骂遍了，曹操见了，毛骨悚然，出了一身冷汗，连头痛病也好了。后来，曹操破冀州抓获陈琳，曹操问道："你前为本初写檄文，尽骂我的罪状也还罢了，为何连我的祖父、父亲一同侮辱呢?"陈琳回答说："箭在弦上，不得不发耳。"当时有人建议杀掉陈琳，但曹操爱怜陈琳之才华，赦免了他，并任他为司空军谋祭酒，管记室。

东汉建安二年春天，曹操率军来到宛城，张绣投降曹操，但不久又反悔叛变，夜袭操寨。混战中，曹操长子曹昂、侄儿曹安民被杀，曹操自己被乱箭射中，如果没有爱将典韦舍命相救，曹操自己也无法逃脱。事后，曹操痛恨不已，终生难忘。而在第二年，曹操统大军征伐张绣，在穰县围城夜袭时中了张绣及其谋士贾诩的声东击西之计，再度遭遇严重挫折，损兵折将超过五万。待到袁绍、曹操官渡之战时，双方都派人去劝张绣归附。袁绍使者先至，张绣打算答应袁绍，但贾诩对袁绍使者说："请回去告诉袁绍，他们兄弟之间反目为仇，互相都不能宽容，还能容纳天下的杰出人士吗?"虽然袁绍兵力远远强过曹操，而且曹操对张绣有着深仇大恨，但贾诩还是劝张绣不如归顺曹操，其中一个重要的原因是，曹操是个有雄踞天下志向的人，大度宽容，他必定会放弃个人的恩怨，以此向天下人表明自己的宽大胸怀。于是，张绣便来投曹操，拜于阶下。曹操把他扶起来，握着他的手，宽慰他说："有小过失，勿记于心。"封他为将军，并将贾诩视为自己重要的谋士。

我们知道，作为一个极端务实的人，曹操如此对待张绣，固然有事急从权之考虑，尽可能地吸收一切力量，为我所用；但在时过境迁之后，曹操念念不忘丧失爱子曹昂之痛，折损爱将典韦之惨状，却仍然对贾诩这位张绣的幕后操纵者深信不疑，不能不让人叹服其容人之量。

曹操惊人的肚量体现在官渡之战后。战前，袁绍拥兵十万，兵精粮足，而曹操兵力只及袁绍的十分之一，又缺粮，明显处于劣势。曹操的部将以及留守在后方根据地许都的不少大臣，纷纷暗中给袁绍写信，私通款曲。半年多以后，曹操袭击了袁绍的粮仓，一举扭转了战局，袁绍仓皇溃逃。曹军兵士从袁绍主帐里搜出大量书简，其中便不乏曹操手下与袁绍暗通消息的信函。"把他们一个个找出来，按军法就地处决。"几个对曹操最忠诚的谋士武将，不约而同地建议道，言词里充满愤激之色。但曹操说："当时袁绍势大，我自己尚且不能自保，何况他人。"即时命人把这束书信付之一炬，不再追问。

曹操此举大大安定了战前曾经左右摇摆的将士的心，避免由此带来的

军心混乱，同时也使那些将士心怀惭愧，再也不敢也不忍有任何不忠。

“得人心者昌，失人心者亡”，这是个颠扑不破的规律，而大度宽容，能不计较个人恩怨、不计他人过失的领导者，才能更大程度上招揽人才，使用人才，并赢得人才的归附之心。三国时，无论曹操、刘备或孙权，在争取人才这点上，都是用尽心智，不遗余力的，而曹操在用人方面做得最为出色，他在待人用人方面也要比刘备、孙权大度宽容得多，因此，效果自然也最为显著：手下人才济济，文才武将，蔚为壮观。就这样，曹操凭着惊人的容人之量，尽揽天下有才之士，并在文臣武将的齐心协力下，统一了北方，并且为自己的继承人提供了坚实的基础，最终独得天下。

容忍部属的缺点

美国名将乔治·史密斯·巴顿，战场上的传奇人物，其卓越的军事指挥才能令世人惊叹。1944 年 8 月，盟军虽已在诺曼底成功登陆两个月了，但却被德军围困在诺曼底“灌木篱墙”地区而动弹不得。此时，巴顿带领其第 3 集团军一举改变了死气沉沉的胶着状态，挥师围攻了布勒斯特，并占领了卢瓦河上的勒芒市，打破了其他集团军未能打破的“灌木篱墙”。巴顿一时成了人们心目中的英雄。

然而，在这场战争中，正是这样一位天才的军事将领，其一般人难以容忍的刚强个性、脾气暴躁也显得异常突出，其行为往往超出了人们的想象。在战争中，他屡次与上司的意见相左，甚至发生拍桌子的事情。为了大局，对于巴顿的冒犯顶撞，上司自然也能容忍。然而，令人震惊的是，在一次突破莱茵河的战役中，巴顿为了加快进攻步伐，竟然授意部下冒充兄弟部队到友邻那里冒领油料，甚至不择手段，采取偷窃、抢劫的方式把友邻的油料搞到自己部队来。而身为集团军司令，巴顿竟自己开着仅剩最后一点汽油的吉普车到上司那里强行要加满油箱。

巴顿的这些几乎令人难以置信的越轨行为，使得上司大为恼火。但是，恼火归恼火，战争归战争，为了整个战局的顺利进展，他们还是向自己容忍的极限挑战，不对巴顿过多地谴责。正是上司的大度容忍，让巴顿完全放开手脚，取得了莱茵河战役的胜利，率先突破了德军的防线。美军陆军取得了巨大胜利，上司脸上也特别光彩。等到战争结束后，上司才提出巴顿在战争中的某些越轨行为。

同是这场战争中，巴顿曾和摩洛哥及法国投降德国的维希政权的人频繁交往。这可是极为敏感的政治问题，华盛顿的高层首脑很是气愤，但并没有处分他，也没有将他从前线调回述职。他们对巴顿的行为装作不知道，毕竟，他们深知巴顿的军事指挥才能，深知他对于这场战争的重要性。

在盟军完全占领德国后，巴顿将军参加了盟军的阅兵仪式。苏军将领出于对这位美国名将的尊重与钦佩，派联络军官和一名翻译前来邀其赴宴。巴顿竟对来人大发脾气，大吼："你们去告诉那个俄国狗杂种，根据他们在这里的表现，我把他们当成仇敌，我宁愿砍掉脑袋，也不同我的敌人在一起喝酒!"

身边的翻译吓坏了，不知如何翻译才好，而巴顿却命令他逐字翻译出来。这几乎酿成一次非常不愉快的外交事件。当时美苏均为同盟国成员国，为了战胜共同的敌人法西斯，罗斯福、斯大林、丘吉尔三巨头费了多大的劲才结成同盟。可是罗斯福还是容忍了巴顿，他向苏联领导人解释，说这个巴顿好以顶撞上司为乐，但他对法西斯的仇恨是强烈的，所以可以保证，他在战争中会发挥重要作用。

还有一次，巴顿竟一边发脾气，一边动手打了两名士兵。这一下惹怒了一些国会议员，巴顿差点受到了军事法庭的审判。这一次，他的上司艾森豪威尔庇护了他，对其免予追究。当然，他也是想到了战争的需要。

到后来，巴顿被世人视为英雄，视为军事天才，受到人们的推崇以及广泛宣传时，巴顿才道出了自己的心里话：他把自己的成功归功于上司领导对他的容忍上。他说，如果不是一次次被上司容忍着，继续授权给他，他不会有今天，他早已没有领兵打仗的资格了。

在实际用人时，领导者往往会碰到这样一个让人头痛的问题：一个才华横溢、能力超群的杰出人才，却同时有这样或那样的毛病。正如新加坡前总理李光耀所说："有才能的人毛病多，这几乎是人类的通病。"在这种情况下，领导者又当如何对待呢？

宽容大度，注重发挥人才的长处而容忍他们的缺点，当是考虑解决这个问题的基本原则。如北欧联航的卡尔森，因为好出风头，许多董事不喜欢他，但他们还是能够容忍他的这个缺点，愿意选他当总经理，因为他有能力带领大家完成公司的战略目标。

对于有卓越才能又有缺点的人才，如果能在自己的努力下，或在领导者的勉励、劝诫下克服缺点，那当然最好；而如果实在是积习难改有如天性，那么领导者最好的办法，便是容忍他们的缺点。这一点，也正如李光

耀所提供的答案："由于我能容忍他们的毛病，所以他们才能在我手下愉快地工作。"

善容有缺点的人才

有才能的人有这样那样的缺点，这种情况可谓是屡见不鲜。譬如某员工的专业能力很强，至少有一项能力在公司里甚是难得，然而他同时也有其他同事所不能容忍的缺点。他人对他很有意见，他照样是我行我素，而与他人关系很紧张。既然这样，那么领导者该如何使用有才能又有缺点的人才，充分发挥其才能，而妥善地解决由此而来的一些问题呢？这方面，德国安联保险公司有一套很有实际操作意义的方法，值得我们借鉴。阿里巴巴网《让"野马"不失"野性"》一文，为我们介绍了该公司的这一套方法。

首先，挖掘这类人才潜在的才能。重新认真研究该员工的档案，一方面确认他是否确有很大的价值值得这样做，另一方面，领导者可能还会发现他的一些被忽略或忘记的经验或才能。通过这些材料，领导者就可有的放矢，要么考虑安排或创造一个他能成功胜任的职位，要么鼓励他缓和与团队其他成员的关系。

其次，直率地和该员工讨论。不要小看这种问题的严重性。你要提供具体的理由，说明为什么必须解决它，并且授权给赞同者帮助你解决它。当然，在这种情况下，一定要注意，对事而不是对人。

再次，考虑调岗调职的可能性。一而再地要一个不合群者"循规蹈矩"，只能是无用功，而且使其产生抱怨、愤恨的心理。相反，寻找一个他适合的其他工作，一个不太需要条条框框，且能使他的才能得以发挥的工作，往往可以取得很好的效果。

最后，不可忽视团队压力。团队中一个人迥异常人的言行举止，势必会对其他成员造成不良和消极的影响。如果他对命令百般挑剔，对任务敷衍了事，那他的存在势必会涣散人心，瓦解斗志。如果要使团队更为团结，减少员工之间的愤恨，减少排外带来的不愉快，那么你就得忍痛割爱了。

容人改过

作为领导者，要想让员工取得工作的进展，就要允许员工犯错误；要想充分发挥部属的才能，就要能包容部属的过失。在商场拼搏了数十载的威廉·史密斯伯格，始终牢记着他年轻时犯过的“错误”，并时常语重心长地对他的员工们说：“我希望你们大胆地去冒险。在这个公司里，没有哪一位高级管理人员没有犯过错误。他们都或多或少地对某种产品的失败负有不可推卸的责任，当然也包括我。就像学习滑雪，如果你没有摔过跤，你肯定也学不会。”

而在部属犯下了比较严重的过失，遭遇到失败之时，领导者更要有包容之心，宽容、支持、鼓励他们继续奋斗。人们常说“失败乃成功之母”，有了失败的探索与经验，才容易催生出成功的结果，而没有失败的成功只是一种幸运。因此，我们不必太多去考虑失败的负面影响，而应该在失败面前保持心态的平衡。人类心理学先驱艾尔费烈德·艾德勒说：“你愈不把失败当一回事，失败就愈不能把你怎么样；只要能保持个人心态的平衡，成功的可能性也愈大。”事实上，不少成功人士根本不用“失败”一词，而是倾向于用“错误或冒失的开端”或者“挫折”等。一位成功人士这样说：“如果说我的成功有什么诀窍的话，那就是我希望我能尽快并尽可能多地犯错误，以便从中吸取教训。”真正的成功者善于将失败看作是学习的经验，拥有的财富，从这个角度而言，领导者也要以平和的心态去看待下属的过错或失败，并且给他们以支持，以鼓励，帮助他们从中汲取经验教训，从而获取事业上的成功。一些卓有成效的创业者就深谙这一点。

IBM 公司的一位极有前途的年轻的高级管理人士因为一次冒险的投资，使得公司损失了数百万美金，托马斯·沃森，IBM 的创立者把他叫进办公室。那个年轻人一进门就问道：“我猜想你一定是想让我辞职吧?”沃森却说：“你这话不可能是认真的吧！我们才刚刚为你交了数百万美元的学费呢!”

在一些真正有风险的、需要创新的新项目上，领导者更要忍受负责人的失败，要有足够的耐心宽容心来容许真正有风险的首创性的环境成熟起来。

上世纪 50 年代，约翰逊公司年轻的经理詹姆斯·伯克负责开发一种儿童用的胸部按摩器，这种仪器比较安全并且容易使用。但因为某些原

因，产品最终失败了。秘书长罗伯特·伍德·约翰逊，当时的总经理，将伯克召到总部办公室。伯克感到大祸临头，只怕自己很快就要被开除了。但令他感到吃惊的是，秘书长竟然是想自己动手干，他说："我知道你开发的产品失败了。"

伯克回道："是的，先生，是这样的。"

秘书长拿起了一张蓝色的纸张，说："进一步讲，我知道它耗费了公司 86.5 万美元。"

伯克还是回答道："是的，先生，一点不差。"

这时，秘书长站了起来，伸出他的手说："我只是想祝贺你。一个人若不做出决定，那就什么事也不会发生，你不能做了决定而不犯错误……"紧接着他又补充了一句："如果你再犯同样的错误，那你就完了，但这不意味着你应该终止犯错误。"

从事一项新的项目而失败的负责人如果受到了严重的惩罚，就等于对公司其他人发出了强大的信息，告诉他们创造性、冒险是危险的，你最好是循规蹈矩，按部就班，不冒任何风险才行。在这样的环境下，公司要想取得巨大的成就，那将是异常的艰难。

在容忍部属的失败，安抚部属由于失败而惶恐不安的心这一点上，美国石油大王洛克菲勒做得更是出色。福特是帮助洛克菲勒创建标准石油公司的伙伴之一，但有一次，福特在与洛克菲勒合作时，因为投资失误而惨遭失败，给洛克菲勒带来了巨大的损失。福特为此心中很感不安。

有一天，福特正在路上走，回头看到了洛克菲勒与其他两位先生走在他后面。他觉得没脸回头，假装没有看见他们，一直低头往前走。这时，洛克菲勒叫住了他，走上前拍了拍他的肩，微笑着说："我们刚才正在谈有关你的事情。"

福特脸一红，以为洛克菲勒要责怪他，于是连忙说道："太对不起了，那实在是一次极大的损失，我们损失了……"

还没说完，洛克菲勒阻止了他，若无其事地说："啊，我们能做到那样已经难能可贵了。这全靠你处理得当，使我们保存了剩余的百分之六十，这完全出乎我的意料。谢谢你!"

洛克菲勒没有因为福特把事情办砸了而埋怨他，相反地还找出为其开脱的理由，并表示自己的感谢，这真是出乎福特的意料。此后，福特做起事来更加尽心尽力，不仅为洛克菲勒挽回了这一次的损失，还为公司赚了巨额利润。

一般情况下，当员工出现错误时，领导者就应该明确地告诉他，他的做法错了，为什么错了，怎么会出现这种错误，怎么做才是最好的，应该能给员工一个详细而合理的分析，帮助员工改正这方面的错误。但对于善于自我管理的高层管理人员，对于善于分析判断的决策人士，如果他们因失误而出现严重的损失或失败时，领导者最好的处理办法，便是给他们以支持，以鼓励，而对其失误略过不提，或轻描淡写一番。他们自会明了你的用心，心存感激之情，并在日后报以积极的行动。可以说，宽容部属的过失，给部属留有余地，也是给自己公司留下了更快发展的余地。

第二十九计　善留人才

100多年前，美国钢铁大王安德鲁·卡内基曾说：“带走我的员工，把工厂留下，不久后，工厂就会长满野草；拿走我的工厂，把我的员工留下，不久后我们就会有更好的工厂！”比尔·盖茨说得更为明确：“谁要是能挖走微软最重要的几十名员工，微软就完了。”而在德勤国际咨询公司近几年对全球200家成长最快的公司进行的跟踪调查中，曾有这样一个题目：让雇主和总裁们夜不成眠的事情是什么？调查结果显示，排第一位的是“如何吸引高素质的人才”，而位列第二位的赫然就是“如何留住关键的员工”。这些巨额财富的创造者都把目光不约而同地投向了关键性人才上面。说到底，一个企业持续成长的前提就是留住关键性的人才，因为关键性人才是一个企业最重要的战略资源，是企业价值的主要创造者；而如何留住关键性的人才，已成为现代企业的一大战略目标。

留人三项：待遇、事业与情感

对一个组织来说，合理的薪金待遇、培训升迁机会与事业发展空间、工作环境与企业文化方面的自在感，都是组织留住人才的重要因素。换言之，对一个组织来说，待遇留人、事业留人、情感留人，这三项缺一不可。最近，美国《财富》杂志从1000多家大中型公司中挑选了206家公司，并对这些公司的约2.7万名雇员进行了调查，从中评选出最受美国就业者欢迎的100家最佳公司。这些公司在吸引人才、留住人才方面采取的招数，也大都围绕这三方面展开。

在待遇方面，既然是上班工作，薪金收入情况当然是所有员工都非常关心的。善于吸引人才、留住人才的公司，一般都会在除了提供合理而富吸引力的薪金外，还大都以向员工提供认股权的形式来吸引人才，这是一个流行的做法。

尽管导致各个企业的人才流失中，有多方面的因素，但是不可否认，薪酬在其中起着微妙的作用。

在事业方面，对员工进行全面训练和不定期培训正在变得日益重要。因为它不单使雇主获得好处，更重要的，它能创造员工成长和发展的空间。这 100 家最佳公司都在耗费巨资建立起来的设施内，以及通过慷慨的学费返还计划，对雇员的教育作重要投资。

在情感方面，独特的企业文化、和谐的团体氛围、轻松的工作环境，以及各种方便员工的便利措施，都会使公司表现出富于人情味的一面，从而在深层次上赢得员工的心理认同。作为公司的领导，应该在工作中创造轻松、和谐的团体氛围，让自由和沟通无障碍地进行，并创造良好的工作环境，从而提高员工工作的积极性。在 100 家最佳公司排行榜上，有数十家公司还慷慨地提供各种各样的“软福利”，也就是那种能够进一步协调工作与生活之间关系的各种便利。诸如在公司内部提供理发和修鞋等杂项服务，以及免费早餐等看起来不起眼的福利，来为员工提供最大的方便。像这些由公司方面提供的富于人情味的便利措施，都会使员工产生心理认同感、归属感。

我们来看一项事例。FLEETBOSTON 是一家美国金融集团公司，近年来因为员工流失率不断上升，公司管理层以不断加薪和减少工作量来期望员工的流失减少。但是员工流失的情况并没有获得多少改善。后来，公司请来人力资源顾问公司的专家进行研究，发现公司的员工最在意的还不是薪金和工作量，而是这样两方面的问题：一是有没有自己发挥和升迁的机会，二是企业管理层的异动和变化。他们因此指出：公司的管理层必须分辨最能创造企业价值的人，为他们提供良好的发展环境和升迁机会；企业应该花更多的财力和物力建立人力资源表现的评价系统，为企业的未来奠定了良好的发展基础。

此外，尽可能地保持高层的稳定和管理的一致，也就是保持和谐的团体氛围、工作环境的轻松稳定，也是保留人才的关键因素。这样，找到了问题的根源所在，企业领导层便有针对性地采取相应的措施，在这两方面想方设法多加改善，为员工创造一个稳定而有良好发展机会的环境。此后，公司员工流失量便大大减小了。

古托夫挽留韦尔奇

1961 年，杰克·韦尔奇已经以工程师的身份在通用电气公司工作了一年，年薪是 10500 美元。看他表现还不错，他的第一位老板给他涨了 1000 美元。但同时，韦尔奇发现他们办公室中的四个人薪水是完全一样

的。他感到非常恼火。他认为凭自己的能力和业绩，他应该得到比“标准”加薪更多的东西。他很有些不平，便直接去和老板商谈，希望能有一个更好的待遇。但是和老板的商谈没有任何结果。老板坚持认为他们同一职位的员工应该是同一待遇。韦尔奇很是愤怒，典型的官僚主义！这次早已预先确定好的标准工资浮动，使韦尔奇看到了通用电气公司并不像传说的那样好。这时，还有另外一个令人沮丧的原因：当初公司招聘他的时候，曾给他以无限的希望，认为他正是公司开发新型 PPO 的最为合适的人选。如今，在这样官僚主义严重的公司里，韦尔奇巨大的希望消失了。他觉得自己陷入了一个大组织最低层的“旋涡”之中，难以上升，难以发展。为此，他萌生了跳槽的念头。

韦尔奇开始查看《化学周刊》杂志和《华尔街日报》上的招聘信息。不久，他找到了一份看来比较好的工作，单位是一家设在芝加哥的国际矿物及化学公司，并且离他岳母家不远。年轻的工程师辞职之举，也是平常之事，并没有什么人会感觉到少了些什么。然而，当得知次日就要举行韦尔奇的欢送会时，他的直接上司——当时年轻的经理鲁本·古托夫却感到了震惊。韦尔奇这个自命不凡的青年给他留下了深刻的印象，古托夫对韦尔奇的才干可谓是独具慧眼。“不行，我得想方设法把他留住。”古托夫当晚就邀请韦尔奇夫妇共进晚餐，苦口婆心地劝说韦尔奇留下来。“相信我，”古托夫恳求道，“只要我在公司，你就可以试着利用大公司的优势来工作，至于那些糟透了的东西你别去理会就是了。”

“那么，你就得经受考验了。”韦尔奇回答道。

“我乐意经受考验，”古托夫回答说，“重要的是将你留下来。”

然而，四个钟头的晚宴似乎也成了提前饯行之宴。古托夫并不甘心。在回家途中，他停在高速公路边的投币电话旁，继续劝说韦尔奇。其时已是午夜 1 点了。他向韦尔奇承诺，只要他在公司，韦尔奇就可以不受公司官僚主义的滞碍，此外，“我给你涨一点工资，在科普兰给你涨 1000 美元的基础上，再涨 2000 美元。当然，我知道，钱不是主要原因。”

几个钟头之后，韦尔奇出席了为他举行的欢送会，但他决定留在通用电气公司。在这个欢送会上，古托夫说：“这是我人生中的一次较佳的推销工作。”事实上，韦尔奇的才能和未来所取得的成就高过所有人的期望，古托夫此举为通用电气留下了他们历史上最伟大的领袖。12 年后，韦尔奇在他的年度绩效报告中大胆地写下了其雄心勃勃的长期目标——成为通用电气公司最高负责人，到了 1981 年，韦尔奇正式升任公司 CEO，并从此执掌19年，使得这家百年老公司重新焕发出了勃勃生机。

其实，韦尔奇虽然是一个伟大的领袖，然而古托夫挽留韦尔奇的方法，也就是典型的企业留人三项：合理的薪金待遇、培训升迁机会与事业发展空间、工作环境与企业文化方面的自在感，能够在这三方面满足自命不凡、有远大抱负的年轻人，韦尔奇自然能够安心留下来。但这里对于领导者来说，还有很重要的一点，那就是：要有善于鉴才识才的智慧，只有在确知某人有着过人的才识这个前提下，领导者才能有巨大的胆魄和度量，为优秀人才创造出优厚的不同一般的待遇、良好的工作环境以及广阔的事业发展空间来。

培养员工的归属感

年轻的思科公司，在短短18年中创造出曾经市值全球第一的辉煌成就。当然，与所有取得辉煌成就的公司一样，思科公司能够取得如此骄人的成功，是与它在吸引人才、使用人才方面有其独特而有效的一套分不开的。那么，它又是怎么样吸引人才、留住人才的呢？罗欣的《思科公司：培养员工的归属感》一文，为我们介绍了它的一套完善的吸引人才、留住人才的制度，主要有以下三方面。

1. 良好的薪酬体系。在设置薪酬体系时，思科公司会进行全面市场调查，确定员工的底薪不是业界最高的，这样，既不会造成企业运营成本过高，也不会因低于行业标准而影响员工的积极性。思科公司希望员工的收入能够与其业绩更多地挂钩。思科公司的薪酬设置大约分为三部分。一是销售奖金：在销售人员完成预先制定的销售目标后，销售奖金的发放根据这三个方面来执行：达成的销售金额程度、客户满意度、服务性产品所得到的收入。二是公司整体业绩奖金：对于非销售人员，奖金就是个人表现占一部分；客户满意程度占一部分；公司整体财务表现占一部分。三是期权：思科公司实行全员持股，员工所拥有的股权占了40%，并且计入费用成本。原则上每一个员工进来以后，每一年都会给一次期权，每一年会有一个不同的分配原则。每人得到的期权多少，跟公司每年发放多少期权有很大关系。在思科公司，每个人都心照不宣：发财靠期权。

从思科公司的薪酬设置中可以看出，其基本思想是让员工分享公司的成功。思科公司还设有名为“CAP”的现金奖励，金额介于250～1000

美元之间。一个具有杰出贡献的思科公司员工，可以由提名来争取奖励。一旦确认，这名员工就可以及时拿到这笔现金奖励。另外，每季度的部门最佳员工都会有国内旅游的机会。尽管思科公司的薪酬设置带有很大激励性，思科公司（中国）的人力资源总监关迟还是认为，薪酬只是保留因素，而非激励因素，思科公司的薪酬水准具有一定的竞争力，但并非思科公司最大的优势。

2. 广阔的职业发展空间。思科公司属典型的精英型机构，因此，在思科公司人力资源的管理理念中，从不将某个员工当重点培养。思科公司认为，“每个人都是潜在的经理”。由于公司雇用的人都是在其所处领域位于前10%的出色人才，因此每个人在追求更大的职业发展空间目标上，都有着公平的竞争机会。更多时候，他们与其说是和同事竞争，不如说是与自己比赛，如果认为哪个员工优秀的话，就会派他到海外做短期培训，或调到海外工作。总之，只要愿意去做，公司都会为每一个员工提供很多发展机会。沿着这条管理思路，思科公司从不吝啬提供给每位员工良好的业务培训。思科公司的培训总体上会分为管理培训、互联网学习、销售培训、常用技能培训等，很多时候这种培训都是在网上进行。据了解，不管是经济景气还是低迷，每名员工平均每年参加6个培训班。

在思科公司，员工的成材之路都有章可循。思科公司允许员工调换岗位，但需要自己物色或培训一个能够胜任其目前职责的人选。员工可以在公司的部门之间频繁转换，直到找到最适合自己的岗位。

3. 培养员工的归属感。尽管思科公司是一家纯粹的美国企业，但是对于全球的分公司来说，其员工却感受不到与美国总部员工的任何待遇差别。

首先，对于海外当地机构，思科公司会有文化认同感，而不是都采取一刀切的作风。对当地文化上的认同感，其实就是对当地雇员的尊重与认同。而这种尊重与认同，往往比物质方面的奖励更能深入人心。

其次，思科公司创造了平等、信任、开放的工作氛围，通过开放、透明的网络工具，思科公司给员工提供充分的信息。在思科公司，平等的意识已深入人心。思科公司不设高级管理层专用车位，总裁钱伯斯也得自己找车位，为了占车位，他往往比其他员工更早来上班。所有人出差一律只坐公务舱。在平等的基础上，思科公司创造了对员工信任与开放的工作氛围。在思科公司的信息沟通模式中，信息的交流更为直接，信息的传输范围更为广泛。不管是对于企业还是员工来说，彼此利益相通、荣辱与共，与其隐瞒真相而被暴露，还不如早些开诚布公，大家同心协力面对困难，才是解决问题的方式。

其实，思科公司吸引人才、留住人才的制度之所以具有极大的吸引力，也就是在待遇、事业与情感这留人三项上做足了扎实的功夫。优厚的薪酬、广阔的事业发展空间、文化上的认同感以及平等、信任、开放的工作氛围，无不表现对优秀人才的尊重，给他们以当家作主的主人翁感，自然，对员工们也具有巨大的诱惑力。

当员工离职之时

一旦员工决定要离职，他们必定是经过了深思熟虑，并做好了离职时所遇任何变化的心理准备，在这种情况下，他们一般不会轻易改变他的决定，因此，领导者此时不应过分地挽留他们，更不能强行阻拦。事实上，员工辞职除了薪金待遇、事业发展空间、情感三方面的原因外，还可能有着其他方面的种种原因，譬如对现行工作方式的不适应、需要一段较长时间的身心调整、个人发展上的事业转型、独立创业等等。因此，领导者可以根据员工离职的原因，考虑如何与他们快速建立新的关系，并充分把握离职员工对企业的价值。

一是尝试改变工作方式。在员工离职时，如果离职原因是对现行工作方式的不适应，那么，“弹性工作制”也许能留住你想要留住的人才。

缘于对现代社会快节奏、高度紧张的反感，有相当一部分人喜欢弹性工作制，SOHO 一族的出现就是有力的证明。有调查表明，如果实行了弹性工作制，有大约 50%的员工会收回辞呈继续从事原工作。当然，是否容许这种工作制度，还要看公司的具体情况。但是，如果只是一些领导对这种工作制度心存疑虑，担心工作效率和工作质量无法保证，却是大可不必。其实，对弹性工作制的偏好并不意味着员工对工作的不敬业。有调查显示，64%的员工表示自己在对待工作时非常进取；58%的员工表示有充分的能力控制自己，使得个人生活和工作互不影响。

二是改变合作方式。在离职的员工中，能力全面、经验丰富的核心员工的辞职，是公司领导最为头痛和心疼的事情。当这样的事情真的发生的时候，不妨尝试与他们改变合作方式。譬如请他们作技术指导、荣誉顾问等等，建立新的合作关系。如果是离职后独立创业者，公司还可以与他们建立长远的合作关系。

三是欢迎他们的回归。员工与企业的关系主要是事业关系，无关政治道德，因此，员工的离职也与“背叛”毫不相干。俗话说：“浪子回头金不换”，对于离职后又有心回来的员工，公司应当大度地欢迎他们的回归。毕竟，老员工接受过公司方面的大量训练与培训，工作起来也是驾轻就熟，得心应手，所以他们是公司未来再招聘的非常合适的招聘人选。这一点，摩托罗拉公司的表现更有人情味。对于那些离开摩托罗拉公司的员工，如能在90天内归来，他们以前的工龄还可照样计算。摩托罗拉公司此举感动了离职出走的员工，吸引他们中的许多人回归。有的人不但下决心重返公司，而且宁肯退还他们辞职时领取的补偿金。

此外，对企业来讲，离职员工还有着其他方面的价值。他们可以促进企业管理，发现被忽视的问题；他们可能成为公司产品和服务的潜在购买者；他们在树立企业形象，发扬企业理念，以及对外界评论采取行动上，也能发挥积极的作用，如此等等，领导者不可不察。

真诚挽留人才

东阳三建公司因为公司业务的扩展，合并了东阳县卢宅建筑队，卢宅建筑队原经理蒋优良也随之来到了三建公司。蒋优良既是建筑技术方面的一把好手，又善于建筑队伍的经营管理，是卢宅建筑队出色的领导人才，因此，如何任用蒋优良，为他安排一个最好的职位，使他安心于新公司的工作，并且稳定卢宅建筑队的情绪，一段时间成了三建公司经理楼忠福的重点考虑问题。

中国古语有云：“宁为鸡口，勿为牛后”，因此，为了打消蒋优良心中的疑虑，楼忠福一开始便把公司第一副经理之位交给了他，同时也将相应的权责明确地交给了他：“你是公司第一副经理，有职也有权，公司的大小事情，你说了都可以算数。但是有关财务、工程合同等等的签字，还是只能我一支笔。当然，我是会和你商量着办的。”

见楼忠福如此诚恳，蒋优良自也无话可说，开始静下心来投身于工作。开始倒没什么，但随着时间的推移，矛盾越积越多，渐渐显露到台面上来了。一年后，在春节到来之前，蒋优良找到楼忠福门上，向他辞职说：“明年我不干了。”

楼忠福回道：“快春节了，过了年再说吧。”

过年的时候，楼忠福叫上镇长、书记、副镇长、副书记，一起驱车去蒋优良家。这时候天下着大雪，从镇上通往蒋优良家的乡村马路很不好走。当他们到了蒋家时，蒋优良很是意外，激动地说："雪这么大，你……你们还来了?"

"我们能不来吗?"楼忠福一边紧握着他的手，一边说。接着，楼忠福热情地挽留蒋优良留在公司，并表示体谅他的处境，有意让他去宁波具体负责。镇里几位领导也在一旁劝其留下。蒋优良深为感动，在众人劝说之下，即时答应留下来。但一顿饭下来，他在内心衡量一番之后，又在楼忠福一行临走前，和他说道："我还是不干了。"

过年后，蒋优良去了另一家乡办建筑公司。可是后来，这家公司由于经营不善，严重亏损，无法继续经营。蒋优良只得另谋出路。这时，他想起楼忠福的热情挽留，左思右想，还是决定回到三建公司。

当蒋优良回来时，楼忠福热情地迎了上去，再一次紧握他的手说："回来了就好，回来了就好!"当蒋优良说自己真不好意思时，楼忠福回道："应该是我不好意思才是。你这个大能人，我留都留不住你!"

后来，东阳三建公司在楼忠福的带领下发展成为广厦集团，蒋优良也成了集团吴宁建筑公司副经理，干得很是起劲，也很有成就。

人才到哪里都是人才，回来自然也是人才。领导者真诚地对待人才，真心的重用人才，并随时为他们敞开大门，人才自然会把公司当故乡，在倦游之时归来。

刘备虚辞遣众将

且说三国争战时，刘备据守汝南，获悉曹操出征河北，于是引兵乘虚袭击许昌。没料到曹操闻讯后即时回师杀来，刘备大败，众将拼死相救才得逃脱。刘备败军不满一千，狼狈而奔，逃至汉江暂令安营。

当地人知道刘备仁义，便献上羊酒，大家聚饮于沙滩之上。席间，刘备环顾四周，长叹说："诸位都有王佐之才，不幸跟随我刘备。可恨我刘备命不好，连累诸位，今日还是身无立锥之地，诚恐有失于诸位。诸位何不弃我刘备而投明主，以取得功名呀?"

正值战败之际，众人得以豪饮，刘备如此言辞，怎能不让人伤情，众人便都掩面哭泣。关羽劝说道："兄长之言差矣。昔日高祖与项羽争夺天

下，每次都败在项羽手下，而后垓下一战成功，开创百年基业。可见胜负乃兵家之常事，怎么可以自隳其志!”

众人听了，也纷纷附和，相劝刘备，并表忠心。

刘备在兵败势危之际，正是用人留人之时，需要众人同舟共济，以渡过难关。在这种情况下，一般的领导者都会做众人的思想工作，说些什么道路曲折，前途光明之类的话，给众人加油，鼓励大家不怕挫折，不怕失败，振作起来，去争取胜利；但此时的刘备做出来的却是谁都想不到的一番举动：唉声叹气，叫大家弃自己而去投明主，求取功名。

这真让人有些不解。关羽跟随刘备多年，竟也苦口婆心相劝。关羽哪里知道，一向善于驭人的刘备又怎舍得在这种危难时刻遣散众人，刘备之所以在这个时候说出一番劝众人弃自己而去投明主之言辞，正是要挽留众人，激励众人。刘备知道：在这军队遭遇惨败，几将败亡之际，去哀求众人跟随自己，是激不起众人多少留恋之情的；他从自责、爱惜众人出发，遣辞众人，这使众人知道刘备关爱大家至深，在这种危难时候还为大家前途着想，众人必定深为感激而不愿离去。

倒是后人对刘备的心事了如指掌，毛氏父子在批语中指出：“刘备与众将聚饮沙滩之时，怜惜众人、遣散众人，正是因为要留众人……遣之而其心愈坚，辞之而其心愈固，一是患难方深，一是安乐将至；一是以君慰臣，一是以臣结主。虽是两样局面，却是一种方法。”

第三十计　当断则断

在组织人事方面，当不良结果已经出现，那么与其有关人员，即使是那些一直跟随在领导者左右，立下汗马功劳，或长期在组织忠诚努力的人员，一旦他不再适合其职位，或者犯下不可饶恕的错误，在兼顾到组织"良心"的同时，必须坚决予以调换，或者辞退。否则，当断不断，麻烦不断；当断不断，其自取乱。当然，还须遵循职场一贯的原则，那就是对事不对人。

一家人哭比一路人哭好

北宋王朝内政腐败，加上在跟辽和西夏的战争中军费和赔款支出浩大，财政发生恐慌，宋仁宗励精图治，将在宋夏战争中立下了大功的范仲淹从陕西调回京城，派他担任副宰相。

范仲淹一回到京城，宋仁宗马上召见，要他提出治国的方案。范仲淹自然知道朝廷弊病太多，要一下子都改掉不可能，准备一步一步来，但禁不住宋仁宗一再催促，就提出了十条改革措施，它的主要内容是：

1. 对官吏一定要定期考核，按他们的政绩好坏提拔或者降职；
2. 严格限制大臣子弟靠父亲的关系得官；
3. 改革科举制度；
4. 慎重选择任用地方长官。

其他几条是提倡农桑，减轻劳役，加强军备，严格法令等等。

宋仁宗正在改革的兴头上，看了范仲淹的方案，立刻批准在全国推行这十条改革措施。1043 年，北宋历史上有名的政治革新运动在范仲淹的领导下开始了。历史上把这次改革称为"庆历新政"（"庆历"是宋仁宗的年号）。

这年底，为了推行新政，撤换地方上不称职的长官，范仲淹跟韩琦、富弼等一批精明干练的按察使去各地检查官吏的业绩。范仲淹坐镇中央，每当得到按察使的报告，就翻开各地官员的花名册把不称职者的名字勾掉，毫不手软。

富弼平时对范仲淹十分尊敬，这时见他一手举簿、一手执笔，毫不留

情地罢免了一个又一个官员，有若无情的阎罗判官，不免有点担心，在一旁劝道："您一笔勾掉很容易，但是这一笔之下可要使他一家人痛哭呀!"

范仲淹听了，用手头的笔点着贪官的名字愤慨地说："一家人哭总比一路人哭要好吧!"

富弼听了这话，心里顿时一片亮堂，佩服范仲淹的见识高明。

在范仲淹的严格考核下，一大批尸位素餐的寄生虫被除了名，一批精明干练有才能的官员被提拔到重要岗位，官府办事效能提高了，财政、漕运等有所改善，暮气沉沉的北宋政权开始有了起色。

范仲淹之所以不计个人的利益得失，升降沉浮，毫不留情地一笔一笔地勾掉那些尸位素餐的官吏，是因为他心中想得更多的是天下那些数不胜数的贫苦的人们。他自幼孤贫，自然深知民间的疾苦，深知老百姓孤苦无状的处境，所以，无论如何，一家人哭总比一路人哭要好啊！他所以能毫不留情地罢免了一个又一个不称职的官员，也正是其"先天下之忧而忧"的高尚情怀的表现。

擢升将官

北宋时，禁军都指挥使张旻，依据圣旨挑选士兵，但他对士兵每每下的命令都太过严厉，士兵们心存畏惧，便暗地里商议准备叛变。此事漏出了风声，宋真宗为此召集廷臣商议这件事情。

有大臣提议处罚张旻，毕竟士兵准备哗变是因他而起；也有大臣提议马上捕捉商议哗变的人，以杀鸡骇猴。

这时，宰相王旦奏言："如果处罚张旻，那么帅臣今后还怎么服众？但马上就捕捉谋划哗变的人，那么整个京城都会震惊。陛下几次都想任用张旻为枢密使，不如现在就提拔任用他为枢密使，使他解除了兵权。如此一来，准备反叛他的士兵自然也就安心了，他们酝酿的哗变也就会自动取消了啊。"

宋真宗点头称善，即时诏令擢升之事。一场哗变的危险就这样无形中消除了。

北宋的军事制度比较独特，军队集中在京城，因此，禁军的一举一动对政权的安危都有着极大的影响。都指挥使张旻此时有如坐在火山口上，稍不小心，就可能引发大地震，造成都城动乱，进而波及全国，因此，不可轻易弹压禁军；但如果就此将都指挥使张旻贬谪，又可能助长禁军的气焰，反而将事情弄得更糟。宰相王旦的此法，正可谓釜底抽薪，“火山”既由张旻而起，将张旻调离，“火山”自然也就消失于无形。

吕夷简以退为进

北宋仁宗时，西部边疆发生战争，大将刘平阵亡。朝中舆论认为，朝廷委派宦官做监军，致使主帅不能全部发挥自己的指挥作用，正是这个原因使得刘平作战失利。为此，宋仁宗下诏诛杀与此有直接关系的监军黄德和。有大臣趁机上奏，请求把各军的监军全部罢免掉，宋仁宗为此征求宰相吕夷简的意见。吕夷简回答说：“不必罢免，只要选择为人谨慎忠厚的宦官去担任监军就可以了。”

宋仁宗听后，意欲委派吕夷简去选择担任监军的合适的人选，吕夷简又回答说：“我是一名待罪宰相，不应当和宦官交往，怎么知道他们是否贤良呢？希望皇上命令都知、押班，只要是他们所荐举的监军有不胜任职务的，就将他们与监军共同治罪。”

仁宗采纳了吕夷简的意见。

第二天上朝，各都知、押班在仁宗面前叩头，请求罢免各监军宦官。北宋宦官之祸患就这样解决了。朝中士大夫都对这个以退为进罢免宦官的主意交口称赞，并称颂吕夷简足智多谋。

说是不罢免，其实却是退一步，然后再提出严苛的要求，让支持宦官的都知、押班，在实际选择监军宦官行动时有百害而无一利，最终只能走主动请求罢免监军宦官这一条路，收到了更为理想的效果。由此可见，在直接辞退不称职的人员会遇到巨大的阻力，甚至会出现莫测之时，不妨来个迂回之计，以退为进或者采取其他的策略，均可收到良好的效果。

不说人之过

春秋时期，晏子手下有个官员名叫高缭，他在晏子手下做了三年的官，一直以来都是很小心，为人也非常谨慎，为官三年以来从没有犯过错。

可是突然有一天，晏子没有任何的原因就把他辞退了。

晏子的左右觉得奇怪，对晏子说：“高缭为你做事已经三年，从来没有办错事，你不给他奖励倒也罢了，可是还要将他辞退，似乎太过分了吧。”

晏子说：“我是一个不中用的人，正如一块弯弯曲曲的木头，必须用墨斗来弹，用斧头来削，用刨子来刨，才能做成一件有用的器具。每个人都会有自己的毛病的缺点，但是如果他人不给予提示的话，自己是看不到的。但是高缭呢，他在我身边足足三年，看见我的过错，却从来不说，这对我有什么好处呢？所以我把他辞退了。”

同样的故事在北洋军阀张作霖身上发生过。张作霖在显赫以后，部下大都升了官，他的秘书长却反而被撤了职，有几个朋友为他求情时，张作霖也是这样回答他们：“我对他并没有什么。不过他做了八年秘书长，没有给我提过一个意见或建议，难道八年之中，我就没有做错一件事吗？只是奉承我，这样的秘书长，又有何益?”

身居领导身边，如果为了不犯错误一味地谨慎小心，见了领导的缺点错误也不指出，其实也不能算是称职，是某种程度上的堵塞言路，堵塞贤士晋升之路啊。这样的人若不罢免，而是任其留在领导者身边，该造成怎样有形无形的损失呢？

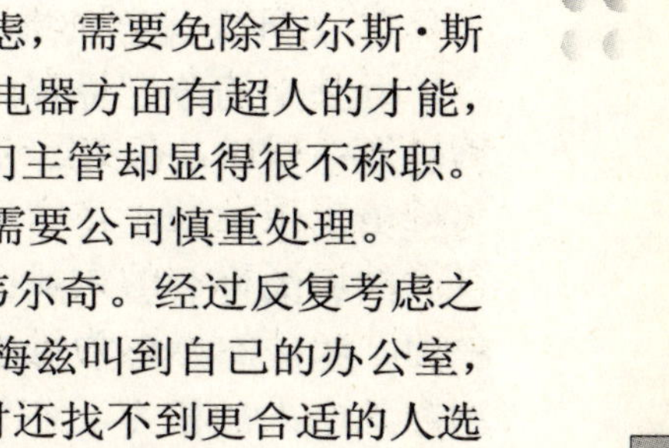

另送头衔

有一次，美国通用电气公司综合各方面的考虑，需要免除查尔斯·斯坦恩梅兹担任的部门主管的职务。斯坦恩梅兹在电器方面有超人的才能，这是公司非常需要的才能，但他担任公司计算部门主管却显得很不称职。显然，要解除这样一位有才能人士的主管职务，需要公司慎重处理。

此时，美国通用电气公司 CEO 正是杰克·韦尔奇。经过反复考虑之后，韦尔奇决定亲自解决这个问题。他把斯坦恩梅兹叫到自己的办公室，对他说公司现在有一个顾问工程师的职务，可暂时还找不到更合适的人选来担任，公司希望他能够来担任这项工作，不知他是否愿意？

斯坦恩梅兹听完之后没有任何反对意见。韦尔奇就给了他一个新的头衔，让他担任公司“顾问工程师”。斯坦恩梅兹高兴地接受了这一职务。其实，斯坦恩梅兹新职务上的工作还是和以前没多少差别，只是换了一个头衔，而空出了部门主管之职，以让更适合做部门主管的新人上任。

对这一调动，不知情的斯坦恩梅兹十分高兴，而且由于是韦尔奇亲自出马，公司内其他知情者也不多，所以公司也在最大限度上保住了员工的自尊和面子，没有引起他的抱怨或反感，而让他安心地发挥其才能。

在公司人事方面，当不良结果已经出现，那么与其有关人员，即使是那些长期在公司忠诚服务的人员，一旦他不再适合原来的岗位，在兼顾到企业“良心”的同时，必须坚决予以调换。当然，其原则是，对事不对人。

旁敲侧击释实权

在企业发展过程中，一些企业元老、功臣，身居高位却又跟不上企业发展的步伐，管理能力不足，却又常常以功臣自居，只图享受，不思进取，因而往往阻塞公司提拔有才之士的通道，成为企业成长过程中由人治转向法治，由无序走向有序的绊脚石。这种局面，在企业由创业型转向管理型的时期，并引进新的职业经理人时，最为常见。面临这种局面，创业者虽然时时为之头痛，欲快刀斩乱麻，却又割舍不下彼此的感情，万般无奈之下硬起心来，却又感到良心上的不安，正是焦虑万分，却又进退不得。在这种情况下，创业者不妨以相对比较委婉，带暗示性的旁敲侧击法，解决这一类令人头痛的问题，以尽快脱离进退维谷之困境，让企业顺利地进入规范化运作的有序阶段。

旁敲侧击释解实权的方法很多，这里我们略例一二，以供参考。

1. 另外安排办公室

办公室的分配位置，一般都是地位、权力的象征，尤其是一间个人专有的办公室，从位置、大小、装饰等，都足以代表一个人在公司中的地位与权力。

旧有的办公室可能已经使用了多年，权力的形态与意识早已形成并且稳固，哪一间办公室有多少权力，在公司自然谁都清楚。因此，如果你想剥夺某个人的权力，又不想以调整职位为手段，最好的办法就是给他安排一个新的办公室，而其位置应该远离权力中心；或者更进一步，将他迁出私人办公室，而与一般职员共处。

如此，他的影响力于无形中逐渐消失了，其权力自然也随之散失。

2. 阻断信息渠道

在资讯发达的今天，信息可说是一切威权的来源。谁有办法更快更多地掌握信息，谁就是更有威权的人。因此，阻断其信息渠道，特别是断绝

一些重要而机密的信息，也是一个释解实权的隐密招数。至于阻断信息渠道的方法，也有不少，譬如掐断电话，找借口支开其最亲近的左右人手，堵塞其耳目，一些重要的会议在他不在或出差时候召开，或者开会根本不通知他，公司财务、销售方面的报表不给他过目，等等。

3. 派他出个长时间的差，或送他深造。

派他去外地长时间考察，或送他深造。待他回来时，其工作已由他人取代，情势全然改观，此时，你再找个情况紧急或权宜处置的借口略加解释，纵使他心下明白，也是无可奈何了。

4. 明升暗降，释解实权。

表面上晋升其职位，在不伤其面子的情况下，解除他的实权。如将总经理或副总经理纳入董事会，或提任高级顾问，双方都无话可说。

总之，旁敲侧击这一类委婉、温和的解除实权的方法，既不失对方的面子，照顾了双方的情面，又顺利地搬开了公司前行的绊脚石，正可谓创业者处于进退维谷之困境中的比较理想的策略。

当断则断

西洛斯·梅考克是美国国际农机公司的创始人。有一次，一位老员工严重违反了工作制度，竟在工作场所酗酒闹事。按照国际农机公司管理制度的有关处罚条款，这位老员工应受到开除的处分。但这位老员工做事勤勤恳恳，任劳任怨，对公司一贯忠诚，更重要的是，他还是公司所剩寥寥无几的创业元老之一。有鉴于此，梅考克考虑再三，还是决定以公司以事业为重，按原则办事，便只得把情感因素暂且搁置一边。

决定一发布，那位老员工立刻火冒三丈，他又是盛怒又是委屈地说："当年公司债务累累时，我与你患难与共，就是连续三个月不拿工资也毫无怨言；而今犯了这点错就要开除老子，真是一点情分也不讲。"

梅考克平静地对他说："希望你也能明白我的处境。你该知道，这是公司，是有规距有制度的地方，这不是你我两个人的私事，我只能按规定办事。"

在辞退员工方面，应该像梅考克一样，凭原则办事，该罚就罚，当断则断，而不为个人情感所左右。当然，领导者要想在用人上不受个人好恶、人情、社会势力等种种因素所左右，企业用人制度化、规范化是最有效的方法，也是最好的理由。企业必须有规范的人员进出机制。领导者不得轻易打破人员进出机制。在建立规范的人员进出机制上，特别要注意建立不良分子的淘汰机制，以保持公司队伍的健康性、纯洁性。譬如，企业用人制度上员工辞退和开除条款中，不应是人人都有可能犯的条例，诸如迟到早退或病事假之类，而重点应是针对种种不道德的行为，或者一些危及公司发展的行为，来制订相应的淘汰措施。

第六套 借力计

第三十一计 合作共赢

单枪匹马闯天下的英雄时代早已过去，现代社会是集团与集团之间的竞争与较量，因此，作为个人，我们都要善于与他人进行团结合作，谋求自身更大的发展；而作为企业，也大都会强调团队合作精神，强调与其他企业的紧密合作，以获取最大的成效。

谁都知道，合作可以产生更大的力量。世界上最大的财富就是利用这种合作的原则而积聚起来的。可以说，那些善于与他人合作，共同分享利益，懂得合作共赢的人，才能取得巨大的成功。

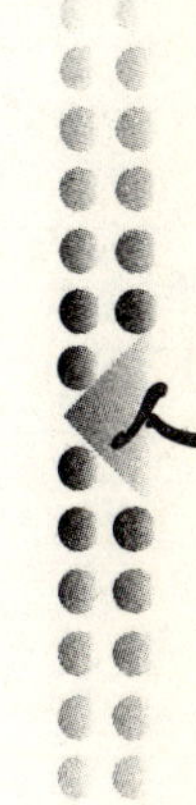

与他人精诚合作

一项事业的发展，如果有了他人的合作，有了朋友的帮助，就像往火中添柴，越烧越旺。在大多数的情况下，想成功，必须仰赖合作者的帮助。与你合作的人越多，那么你离成功也就不远了。那么，如何与他人建立良好的合作关系呢？

美国管理学家雷鲍夫认为：在你着手与他人建立合作和信任时，要在我们语言中要牢记：

1. 最重要的八个字是：我承认我犯过错误
2. 最重要的七个字是：您干了一件好事
3. 最重要的六个字是：您的看法如何
4. 最重要的五个字是：咱们一起干
5. 最重要的三个字是：谢谢您
6. 最重要的两个字是：咱们

此外，还有人在此法则之上补充了两条，使其显得更为完整，那就是：

1. 最重要的四个字是：不妨试试
2. 最重要的一个字是：您

上述内容被称为雷鲍夫法则。

虽然言辞简洁，但它道出了人们在与他人建立合作和信任时极为重要的沟通之道，那就是诚信、尊重、赞美、谦恭、委婉、协作、承错、顾及对方的利益，如此等等。

不单是言辞，在行为举止方面也一样，如果你在与他人，与朋友进行合作的时候，能够做到诚信、谦让、承错，能够充分地尊重对方，给对方以重要感，能够满足其情感的需求，并且，能够共同分享利益，那么，你就能吸引一批志同道合的朋友，能够使人乐意与你精诚合作，共同求得事业的发展。这里要注意的是，在与朋友合作时，虽然是缘于情感而来的亲密合作，但也需给予一定的金钱利益作为酬劳。这也是对其才能、力量的肯定，是对其劳动的尊重。切莫轻视利益的重要性。若不谈利益而过分依赖感情，这样有可能引发怨恨之情；也不要过分重视利益，这样也会破坏彼此的感情。其间的尺度，全凭自己去把握。

团结搭档，一同创业

有志成就一番事业的创业者，在选择好一个项目开始创业时，如果囿于个人能力或财力方面的因素，一个人无法独力完成或自觉没有多大把握，这时候，就需要寻找、选择合适的搭档共同创业。正所谓“独木难支大厦”，两人或两人以上的才智、力量一般都远胜过一人，善于借助他人才智、力量的创业者，才更容易走向创业成功之路。因此，善于选择、团结好创业搭档，对于事业的发展具有特别重要的意义。

创业是一个艰苦漫长的过程，其间会面对不同问题和处境，遭遇难以想象的艰难困苦，如果只是一个人独立承受，其压力可想而知；而如果有一个合适的创业搭档，可以使你们的创业力量成倍增加，大大增强创业的成功系数。对于创业者来说，选择好创业搭档比找一个好项目更为重要。

当然，在寻找创业搭档时一定要慎重选择。合适的合伙人必须是相互了解、完全信任，并且最好是互补型搭档，可以为你们的事业增加资金、出谋划策、取长补短、同甘共苦、同进共退，使创业企业具有较强的生存能力，并得到良好的发展。

在创业时，创业者在创业路上，要一直向前看，要为大家共同利益着想，善于团结好创业搭档。那么，怎么样才能团结好创业搭档呢？

首先，在合作之初就应该明确各自的权利义务，并签订有关协议。最初创业时就把该说的话说到，该立的字据一定要立到。把最基本的责权利说个明白透彻，尤其股权、利益分配更要说清楚，包括增资、扩股、融

资、撤资、人事安排、解散等等。

其次，持续不断地沟通。开始要沟通，遇到问题也要沟通，解决问题时也要沟通，有矛盾时更要沟通，多想有利创业团队发展的事情。有不同的看法，不要在公开场合辩论，不要把矛盾展示给下属。如果双方沟通有困难时，就主动寻找外部的力量，尤其双方都信得过的好朋友来解铃，但不要露出太明显的痕迹。如果发现组织中的小人来利用领导之间的矛盾分歧，达到个人的目的和损害组织利益，那就毫不犹豫地坚决开除，不管他是什么人。

第三，就事论事。在事业方面，无论出现什么问题，都要就事论事，就问题来解决问题，而不要就人来讨论。当双方矛盾冲突到两个阵营的矛盾，外力也不能解决时，应暂时停止争论，停止人事波动，给双方以足够的时间考虑，日后再行讨论。

第四，及时协调立据。任何事情都不可能在最初计划周全，事情是随时都有可能变化的，合作运营过程中，遇到新问题、新矛盾一定先说清楚，立下字句再行动，千万不要先干再说，因为事情发生后，谁都会朝着自己有利的一面考虑。先干再说，表面上看来快了，其实可能埋下祸患的种子。

还有一点，要有包容之心，不要太计较小事。做人做事有时候要懂得装糊涂，创业艰难更要懂得装糊涂。这一点与前面讲的丑话在前和及时立据并不矛盾，前面讲的是在没有形成事实的情况下的做法，这里则是说不怎么严重的事实已经形成了，就不要太计较了。事情既已发生，纵使计较也于事无补，而只是加深双方的矛盾。在大多数情况下，人们会发现当初生气时所固执地计较的事情，没多大实际意义。

合作双赢

戴维德·帕尔博士在 1951 年创立帕尔公司时，便独具慧眼地看中了亚伯拉罕·克拉斯纳夫，极力动员他参加刚成立的公司，就任总裁兼总经理职位。当时还是会计的克拉斯纳夫欣然同意了帕尔博士的请求。于是，从合作伊始，这两人便做到了互相补充，密切配合，简直是天生之合。

几十年来，帕尔博士一直投身于科技研究，是产品的创新者、发明家，而克拉斯纳夫则凭其出色的组织管理才能，一直是公司出色的组织建立者。在帕尔公司成立初期，克拉斯纳夫至少三次不得不卖掉已兼并的和新成立的企业，而且每次他都能够巧妙地出售，即便是在甚为不利的环境下也不曾亏本过。他化整为零地卖掉了一个不赚钱的热交换器厂；后又卖掉了一个达不到经营目标的玻璃纤维厂；再后来还卖掉了刚兼并的抽水机制造厂，因为它的资金周转不灵。这三次大的交易，都显示出了克拉斯纳夫极为出色的统筹全局、善于交易的才能，并为尚为弱小的公司抢救了巨额的亏损，无疑地，他做出了巨大的贡献。

当然，帕尔公司之所以能在竞争激烈的过滤器行业中取得巨大的成功，其主要原因，不是一个人得到了充分的发挥，而是两个人互相支持，密切配合。对于这一对搭档组合，《金融世界》杂志曾做出如此报道："亚伯拉罕认为，帕尔是公司的秘密武器：他对过滤的科学、理论和技术做出了重要贡献。"

可以说，帕尔博士能够碰上克拉斯纳夫这样的合作伙伴，是他的运气，也是他善于及时抓住身边的机遇的表现。如果他没有克拉斯纳夫这样的经营管理人才与他共同创业，统筹整个企业，单凭他那过硬的科学理论和技术，也难有一番较大的作为。而克拉斯纳夫若没能碰上帕尔博士这样的创业者，这样善于发现自己的才能，授自己以全权，并成为幕后的全力支持者，当时还是会计的克拉斯纳夫，也不可能如此充分发挥自己的才能，实现自己的事业目标。由此可见，一个公司成长的复杂性要求领导者具有高超的多方面的技能，单靠他们自己是难以具有这种综合实力的，这就要求领导者通过组织合作关系，寻找到自己的最佳搭档，以完成公司成长所赋予的使命。

李嘉诚让利合作

华人首富李嘉诚，善于与自己的合作伙伴、生意同道乃至于竞争对手分享利润，共同发展。李嘉诚决定在伦敦以私人方式出售他持有的香港电灯集团公司股份的10%。计划过程中，得知香港电灯集团方面即将宣布获得丰厚利润的消息，李嘉诚的得力助手马世民马上建议他暂缓出售，以便卖个好价钱。但是，李嘉诚却坚持按原计划出售。李嘉诚说："还是留些好处给买家好，将来再出售会顺利点，赚钱并不难，难的是保持良好的信誉。"是啊，留些好处给商业伙伴，留些利润大家一起赚，你接下来要做的事业会顺利很多，人家要做什么事也首先会想到与你合作，会找到你门上来。

正如李嘉诚一贯所言，做人最难的是不做加法做减法。有钱大家赚，利润大家分享，这样一来人家就会对你有信心，才有人愿意与你合作。

曾有一次记者问李泽楷，说你父亲教了你一些什么赚钱成功的秘诀，结果李泽楷说父亲赚钱的方法什么也没有教。记者觉得很吃惊，有些不相信。李泽楷说："父亲只教了我做人处世的道理。"

这不是在敷衍自己吗？这位记者心中不免有些不快，便接着问："你父亲教你做人处世的道理，你说说看，怎么教我成功。"

李泽楷说："我父亲跟我说，你和他人合作，假如你拿七分合理，八分也可以，那我们李家拿六分就可以了。"

李嘉诚的合作哲学饱含着深刻的哲理。事实上是，人们都知道和李嘉诚合作会赚到便宜，所以更多的人愿意和他合作。正如他所说："我做了这么多年生意，可以说其中有60%的机会是人家先找我的。"试想一下，虽然他只拿六分，但现在多了一百个人与他合作，他实际上拿了多少呢？

正因为善于与他人共同分享，所以2002年李嘉诚旗下的长科生物科技公司要上市融资，当时长科公司全年的营业收入才几十万港元，根本就不盈利，但是股票发行时还是获得了好几倍的认购。为什么？因为香港人相信李嘉诚的信誉，相信他会留些利润大家一些赚，跟着他投资不会吃亏。"李嘉诚"三个字就是金字招牌。李嘉诚善于与人分享，赢得了他人如此的信任，该他所得的财源不滚滚向他而来，又还愿意流到哪里去呢？

李嘉诚父子奉行的这一套合作哲学，为李家带来了多大的事业成功，可谓是世人有目共睹。这里我们来看看另一个人从李嘉诚的合作哲学中获得的巨大成就。曾有一个台湾建筑公司的老板，其资产从1万台币成长到100亿台币。当他人问及他的成功经验时，他说："我当年也曾问过我的老板，我如何能跟他一样成功。老板说，假如你要成功的话，我给你看一个报道，这个报导就是关于李嘉诚的，上面就写着：'七分合理，八分也可以，那我只拿六分。'可以说，就是这一套李嘉诚的合作哲学，在很大程度上使我从一个员工变成百亿台币的董事长。"

谁都知道，合作可以产生更大的力量。只有懂得与人合作的人，才更容易成功。单独一个人，不管他自己具有多大的能力，终其一生，所能成就的也只是很小的一点点而已；但如果一个人善于与他人进行良好合作，其一生的成就，就可以一再地放大。因此，我们要善于与合作伙伴、生意同道乃至于竞争对手分享利润，共同发展。做生意的人都会算账，只不过有些人算的是大账，有些人算的是小账。算大账的人做大事，成大业；算小账的人只能做小事，终难成大气候。

同舟共济

在前进的路上，搬开他人脚下的绊脚石，有时恰恰是为自己铺路，虽然这不一定是你的初衷。

1965年，香港发生了银行的挤兑风潮，波及到每一家银行。明德银号和广东信托银行先后倒闭，一向声誉不错、业务兴旺的恒生银行，也被迫把股份的一半让给了英资银行。

这时，远东银行在风潮的影响下，日子也很难过。银行家邱德根觉得，远东银行的声誉和他本人的声誉是连在一起的。如果他撒手不管，不但远东银行可能垮台，他本人的声誉也会受到很大的影响。于是他把自己控制的大部分资金投入了远东银行，为远东银行注入了一笔新鲜的血液，使其最终度过了难关。远东银行的声誉和邱德根本人的声誉都进一步提高了。

当事情发展到不可避免地要危及你的根本利益，甚至威胁到生存机会时，背水一战、同舟共济是最好的突围策略。

此外，与人团结合作，一方面，我们可以获得生活上的利益需求；另一方面，我们还能获得内心、情感的满足，这一点是贪婪狡诈者所永远无法企及的。经由合作努力而获得的财富，不会在它们的主人心上留下伤疤，如果是经由恶性竞争、甚至激烈冲突、不择手段而获得的财富，必然会使它们的主人受到伤害。

谋求共赢

著名成功学家戴尔·卡耐基，曾经讲述过这样一件事情。

卡耐基曾经租用纽约某饭店的大舞厅，用来举办每季度一系列的讲课。有一个季度开始的时候，卡耐基突然接到饭店的通知，说他必须付出比以前高出三倍的租金。卡耐基拿到这个通知的时候，入场券已经印好，并且发出去了，而且所有的通告都已经公布了。

卡耐基不想付这笔增加的租金，因此，几天之后，他去见饭店的经理。

“收到你的信，我有点吃惊，”卡耐基说，“但是我根本不怪你。如果我是你，我也可能发出一封类似的信。你身为饭店的经理，有责任尽可能地使收入增加。如果你不这样做，你将会丢掉现在的职位。对吧?”

“对。”饭店经理点了点头。

“现在，我们不妨一起来分析一下，把你因此可能得到的利弊列出来。”

说着，卡耐基取出一张纸，在中间划了一条线，一边写着“利”字，另一边写“弊”字。他在“利”这边的下面写下这些字：“舞厅空下来。”接着说：“你把舞厅租给他人开舞会或开大会是最划算的，因为像这类的活动，比租给人家当讲课场能增加不少的收入。如果我把你的舞厅占用二十个晚上来讲课，你舞厅的收入当然就要少一些。”

卡耐基接着说：“现在，我们来考虑坏的方面。第一，如果你坚持增加租金，你不但不能从我这儿增加收入，反而会减少自己的收入。事实上，你将一点收入也没有，因为我无法支付你所要求的租金，我只好被逼到另外的地方去开这些课。”

“你还有一个损失。这些课程吸引了不少受过教育、修养高的人士到你的饭店来。这对你是一个很好的宣传，不是吗？事实上，如果你花费 5 000 美元在报上登广告的话，也无法像我的这些课程能吸引这么多的人来你的饭店。这对一家饭店来讲，不是价值很大吗?”

卡耐基一面说，一面把这两项坏处写在“弊”的下面，然后把纸递给饭店的经理，说：“我希望你好好考虑你可能得到的利弊，然后告诉我你的最后决定。”

第二天，卡耐基收到一封信，通知他租金只涨 50%，而不是 300%。

合作才能产生双方的共同利益，同时有合作就会有双方的利益冲突。在合作性谈判中，通常遇到的困难问题是双方都需要解决的。具体地说，就是要把双方的冲突转化成有待解决的问题。谈判中的问题是多种因素构成的，如交货时间、售后服务、价格问题、包装问题、运货、退货，诸如此类等等。当谈判的一方在某种问题上得不到满足时，可以从其他方面得到满足。这样可以协调双方的需要，使大家都满意，使得谈判得以和谐地进行。

在与人谈判中，在获得自己利益的基础上，不妨设身处地，从对方的切身利益出发，全面分析权衡利害得失，共同寻求双方利益的最佳结合点，最终达成双方共赢的局面。

第三十二计 集思广益

常言道："人多智慧广"，个人的智慧是极其有限的，即使再伟大的人物，其智慧也是有其限度的，而众人的智慧却能够博大精深。现代社会化大生产呈现出整体性、复杂性、多变性和竞争性，益加凸显出个人判断决策的局限性，因此，领导者要善于在倾听来自各方面的声音、综合种种不同的看法、汇集众人的智慧、最大限度地借用众人的智慧和力量的情况下，做出全面的分析判断、周密的计划安排、准确的决策决断。

在处理比较复杂棘手的问题，或做出决策时，一定要深思熟虑，谨慎行事。但一个人的思路毕竟有限，未必能想出最好的办法，或者还有可能虑事不周；因此，领导者不妨听听来自各方面的意见，看看他人是怎样的见解。一个人终日独思，不如在众人的思路之上，再行整合创新——站在众人的肩膀上，自然是站得更高，望得更远，想得也更深更为周全。成功的领导者，大都善于吸收众人的意见，以此确定目标，做出决策，这就使他们每前进一步，每上升一个层次，都可以想到下一个目标，下一个层次。他们注意把众人的知识、经验、智慧所汇集的力量当作自己的力量加以运用。

博采众议，不单可以集思广益，它还能很好地了解他人，发现他人的长处，此外，它还有个很大的好处，就是可以联络感情，笼络人心。倾听本身就是一种激励方式，能提高对方的自信心和自尊心。善于倾听他人的言论，采纳他人的见解，会使他人心中感到自己受到了重视，从而赢得他们的好感，获得他们的支持。

用

松下善听众人意见

当有人在拜见松下幸之助先生时，曾提出了这样一个问题："请你用一句话来概括你经营成功的诀窍。"松下作了如是回答："首先要细心倾听他人的意见。"善于倾听他人的意见，汇集众人的想法和智慧，正是松下成功经营最重要的诀窍。

松下幸之助在最初创建"松下电器制作"时，尽管生意不大，然而每到年底他都要把公司所有的员工召集起来，把一年来的财务情况和盘托出，讲明盈利多少，并向大家征询下一年的经营意见。年复一年，形成了惯例。他总是在充分倾听各方面人员的意见基础上，确立下一步的经营目标。在目标确定之后，松下便带领全体员工百折不挠地向着目标迈进。

由于及时倾听了众人的意见和建议，注意把众人的知识、经验、智慧所汇集的力量当作自己的力量加以运用，使得松下每前进一步，每上升一个层次，他都已经想到下一个目标，下一个层次。松下公司的员工无不惊叹："无论多重要的问题，经理松下先生都能当机立断，不管到何时，他那超人的判断力都令人佩服。"

松下幸之助之所以判断力超人，遇事都能当机立断，是因为他早已多方面地听取了有关这些事情的情报和建议，松下之所以能够取得成功，也正是由于他在做出决策之前，已经多方面地听取了所有能为松下电器提供情报、建议的人的意见。

在当今信息社会，资源及资讯是创造财富的"硬件"，而如何掌握、把握、运用、配合、突破及跟进这些资源及资讯，则是创造财富的"软件"。集思必广益，领导者能够谦虚地听取多方面的意见，善于集合众人的智慧，能够充分发挥"软件"资源，并以此掌握更多的"硬件"资源，无疑会取得更大的成功。而那些无法集合众人的智慧的领导者，一味靠个人的智慧经营事业，当然难以取得成功。

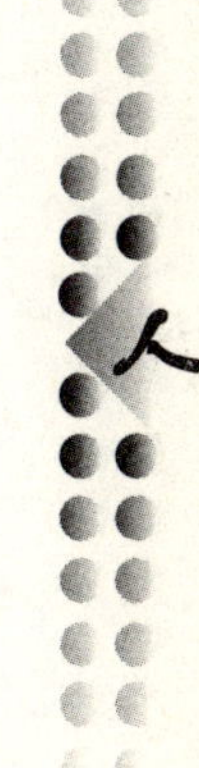

借用管理和技术

浙江传化集团董事长徐冠巨从一文不名到坐拥 12.5 亿元的身家，从一个小小的手工作坊，到包括精细化工、日用化工、高科技农业、物流商贸四大领域的企业集团，其成就的取得，是与其善于借助先进的管理和技术，有着非常直接的关系。

1986 年，因徐冠巨患上溶血性贫血，徐家负债 2.6 万多元。为了偿还债负，徐冠巨索性又借来 2000 元，搞了一个家庭作坊做液体肥皂。反应锅，用水缸来代替；锅炉，用铁锅加柴烧来代替；搅拌机，用人工来代替；然而技术却无从代替。于是徐冠巨聘请了一个"星期日工程师"，每周指导一次。就这样，第二年，徐家液体皂销售额达到 33 万余元。

然而，"星期日工程师"掌握着一种添加剂的秘诀，每次加一勺，液体皂就变得稠粘。为扩大生产占领市场，徐冠巨只得向工程师求教秘诀。但工程师说：给我 2000 元，我就告诉你。而 2000 元恰是徐冠巨当初起家的本钱，徐冠巨当机立断：成交，2000 元！事后，徐冠巨才知道，这添加剂就是天天都吃的盐。据说，徐冠巨的父亲徐传化为此非常气愤，一气之下扔掉了徐冠巨爱看的医药书，从此只允许徐冠巨看化工书。2000 元买一勺盐，是徐冠巨在市场经济中的一次重要博弈，当然，也形成他一生重要的教训与经验。徐冠巨总结：提高核心竞争力至为重要。

然而，核心竞争力虽然重要，却也不容易，尤其是对于一个家庭企业。对于这一点，徐冠巨又是怎么突破的呢？

“最关键的，是家族企业必须社会化。”徐冠巨说。他的观点是，尽管企业资产在法律上是徐家的，但应该是“大家用”，也是社会的。比如说，随着企业的发展，如果总是在家庭成员中发掘人才，人力资源匹配度与需求度就不成比例。家族企业用人、管理、资本最终都要走向社会化。

目前，徐冠巨正在集团推进所属企业资本社会化，使每个企业都和国内资本或国际资本结合。按照徐冠巨的逻辑：“投资结构多元化以后，反对意见可能就会多，而这就容易使决策正确。我当然不会退出，只想引入其他社会资金，稀释股权，完善治理结构，促进决策的科学化。”

而在这企业资本社会化过程中，传化集团得到了它所没有的东西。正如徐冠巨说：我现在缺的“盐”是国际先进的管理和技术。要买这勺“盐”，就要用传化的资产和国际先进企业合资、合作。早在 2002 年 10 月 11 日，徐冠巨就和花王（中国）投资有限公司正式签订了合资协议，成立了杭州传化花王有限公司。这也是进入新世纪以来中国洗涤剂行业最大的一个合资项目。而当前来洽谈合作的德国专家试探地问道：“你有四个漂亮女儿，先嫁哪一个?”徐冠巨笑笑：“四个女儿迟早都得嫁。”徐冠巨之所以对于国际合作有如此坚定的决心，其目的不外是引进国际先进的管理和技术，以提升集团的核心竞争力。

专家咨询

有时候，当企业自身素质在自己内部难以得到进一步提高时，创业者还可以考虑借助外部的力量，比如求教于一些企业咨询、调查公司等，或者与专家联合科技攻关、聘请专家作为企业顾问等。智力也是一种重要的资源，创业者借助外来人力资源来打理公司的经营和管理，通过与智者联盟，可以规避市场风险，获取经济效益。

专家咨询法就是聘请有关方面的专家做参谋，然后决定以后采取什么措施。人脉关系专家哈维·麦凯以前在品园信封公司工作当中，熟悉了经

营信封业的流程，懂得了操作模式，学会了推销的技巧，积累了大量的人脉网。后来，他创办了自己的信封公司，这些人脉网便成了他成就事业的关键。但他在创办自己的信封公司之后，他还需要高水准的建议，但在他以前工作中建立起来的人脉关系里还没有高水准的管道可以提供这样的建议。怎么办？哈维·麦凯采取了以下两项措施。

第一，他聘请了一位可以帮助他的顾问。其理由是，全美国有二百家信封公司在竞争，不会有人愿意让他参观他们的厂房。而且他没有正式的工程背景，也没有人可以告诉他，哪些地方他做错了，哪些地方他做好了。但人家做得更好。

第二，他找了一家合适的成本、专家顾问公司，这家公司已经在竞争对手的工厂服务过 25 年。

机器速度、产能、汰换率、生产量、耗损量——像哈维·麦凯这样的人，对这些东西懂得多少？他很可能要花上半辈子的时间才能了解那些需要学到的知识。于是，哈维·麦凯请他的朋友们推荐一家顾问公司给他，而大部分的人都推荐史宾塞塔克公司。

30 年后，麦凯信封公司仍然采用“史宾塞塔克”所教的那套成本系统。自从安装至今，这套系统每年都赚进不少钱。这家顾问公司现在已与超过 75 家信封制造商合作，而且在哈维·麦凯看来，它已成为这一行的佼佼者。而麦凯信封公司也成为了全美著名的信封公司。

而在企业出现危机时，专家咨询法就显得更为重要。联邦德国史泰尔所经营的建筑公司的变化就是一个很好的例子。过去这个公司是一个家族式的公司，因循守旧，保守落后，处处精打细算，然而在错综复杂的竞争中，勤俭节约，精打细算并不能解决所有问题，史泰尔显然忽视了另一些更重要的东西，因此他的公司陷入了危机状态，面临破产，史泰尔拿不出任何有效的改进措施。这时公司的一名管理人员提醒他：可以聘请专家替他解决问题。结果在专家的协助下，公司很快就恢复了在同行业中的竞争力。实际上请专家咨询的做法，也体现了“当局者迷，旁观者清”的道理。

这里投资的每一分钱都是值得的。好建议永远不便宜。廉价的建议永远不够好。通常，你愿意付多少代价，就会得到多少回报。在生涯规划的每一个阶段，最好尽可能寻求最好的建议。记住：你无法永远是个专家，但是你随时都可以聘请到一位专家来为你助力。

头脑风暴法

一位好的高层领导者，会非常清楚自己的力量十分有限，在做出重大决策之前，一般都会向集体寻求大家的智慧。松下幸之助就曾这样说过："我怎能胜过一个集体呢？集体拥有众多的智慧和丰富的经验，充沛的活力，起码几个嘴巴讲出来的声音，就比我一张嘴讲出来的声音要大得多，更容易被他人听见。"但在一般性的群体决策中，由于群体成员心理相互作用的影响，成员们易屈于权威或大多数人意见，形成所谓的"群体思维"，从而削弱了群体的批判精神和创造力，损害了决策的质量。为了保证群体决策的创造性，提高决策质量，管理上发展了一系列改善群体决策的方法，头脑风暴法是较为典型的一个。

头脑风暴法也称智力激励法，是由美国 BBDO 广告公司经理奥斯本创立的。它是一种通过小型会议的组织形式，诱发集体智慧，相互启发灵感，最终产生创造性思维的程序法。头脑风暴法又可分为直接头脑风暴法和质疑头脑风暴法，其中后者也称反头脑风暴法。在实施直接头脑风暴法时，专家群体决策应尽可能激发创造性，产生尽可能多的设想；而实施质疑头脑风暴法时，则是对在直接头脑风暴法中提出的设想、方案逐一质疑，分析其现实可行性。

采用头脑风暴法组织群体决策时，要集中有关专家召开专题会议，主持者以明确的方式向所有参与者阐明问题，说明会议的规则，尽力创造一种融洽轻松的会议气氛。主持者一般不发表意见，以免影响会议的自由气氛，但主持者的发言，应提出专家们急需思考回答的问题，应能激起专家们的思维"灵感"，促使专家们产生自由丰富的联想，提出尽可能多的方案。

头脑风暴法的所有参加者，都是与所讨论的问题相关的专家，且都应具备较高的联想思维能力。在进行"头脑风暴"时，应尽可能多地进行思考交流、碰撞。有时某个人提出的设想，可能正是其他准备发言的人已经思考过的设想。其中一些最有价值的设想，往往是在已提出设想的基础之上，经过"思维共振"的"头脑风暴"，迅速发展起来的设想，以及对两个或多个设想的综合设想。因此，头脑风暴法产生的结果，应当认为是专家成员集体创造的成果。

在头脑风暴法中，对各种意见、方案的评判必须放到最后阶段，此前不能对别人的意见提出批评和评价；要认真对待任何一种新奇的设想，而

不管其是否适当和可行；主持人要尽可能地引导大家踊跃发言，一般都是发言量越大，意见越多种多样，所讨论的问题越广越深，出现有价值的设想的概率就越大。此外，会议提出的设想应由专人记载下来或录在磁带上，以便由会议分析组对头脑风暴法产生的设想进行系统化处理，在此基础上形成综合设想，供下一阶段使用，以便高层领导做出决策。

多个朋友多条路

在我们的工作和生活中，还有一类事业上的朋友，他们能帮助我们更加顺利地完成自己的事业。这类朋友大抵可分为以下三类。

第一类朋友提供给我们有关工作情报和意见，称为“情报提供者”。这种人大都从事记者、杂志和书籍的编辑、广告和公关工作，即使你不频频相扰，对方也会经常提供宝贵的意见。

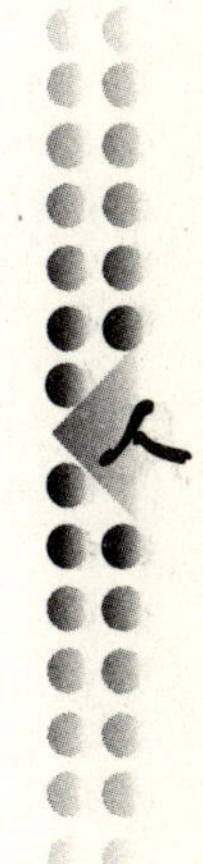

第二类朋友提供给我们有关工作方式和生活态度的意见，称为“顾问”。这种人多半是专家，甚至是本行业内的顶尖人物，我们可以把他们视为前辈或师长。

第三类朋友则与工作无直接关系，称为“游伴”。原则上不是同行，通常是我们在参加研讨会、同乡会和各种社团认识的，有些也是“酒友”，他们不但可以作我们的“后援者”，有时甚至是“监护人”。

这些人自然不是在特别情形之下，愿意贡献他们的脑力，我们也不是为了借助他们的头脑而设法接近的。大多数都是习性相近，志趣相投，或者其他因素而结交的朋友，而后经长期的交往，渐渐成为良师益友，成为事实上的“后援者”。正是多个朋友多条路。也许你只是随便打个电话，或者见面聊聊天，诉说一下自己的烦恼，也许你的这些朋友根本不知道自己正扮演着“无偿智囊”的角色，但你在和他们的交流中，很可能听说一些闻所未闻的事情，交流种种不同的看法。自然，你能够从这当中受益非浅，譬如，有时候，你能从中得到一些新奇的刺激，全新的感受；有时候，你能从他们的只言片语中获取灵感、创意；有时候，你能从他们的热情洋溢、关爱体贴或不懈的追求中深受感动，信心倍增；甚至还有时候，你能从他们的真知灼见中扭正正在偏离的事业轨道，如此等等。正所谓“与君一席话，胜读十年书”，你的这些良师益友，正是你的无需翻阅的智慧宝库。

挖掘人脉关系之井

有人说："看一个人的人际关系，就知道他是怎样的人，以及将会有何作为。大多数人的成功，都源于良好的人际关系。"世界人际关系专家卡耐基说过："成功，来自于85%的人脉关系，15%的专业知识。"人脉专家哈维·麦凯说得更加形象："建立人脉关系就是一个挖井的过程，付出的是一点点的汗水，得到的是源源不断的财富。"

美国著名杂志《人际》在2002年发刊词中有这样一段话："如果不信，你可以回忆以往的一些经验，你会发现原本以为是自己独立完成的事，事实上背后都有他人在协助。因此，在社交场合你应该尽量表露真正的自己与真正的才华，他们将会给你许多有用的建议。绝不可低估人际交往的力量，否则将白白失去有利的帮助。"

能成大事的商界人士都认识到人际关系对他们成功的重要性。美国某大铁路公司前任总裁A·H·史密斯说："铁路的成分95%是人，5%是铁。"他的话反映了许多成功人士的共识。世界上最强有力的事业发展工具就是网络，就是建立起一个固定的人际关系网。你认识多少人，以及多少人认识你，决定了你能有多大的成就。

人际关系之所以在现代社会中如此被人看重，是因为人际关系确能产生巨大的功能。人际关系是一笔重要而无形的财富，它能为人们开启所需能力的每一道门，除了能在相互合作中形成互补，产生合力，能促进情感交流，寻求关心和帮助外，它还有一项重要的功能，那就是能够交流信息。

现代社会是信息社会，每个人都是一个信息源。人既是信息的传播者，也是信息的接收者。他人是信息的一个重要来源。时刻关注对网络成员有用的信息。应定期将你收到的信息与他们分享，这是很关键的。

越是一流的经营人才，越重视这种"人的情报"。日本三洋电机的总裁龟山太一郎即是一例。他被同行誉为"情报人"，对于情报的汇集别有心得，最有趣的是他自创一格的"情报槽"理论。他说：一般汇集情报，有从人身上，从事物身上两个来源。我主张从人身上加以汇集。如此一来，资料建档之后随时可以活用，对方也随时会有反应，就好像把活鱼放回鱼槽中一样。把情报养在情报槽，它才能随时吸收到足够的营养。

对于生意人来说，如何从人身上得到情报及处理情报，这样的工作，其实是和编辑人一样的。许多记者都知道：在没有新闻时，设法找个话题和人聊聊。生意人也是这样。也许没有办法随时外出，那就利用电话来跟朋友们讨教吧！

日本前外相宫泽喜一有个闻名的“电话智囊团”。宫泽在碰到记者穷追不舍时，往往要求给予一个小时的时间考虑。如果碰巧在夜里，则只要一通电话就可以得到满意的答复，这些答复来自他的10名智囊团成员。

这也就是我们所谓的“人的情报”。一个人思考的时代已经过去了，建立品质优良的情报网，成了决定工作成败的关键。

此外，在与他人的相互交流、相互作用中，个人方能更清楚地认识自己，摸清你的对手，认识这个社会。古人说：“学而无友，则孤陋而寡闻。”人际关系能扩大我们的生活领域，使我们能更深刻地认识这个世界。事实上，我们对自己的所知极为有限，几乎无法具体地描述自己的个性、能力、长处和短处。我们很难掌握自己，唯一的办法只有拿自己与周围的人比较，或者从人的交往中逐渐看清楚他人眼中的自己，有时候必须在多次受到长辈的斥责和朋友的规劝之后，才能恍然大悟，掌握到真实的自我。大胆一点的说法是，除非有他人作为镜子，否则你永远不会知道自己是什么样的人。

所以说，一个人的交际范围广阔，成功机会便会相应增加。如果你希望早日获得成功，就必须有良好的人际关系网。实际上，所谓的“走运”，多半是由良好的人际关系网展开的。能认同你的做法、想法与你的才华的人，一定会在将来的某一天为你带来好运。

总之，任何一个人，不管他本身有无实力，在他的人生道路上，有了他人的帮助会更容易取得更大的成功。

第三十三计　借船过河

"借船过河"也可称为"借水行舟"，即借助他人的力量、资源来达成自己的目标。借船过河与"借刀杀人"在性质上有一定的区别，就是它不完全属于阴谋的范畴，它既可运用于政治、军事斗争的过程中，也可以在经济、管理、日常生活等其他社会活动中运用。此计谋成功的关键在于选准可资借助的对象，因而有赖于使用者观察力是否敏锐。

刘备款待张松

《三国演义》一书说到，益州牧刘璋因几次与张鲁作战，都吃了败仗，而内部又发生兵变，时局难以维持，便想乘曹操征伐荆州之机，借助曹操之力讨伐张鲁。正好益州别驾张松毛遂自荐，说自己定能请得曹操出兵对付张鲁，于是刘璋派张松为大使，带上金银珠宝、锦缎丝绸等贡物，去晋见曹操。张松别有打算，就私下又画了一张西川地图，藏在身上，便带着随从去见曹操。

不料曹操见张松长得尖头猴脑，身短五尺，又言语冲撞，将其赶了出去。张松咽不下这口气，一路上心想："我本来想把西川州郡献给曹操，谁料想他如此渺视我。我来时向刘璋夸过口，现在一事无成，回去岂不被人笑话。听说荆州刘备待人仁义，不如去那里看看这人会怎样待我?"于是朝荆州方向走去。

张松风尘仆仆，来到荆州地界边，便见前面奔来一队人马，为首正是刘备大将赵云，奉主公之命前来迎接张松张别驾。张松被赵云带到荆州驿馆，佳肴美酒招待。张松暗自欢喜："人们都说刘备宽厚仁义，果然不假，我这趟也许不会白来!"次日，张松又被关羽亲领人马领至荆州城门，刘备和诸葛亮等亲自前来迎接张松，这使张松受宠若惊，急忙下马拜见，随后随刘备并辔入城。刘备设宴招待张松。

宴席间张松问："皇叔占据荆州，还有几个郡?"

诸葛亮说："荆州也是借东吴的，以往人家催讨归还，只因现在我主

公已是东吴女婿，所以才在此安身。”

张松说：“东吴占据六郡八十一州，国富民强，难道还不知足吗?”

刘备说：“我才疏力薄，岂敢奢望。”

张松说：“您是汉室宗族，仁义四海皆知。别说占据州郡，即便代替皇帝治国也非过分。”

刘备说：“您太过奖了，我怎么敢当啊!”

宴席间谈话气氛热闹，各抒己见。但刘备却一直不提西川的事情。就这样张松留了三天，每天受到一番美酒款待。却并无人提西川的问题。三天之后，张松向刘备告辞，启程回西川。刘备在十里长亭设宴送行。刘备还是只叙别情，并举起酒杯敬张松，说道：“承蒙您不把我看作外人，畅谈了三天；今天离别，不知什么时候再能听到您的教诲啊!”

张松感动万分，对刘备说：“皇叔如此宽厚仁义，鄙人本来有一个想法，是准备献给曹操的，但他踞傲无礼，我便没有献出。蒙您如此款待，鄙人也应该知恩图报。我看荆州，东面有孙权，北面有曹操，不是久居之地啊!”

刘备说：“我也明白这个道理，但是没有别的安身之处啊。”

张松说：“益州是个险要的地方，土地辽阔，国富民强，智谋之士很久就仰慕皇叔的为人。假若您带领荆州军民，长驱直入西川，那么您就可以大业告成，重兴汉室了。”

刘备不露声色，谦让一番，说：“我怎么敢这么做呢？刘璋也是帝王宗室，给予蜀地的恩惠已经很久了。他人怎么可能动摇他呢?”

张松说：“我并非卖主求荣。今天遇到您这样英明之主，我不得不说肺腑之言：刘璋虽拥有益州这方土地，但他禀性懦弱，不能任人为贤，加上张鲁在北面，时刻梦想侵犯；所以益州人心离散，盼望能有开明的主公。我这次出行，本想专为曹操贡献计谋，谁知这厮傲慢奸诈，怠慢贤士，所以我特意来拜见明公。明公可先取西川作为基地，然后北伐，收复中原，重振天朝，青史留名，天大的功绩啊！如果您果真有意夺取西川，我张松愿尽犬马之劳，不知您的意向如何?”

刘备说：“感谢您对我的厚爱。但刘璋与我同一宗室，假若攻打他，恐怕天下人都要唾骂我啊!”

张松说：“大丈夫在世，应首先考虑建功立业之大事，你若不取，必为他人所夺，后悔就晚了。”

刘备长叹一声说：“我听说蜀道艰险，车不易过，马不易行，虽想夺取，却没有良策啊!”

这时，便见张松从袖中取出地图，递给刘备说：“感谢明公对我的盛情，我决定献上此图。只要看这图，便知道蜀地的道路了。”

刘备和诸葛亮展开地图粗略一看，上面详细写着行程路线，标明险要山川峡谷，重要官府，仓库钱粮，一一写得清楚明白。刘备见时机已到，不能再谦让了，就连连作谢说：“来日事成，定将厚报。”

张松说：“我遇到明主，愿意尽力帮助，哪里希望什么报答啊!”说完就告别起程了。诸葛亮又让赵云等人护送几十里后才返回。

张松回到益州后，便与好友法正、孟达策划献西川给刘备。故而张松在报告刘璋时说，曹操乃汉贼，欲篡天下，不可为友，而且他已有取西川之心。当刘璋忧心忡忡地询问该怎么办才好时，张松献计说：“荆州刘皇叔：与主公同宗，仁慈宽厚，有长者风。赤壁鏖兵之后，曹操听到他的名字就害怕，又何况张鲁呢？主公何不遣使结好，使为外援，便可拒曹操、张鲁了。”刘璋说：“我早就有这样的想法了。”于是在张松的推荐之下，刘璋即召法正、孟达二人，令法正为使，先通情好；接着派孟达领精兵五千，迎刘备入川为援。

后来，刘备按照张松提供的情况和内应，轻松顺利地进驻了西川，从此才算真正地站稳了脚跟。日后刘备建国，号为蜀，便是由此而来。而刘备取了西川之后，自是对张松、法正等人予以重任。

刘备集团占有荆襄后就想图谋西川，只因西川地形复杂，易守难攻，而在等待时机。如今闻得张松前来，自是绝好机会，怎可错过。纵观刘备对待张松的态度，可谓是一个谋划周密的行动过程，谋划在先，忍发有时。盛情之下，刘备自己不开口，倒是张松先开口劝刘备取西川，并主动献策献地图。若不是谋划周密，极其盛情款待，同样心高气傲的才子张松是绝不会主动献策献出地图来的。到时纵是以武力强取，也会有损自己仁义之名，并失去张松和法正等西川内部一批人士的支持。那样一来，若要取西川，可是要大费周折，并付出高昂的代价。

借势服众

诸葛亮六出祁山，屯兵于五丈原，战略决策是以攻为守，企图在敌有变时北图中原。面对诸葛亮凌厉的攻势，魏军统帅司马懿决定采取防御为

主的战略，死死扼守秦川前线，以拖滞蜀兵，使诸葛亮无所作为。因此，任凭诸葛亮军在阵前叫骂，魏军就是不出城门迎战。

两军如此僵持也不只一日。无奈，诸葛亮命人取巾帽和妇人的衣服，装在一个盒内，派人送给司马懿。司马懿当众打开了盒子，一看，里面是巾帽妇人之衣，并书信一封，信中大意云："仲达你既为大将，统领中原之兵，不想披坚执锐，以决一雌雄，却甘愿掘窟守巢，谨避刀箭，与妇人又有什么不同？今派人送巾帽素衣至，如再不出战，可再拜而受之。倘若羞耻之心未泯，犹有男子胸襟，早与批回，依期赴敌。"

司马懿看完，心中勃然大怒，却假装笑脸说："诸葛亮视我为妇人!"并把"礼物"收了，令重待来使。

司马懿问来使："诸葛亮寝食及平时的工作若何?"

使者答："丞相夙兴夜寐，罚二十以上都要亲自览阅。所啖之食，日不过数升。"

司马懿对在座将领说："诸葛亮事烦而所食又少，必不能长久。"

众将知司马懿受巾帽素衣之辱，都愤愤不平，入帐请战："我等都是大国名将，怎么能忍受蜀人如此的欺侮！我们愿意即请出战，以决雌雄。"

司马懿说："我不是不敢出战而甘受辱。奈天子明诏，令坚守勿动，今若轻出，有违君命。"

众将都是一脸愤怒不平之色。司马懿因而说："你们既要出战，待我奏准天子，同力赴敌，如何?"大家不再说话。

司马懿于是写表遣使，直至合淝军前，奏告魏主曹睿。曹睿知道他的意思，于是令使者持自己的命符到渭北传话说："如再有敢言出战者，即以违旨论。"众将只得奉诏。

蜀将闻知此事，报与诸葛亮。诸葛亮笑说："这是司马懿安定三军的手段。"

姜维问："丞相何以知道?"

诸葛亮说："他本无战心，所以请战者，以示武于众，岂不闻'将在外，君命有所不受'，哪有千里而请战的道理？这是司马懿因将士忿怒，因此借曹睿之意，以制约众将而已。"

正谈论间，忽报东吴使者到，于是请入，知吴兵为配合诸葛亮北伐而进攻合淝无功而还，诸葛亮长叹一声，不觉昏倒于地。

众将急救，半晌方苏。诸葛亮叹说："我心昏乱，旧病复发，恐怕不能久活了!"从此，呕血不止，一病不起，最终病逝于五丈原。

司马懿听得对手诸葛亮“所啖之食，日不过数升”，知其病入膏肓，料其将死，因此甘受妇人之辱，怒而不发。而在众将都替自己大不平，纷纷请战时，为了压制众将的躁动，抚平众将的情绪，便故意表奏魏主曹睿，借主公诏命，来让众将听从自己的安排，并且不失威信。

在智不如人的时候，能够抑制浮躁，在势不如人的时候，能够审时度势，以己之长，攻敌之短，并且善于借势成事，因此，司马懿能够在与智如天人的诸葛亮北伐之师对峙中，取得最后的胜利，最终使得诸葛亮“出师未捷身先死”，北伐之功全无。善于审时度势，借势成事，这是最高明的胜算。

委托第三方出面

在某些事情上，缘于身份干系，自己出面不便时，便可以委托有地位、有威望的第三方出面，代为说事。这样，便可以更委婉、更方便有时还更有把握地完成自己的目标，即便在遭到拒绝时也不至太过尴尬而下不来台。

刘备以截击袁术为名脱离曹操，去徐州斩杀了操的心腹守将车胄，他担忧曹操率兵来攻，陈登向他建议向袁绍求救，刘备顾虑说：“袁绍向与我未通往来，今又新破其弟，安肯相助?”后来他和陈登计议，请徐州城中与袁绍有三世交往的郑玄出面写信。

郑玄曾为朝中尚书，后弃官归田，刘备在故乡时曾在他跟前学习过，为徐州牧时对他很尊敬，郑玄听到刘备的要求即刻答应，袁绍接到郑玄的求救信后想道：“玄德攻灭吾弟，本不应相助，但重以郑尚书之命，不得不往救之。”遂让陈琳起草檄文，拉开了袁曹大战的序幕。

刘备利用郑玄作为中介，拉上了和袁绍的关系，暂时缓解了自己的危急。

委托第三方出面，在我们办事时也是比较有用的一招。譬如在签订协议或合同时，要请第三方也就是公证人在场，这样更有助于协议或合同的执行。在商场上，当双方最终达成协议的时候，也就是说在价格问题上双方取得了一致以后，在实际交易中也还会出现出尔反尔、给对方出难题的现象，试图以此来迫使对方再作让步。在商业交易中这种行为是很不道德的。为防止出现这种情况，除了事先签订好合同，标明违约条例，还有就

是委托第三方出面，请有一定身份地位的第三方为你主持公道，要求对方提供一笔押金或提供保证人。

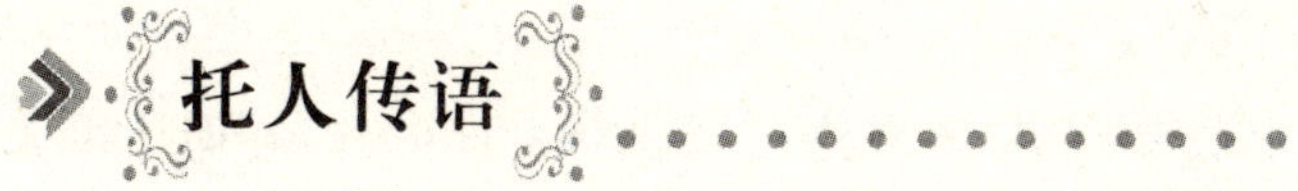

托人传语

一家出版集团公司的部门主管李先生遇到了这样一个麻烦。

李先生所主管的那个部门，是该集团公司比较有影响力的一个部门，手底下有几十个作家、编辑和画家。这些人富有创造性，但同时又比较有个性，遇到有什么不满的事情就可能闹情绪。当然，由于李先生新调入公司领导层不久，他一开始还不便多说些什么。

几个月以后，李先生发现有一个编辑，经常在一个重要的编辑方案上拖拖拉拉。李先生便提出要求在近期内看到一些他所编辑的文字。没想到的是，这位编辑竟摇了摇头，说了一个不算理由的理由。

“你必须按照我说的去做!”李先生提高音量，语气也变得强硬。

“凭什么？我看不出我目前的工作与我以前的作品之间的关系。”这位编辑冷冷地说。脸上的神情仿佛在说：“怀疑我的能力，你还没那个资格。”

李先生为之气结，想要以权力弹压，终又忍住了。

事后，李先生才明白，原来是那位编辑对自己的提升心怀嫉妒，而有意对抗。明白了其中原因，李先生便不再生气了，而是想了一个办法来走出这种对抗。那就是，自那以后，如果李先生有什么日常工作以外的事情需要那位编辑来做，或有什么要求的话，他不再直接地向他提出来，也不让他人告诉他自己的要求；而是找一个跟那位编辑关系比较要好或者是他比较尊重的人，由这个人来向他提出建议，或者暗示他应该怎么做，让他认为，这都是这个中间人的主意。

作为一个管理人员，你不可能让所有的人都拥护你，总会有人怀疑你，有人怨恨你，有人不愿全力支持，而明里暗里与你对抗。其实，只要大部分人都支持你，都拥护你就行了。至于那些与自己有矛盾的人，只要他们不过分出格，只要他们能完成工作就行了。矛盾可以暂时保留，手中的权力能不能施展，在他人心目中是否有权威，都在其次。

人情铺路

有位姓蒋的老板长期承包那些大电器公司的工程，对这些公司的重要人物常施以小恩小惠，这位老板的交际方式的不同之处是：不仅奉承公司要人，对年轻的职员也殷勤款待。

谁都知道，这位蒋老板并非无的放矢。事前，他总是想方设法将电器公司内各员工的学历、人际关系、工作能力和业绩，作一次全面的调查和了解，认为这个人大有可为，以后会成为该公司的要员时，不管他有多年轻，都尽心款待，这位蒋老板这样做的目的，是为日后获得更多的利益作准备。他明白，十个欠他人情债的人当中，有九个会给他带来意想不到的收益。他现在做的亏本生意，日后会利滚利地收回。

所以，当自己所看中的某位年轻职员晋升为科长时，他会立即跑去庆祝，赠送礼物。年轻的科长，自然倍加感动，无形之中产生了感恩图报的意识。蒋老板却说："我们企业有今日，完全是靠贵公司的抬举，因此，我向你这位优秀的职员表示谢意，也是应该的。"

这样，当有朝一日这些职员晋升至处长、经理等要职时，还会记着这位蒋老板的恩惠。因此在生意竞争十分激烈的时期，许多承包商倒闭的倒闭了，破产的破产了，而这位蒋老板的公司却仍旧生意兴隆，其原因是由于他平常关系投资的结果。

多个朋友多条路。在平时里，我们就要精心编织好自己的人脉网，特别是保持与些事业上的朋友的关系。这样，就在我们的事业中，特别是在急难时会发挥出意想不到的作用。也许你会怀疑像这样单向的获得，岂不是有欺骗朋友之嫌？

事实上，从认识到发展为至交，彼此间必然有一些共同的生活信仰，也可以从对方身上学到一些东西。朋友之间主要是情感交流，信息交流，互相扶持帮助，不计利害得失。我们不时从他们身上获取智慧和力量，但我们也会无形中给他们以智慧和力量。就像是一个共同的智慧库，圈内的每一个人都能从中有所受益。

因此，我们要广交朋友，充分发挥人情的作用。拥有一些事业上真诚相待的好朋友，你的事业才会变得更顺利圆满，目标也会更快更好地完成。掌握以下几点有助于我们更好地发挥人情的作用。

1. 当你手中拥有的名片尚不多时，你必须快速出击，把它充实为十倍、百倍。

手中现拥有的名片，是你随时可以启动和挖掘的人情资源。当然，这需要突破清高、顾面子，还有不主动与人交流的心理障碍。这一点，只要确定了目标，有心行动，还是能够突破的。再就是不可太急于将陌生人变成为自己的客户，而需要慢慢“和面”。凡事都是“欲速则不达”，不能操之过急，心急吃不得热豆腐。人情交往之道讲究一回生，二回熟，三回才是好朋友。

2. 要做到细节真诚。

细节的真诚又来源于内心的真诚。“以财交者，财尽而交绝；以色交者，色落而爱移；以诚交者，诚至而谊固”。某种意义上说，客户至上并不是说给客户听，而是说给自己内心听，让内心将其消化，然后散发到每一件小事上面。这一点的关键是对对方行为理解上的思想观念的改变。生意场上无论怎样的朋友或伙伴，他们所以与你相交、合作，和你进行人情往来，都是或多或少有利益要争取的，切不可因此而不理解甚至看不惯。只有在理解了这一点的基础上才能真诚相待，才能平平淡淡地把人情做到位，让人真正地感到你的友善。那种过分热情过分殷勤的行为，反倒显得不够真诚，让人怀疑你别有用心。

3. 要树立你良好的个人或企业形象。

树立你的个人形象，进而树立你的企业形象，通过品德修炼，对惯例及规范的坚持，慢慢积累你在行业内的影响力。最好是能让大多数人都说你这个人很不错，处理问题极其到位。当你在众人当中形成良好的口碑时，你的社会资源就会变得日益丰富，就会有为数不少的人有意无意地捧你支持你，你的才能就能得到最大的发挥，你的码头才能船来船往，事业自然也能得到更好的提升。

当然，充分发挥人情的作用，借人情铺路，并不就是滥用人情。人情虽然可用，但人情更为可贵。不能为了一点点利益而浪费人情，也不能为了一大笔利益而置人情面子于不顾。不要滥用人情，也不要向朋友要求他们不想给的东西。过犹不及皆是害，人情来往之道尤其如此。只要你能够做到适中和节制，你就能得到他人的青睐与尊重，这将使你的人生和事业受益无穷。

虚拟联合

在蒙牛创业之初，限于手头资金极其短缺，董事长牛根生提出了“虚拟联合”的经营概念，他说：“我在与他人合作的时候只要我不吃亏，有利没利我不去考虑，所以我想跟谁合作都能合作成。因为一般合作是互惠互利，而我先不要利。要利干什么？实际上对你来说，资源拥有和支配是两回事。我们之间只有合作、使用或者支配，并没有资产的转移。”

众所周知，生产冰淇淋和奶制品必须要有许多奶站的支持。国内许多企业的传统做法是自己花钱建奶站，而建一个奶站就需要资金40万元。创业之初，蒙牛哪有这一笔巨大的资金，何况也不一定非得这笔资金不可，牛根生通过一番调查发现，在每一个自然村庄和每一个养牛区，总是存在着两类人：一是有钱人，一是有权人，他想，如果将他们的资源结合起来，给他们以合理的利益回报，建立一个奶站，然后再为自己的企业供货，不就省了这笔巨额资金？而且，因为奶站是当地人自己出钱建的，又有了稳定的收购渠道，利益得到保障，自然尽心尽力，质量、数量都有保证。就这样蒙牛巧妙运用地方闲散资金建成自己的供奶系统。

当然，在与他人合作的时候，需要自己有一定的实力，一定的基础。因此，蒙牛在创业时期一面扩展“虚拟组织”，一面创立自己的生产基地，增强自己的实力。2000年，蒙牛建起了亚洲单体跨度最大的冰淇淋生产车间和全球单体生产能力最大的液体奶生产车间。

蒙牛有了自己的工厂后，“虚拟联合”不仅没有收缩，反而进一步扩展。直至目前，打着蒙牛标志的运奶车有500多辆，但这些车没有一辆是蒙牛自己购买的，全部由民间资金购买。此外，这些运奶车的维修、保修、保险也都是车主的事，蒙牛只问奶品的事，不问车的事。对于运奶车，牛根生的算盘可是打得非常清楚：每辆车10万元，500辆车需要5000万的投资，再加上司机工资、管理费用、汽车油费、维修费用等等，那可是一笔不小的支出。蒙牛的主营是奶品，而不是车，因此，运奶车的运作完全可以交给社会力量。根据合作协议，一般车主买来运奶车，刷上蒙牛的统一标识，同时也获得了一份稳定的运奶合同，两三年就能收回成本。

就这样，蒙牛通过“虚拟联合”，通过经济杠杆的调控，蒙牛整合了大量的社会资源，把传统的“企业办社会”变作“社会办企业”。蒙牛的

创业之路，为那些资金短缺、资源贫乏的创业家突破创业瓶颈提供了一条绝好的思路。多年以后牛根生这样总结自己的这一经营策略：“人的行为导向模式一般有两种：一是原点式，即从现有资源出发，先招兵后树旗，步步为营正向推演，结果是小打小闹难成气候；另一种是目标导向式，即目标倒推法，先树旗后招兵，反向推演跨越发展，整合天下资源为己所用，正如古人所言‘善假于物’，资源、时间、战术、方法皆可整合而来，最后实现原点和目标之间的最便捷的直线连接，一蹴而就。”

第三十四计　反客为主

此计的原意是：主人不会待客，反受客人的招待，引申为在处于被动地位时，想办法争取主动，变客位为主位。被动意味着挨打，居于客位意味着受人支配，只有摆脱被动局面，处于主人的地位，才能控制对方，为我所用，以稳操胜券。

为人驱使者为奴，为人尊处者为客，不能立足者为暂客，能立足者为久客，客久而不能主事者为贱客，能主事则可渐握机要，而为主矣。常言所说的“久住令人厌”，这是指为客久而不能主事者而言。要想改变被动的局面，就要想办法反客为主。其中关键之处，有如兵书有云：“乘隙插足，扼其主机，渐之进也。”也就是说，趁着有空隙就插足进去，先站稳脚跟，然后步步为营，控制它的首脑机关，为我所用，从而掌握主动权。

反客为主的局势演变是：首先是争得客位；其次要善于发现主方的弱点和缝隙；再次是抓住有利的机会插足进去；最后掌控对方的主权，变成主人。反客为主的关键是争得主动地位，处于被动地位始终受人摆布，只有争得主位，让对方力量为我所用，从而掌握主动权。

诸葛激周瑜

当曹操引百万大军南下之际，诸葛亮为实现联吴抗曹大计，随鲁肃到东吴，与江东群儒一番舌战之后，又被鲁肃先后引见孙权、周瑜。与周瑜见面后，谈及战和之事，周瑜佯讲其主张投降的道理，鲁肃则陈述其主张抗战的理由，二人争得面红耳赤。诸葛亮却在一旁袖手冷笑。周瑜见状，便问诸葛亮高见。

诸葛亮冷冷地说：“将军降曹，可以保妻子，全富贵。”话是赞成周瑜的意见，却不无嘲讽之意。

周瑜大怒：“你教我主屈膝受降于国贼吗?”

诸葛亮说：“不劳牵羊担酒，纳土献单，也不需亲自渡江，只需遣一使者，扁舟送二人到江北。曹操若得此二人，百万之众，便都卷旗而退了。”

周瑜问：“哪二人?”

诸葛亮说：“亮居隆中时，即闻曹操于漳河新造一台，名为‘铜雀’，极其壮丽，并广选天下美女充实其中。曹操本好色之徒，久闻江东乔公二

女，长女大乔，次女小乔，有沉鱼落雁之容，闭月羞花之貌，曾发誓道：‘我一愿扫平四海，以成帝业，二愿得江南二乔，置之铜雀台，以乐晚年，虽死无恨了。’今虽引百万之众，虎视江南，其实为此二女。”

周瑜追问：“曹操欲得二乔，有何证据？”

诸葛亮说：“曹操幼子曹植，字子建，下笔成文。曹操尝命作一赋，名叫《铜雀台赋》。赋中之意，单道他家合为天子，誓取二乔。”即口诵《铜雀台赋》，却把原赋“连二桥于东西兮，若长空之颇鲸”二句，改为“揽‘二乔’于东南兮，乐朝夕之与共”。

周瑜听罢勃然大怒，站起来指着北方骂道：“曹贼欺我太甚!”

诸葛亮急忙站起制止说：“过去单于屡侵疆界，汉天子许公主和亲，今民间二女有什么可惜的呢?”

周瑜说：“公有所不知：大乔是孙伯符将军主妇，小乔正是周瑜之妻。”

诸葛亮佯作惶恐之状，说：“诸葛亮实是不知，失口乱言，死罪死罪!”

周瑜说：“我与老贼势不两立!”于是承认刚才之所以说出一番主张投降的话，不过是用以试探诸葛亮的态度，请他见谅，并要求诸葛亮“相助一臂之力，同破曹贼。”

至此，诸葛亮与周瑜见面的目的便极其顺利地达到了。我们可以看出，本是诸葛亮求助于周瑜，由于诸葛亮巧妙地运用激将法，激起周瑜对曹操的极度怨恨，到头来反而是周瑜求助于诸葛亮了。

激将法，讲究的是“攻心为上”，利用对方的利害、弱点等加以刺激，既可用于调兵遣将，使部下奋发进取，勇猛向前，又可用于对外的交往，巧妙地刺激对方，以争取其援手。

诸葛亮激周瑜的特点，是从周瑜最痛切之处着手。大乔是孙权之妻，小乔是周瑜之妻，此为众所周知，诸葛亮焉有不知之理。他巧改赋意，将“二桥”改为“二乔”，显然是有意激怒周瑜，从而使周瑜主动说出其抗曹的真实意图，并坚定其决心。至于曹操取二乔，虽说是诸葛亮附会之辞，但说之假则假，说之真亦真。毕竟曹操曾做下乱人妻妾之事，倘若他能荡平江东，二乔自是难以幸免。

当然，用得好，可事半功倍，用得不好，则适得其反。也正因如此，周瑜听得诸葛亮如此一说，便火气冲天，发誓“与曹贼势不两立”，并反求诸葛亮相助自己共破曹操。

高欢酒席谋兵权

南北朝时，掌握魏国军事大权的尔朱荣在其鼎盛时期，有一次忽然问左右："哪天我死了，谁能够做军中统帅呢?"周边人都回答："尔朱兆（尔朱荣族弟）。"尔朱荣不以为然。他说："尔朱兆虽然勇猛善斗，但能统领的人马不过是三千左右，军马多些他就乱了阵法。能代我统军的，只有高欢。"

虽然奸雄识奸雄，惺惺相惜又相戒。对高欢产生戒心后，他一方面指醒尔朱兆要暗加提防，一方面把高欢远调为晋州刺史。不久，尔朱荣为魏庄帝诛杀，尔朱家族纷纷起兵反叛朝廷，身为一方之将的高欢审时度势，又打上了尔朱氏领下降兵的主意。

六镇造反的降兵大多是鲜卑人，还有不少汉人、匈奴人、高车人、氐人、羌人。他们被迁置于河北后，不断受到尔朱氏契胡兵士的凌暴，屡屡造反，大小二十六次，被杀过半，仍造反不已。刚刚缢死魏庄帝、掌握魏国朝政的尔朱兆对此感到头痛，一次在酒席上向高欢咨询意见。高欢回答："六镇降兵反叛不休，又不能全部杀掉，大王您应选心腹之人去统领他们。再有反叛，就归罪其将领，不能每次都杀掉大批的兵士。"

尔朱兆觉得建议很好，就问谁能去当统领。一席饮酒的贺拔允傻乎乎地接口说，让高欢去统领六镇降兵吧。高欢佯装大怒，起身一拳打得贺拔允满嘴冒血，门牙落地，骂道："太原王（尔朱荣）活着的时候，说怎么样就怎么样，现在太原王死了，天下事都听尔朱兆王爷的。你是什么东西，王爷没发话能轮到你说三道四!"

尔朱兆见此甚为感动，觉得高欢忠心耿耿，当即趁着酒劲宣布高欢为六镇降兵的统军。高欢心中大喜过望。一直以来在尔朱氏手下混事，缺的就是自己能直接指挥的军队，天假其便，出了贺拔允这个人物为自己提名，尔朱兆又喝酒过量，发出这么一个命令。高欢怕尔朱兆酒醒后后悔，出大营后立马宣令："我受命统管镇兵，都到汾东受我号令。"说罢立刻驰奔阳曲川，建立统军大营。六镇降兵一向厌恶尔朱氏和他手下的契胡兵士，这时见来了个新的统军，极短时间内就奔赴高欢大营处集合。

高欢的第一支军队就这样建成了。

高欢之所以投奔尔朱氏，一呆多年，就是看中了尔朱氏手中的军权。他之所以一直忍耐，也是为了有朝一日能有机会自己统管军队。一旦亲手

掌握了军队，凭借自己的统兵打仗的才干，不愁干不成大事。

尔朱兆对六镇造反感到头痛而询问高欢时，高欢便知道机会已经降临。高欢回答的那一句话，其实是早就在心里熟筹好了的，只须等待时机吐出来而已，当然，他是希望最好能够让自己前去统管，但这毕竟不能自己说，这样会引起人家的戒备之心；他之所以说“再有反叛，就归罪其将领”，也是想到这样一来，其他人或者不敢前去，或者前去统管不好还是会更换将领，自己还是有机会的。他只是没想到机会竟然这么眷顾他，一下子反客为主，成了统军，统管六镇降兵。尔后他凭借着这支军队，南征北战，打出了自己的一方天地。到儿子高洋手里，更是开国建立了北齐政权。

郭子仪单骑入敌营

唐朝后期，回纥和吐蕃两国，在唐朝叛将仆固怀恩的煽动下，共同出兵三十万，进犯中原。唐将郭子仪急忙率领精兵一万前去抵抗。无奈敌军势力强大，唐军尚未部署完毕，敌人已迅速将他们包围。

恰在此时，叛将仆固怀恩病死了，回纥和吐蕃大军顿失联系人物，双方将领为争夺领导权而相持不下，最终两军分开，各主其政。吐蕃驻军东门外，回纥驻军西门外。

郭子仪得知这个消息，想起曾与回纥部族并肩作战平定过安禄山叛乱，便决心趁此机会联络一下相识的回纥将领，分化瓦解敌营。于是，他派部将李光瓒前往回纥军营活动。

回纥将领药葛罗听到郭子仪仍然健在的消息，果然十分欢喜，但又不免怀疑，便让李光瓒回去请郭子仪亲身来见。

郭子仪听了李光瓒的报告，不顾众将领的劝说，决心单骑闯入回纥营。

不久，到了回纥营地，回纥众将领纷纷出营观看，见果真是郭子仪，便纷纷下马，跪拜迎接。郭子仪也立即下马，来到药葛罗面前，与他携手步入帐营。大家互诉旧情，难免伤感一番。

郭子仪乘机对他们说道：“你们过去曾替唐朝立过大功，唐朝也没有亏待过你们，为什么今日听了一个叛将的挑拨，就反目成仇了呢?”

药葛罗急忙解释道：“我们已经知道上了仆固怀恩的当。他曾这样对我说，皇帝与令公均已不在，国内大乱，叫我来帮他收拾残局。现在我才明白，原来是一场误会!”

郭子仪见时机成熟，便进一步劝药葛罗与唐军联合，消灭吐蕃。药葛罗欣然同意。于是摆酒欢宴，洒酒盟誓。

郭子仪与回纥结盟的消息传到吐蕃军营，吐蕃将领连夜率军奔逃。郭子仪与药葛罗乘势合力追赶，打得吐蕃军落花流水。至此，一场来势汹汹的战乱就这样顺利平息了。

郭子仪之所以敢于单骑闯入三十万大军的敌营，一是因为对方中心人物已经病死，回纥和吐蕃双方将领为争夺领导权而相持不下，利益纠纷错综复杂，矛盾重重；二是因为自己曾与回纥部族并肩平定过安禄山叛乱，与一些回纥将领有着生死之交，于是他抓住这绝好的机会，不顾个人安危，毅然前往敌营，以分化瓦解对方阵营。进得敌营后，郭子仪又联系相识的回纥将领，化解双方的恩怨，并进一步与回纥将领药葛罗联手，这样不只分化瓦解了对方阵营，还拉拢过来一大半力量，在实力上也转弱为强，占了极大的优势，到此时，完全掌握了主动地位，反客为主，已被严重削弱的敌方阵营，如今的吐蕃军队，自然只有退让败逃的份了。

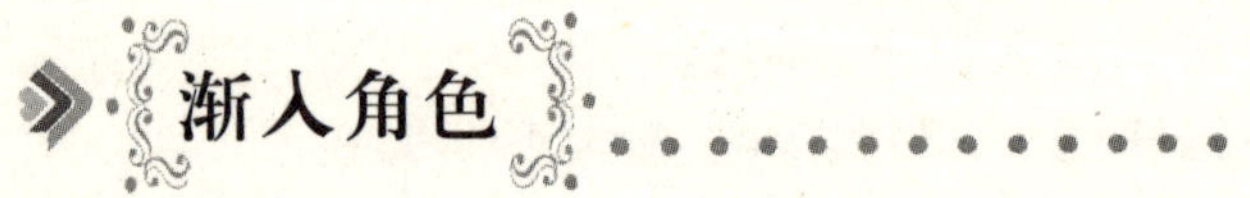

渐入角色

美国《纽约日报》总编辑雷特，因为事物繁忙，感觉到身边缺少一位精明干练的助理，于是经过一段时间的寻觅后，他将目光瞄准了年轻的约翰·海。雷特觉得约翰正是能够帮助自己成名，帮助社长格里莱成为成功的出版家的合适人选。可是，当时约翰刚从美驻西班牙首都马德里外交官上卸任，正准备回到家乡伊利诺州，从事律师行业。

约好见面后，雷特先是请约翰到联盟俱乐部吃饭，饭后又顺便提议一同到报社去玩玩。约翰这段时间正好闲来无事，便抱着过去见识见识的心情来到了报社。到了办公室，雷特从许多电讯中间找到了一条重要的新闻消息。那时，恰巧负责国外新闻的编辑不在，于是他对约翰说：“负责国外新闻的编辑不在，这条新闻消息又很重要，怎么办？我想，请您坐下来，为明天的报纸写一段关于这条消息的社论吧。”约翰见别无他法，于是答应了下来，提笔就写了起来。

这篇社论写得很有特色，社长格里莱看后也很是欣赏，于是雷特请约翰再帮忙一个礼拜，尔后又顶缺一个月。渐渐地，随着约翰做起新闻来轻车熟路，且有了一定的成就感，而且，报社同仁之间关系也混得熟了，比

较自在，于是，雷特不失时机地请求约翰索性担任这一职务。约翰就这样在不知不觉中放弃了回家乡做律师的打算，而留在纽约做新闻记者了。

正所谓央求不如婉求，劝导不如诱导。在请人做一些目前尚无兴趣的事情，或者请人屈尊就职时，不妨先不动声色地引起他的兴趣，激发起他的热忱和成就感，或有意刺激他追求的欲望，然后再趁热打铁地提出你对他的期望、请求来。这时，对方一般会为了愉快的经验愿意再尝试一下，或者因为情感关系，不舍遽然离去，而答应你的请求。

化阻力为助力

在人际交往上，尊重对方，让对方感觉自己重要，表现优越，一般都能赢得对方的好感，化解嫉妒与敌意，从而化阻力为助力。当然，让对方感觉重要，表现优越不一定就是当面赞美恭维，或是露骨的表示，它还是有很多巧妙的方法的。

富兰克林年轻时，他把所有的积蓄，都投资在一家小印刷厂里。此外，他又想办法使自己获选为费城州议会的文书办事员。这样一来，他就可以获得为议会印文件的工作。

可是，如此良好的局面，却出现了一项不利的情形。州议会中最有钱又最能干的议员之一，却非常不喜欢富兰克林，不但不喜欢，甚至还公开斥骂他。这种情形非常的危险，有可能危及富兰克林好不容易得到的工作，因此，富兰克林决心使对方喜欢他。

但是，怎样才能取得这位议员的好感呢？这是一个不小的难题。给他一点点小惠？那样会引起他的疑心，甚至轻视，只会适得其反。

这时，富兰克林想到了一个绝妙的办法，那就是去请求对方来帮他一个小忙。帮什么样的忙呢？

听说那位议员的图书室里藏有一本非常稀奇而特殊的书，富兰克林就给他写了一封便笺，表示自己极欲一睹为快，请求他把那本书借给他几天，好让他仔细地阅读一遍。

这个请求很巧妙地表示出富兰克林对对方的知识和成就的仰慕，触动了那位议员的虚荣心，也使他觉得获得了十足的尊重。他马上叫人把那本书送到了富兰克林手里。过了大约一个星期的时间，富兰克林把那本书还给了他，书中还附上一封信，表示他诚恳的谢意。

后来，当他们二人在议会里相遇的时候，那位议员居然主动地跟富兰克林打了招呼，并且极为有礼。自那以后，那位议员不单不对富兰克林出言不逊，还随时乐意伸出援手，有时候还主动询问有什么需要帮忙的。并且，再后来，二人竟变成很好的朋友，并且将友谊持续了一辈子。

年轻的富兰克林只是请对方帮一个小忙，巧妙地表示对对方的仰慕，便轻而易举地化干戈为玉帛，化事业上的阻力为助力，并与一个刻薄的对手结交成了一辈子的朋友。

当朋友优于我们，超越我们时，他可以显示出一种优越感，感觉到自己很重要。但是当我们处在压过他们、凌驾他们之上时，就会使其产生自卑而导致嫉妒与不悦。因此，为了彼此之间的感情，不妨多多表示你对他们的尊敬和钦佩，让对方感觉自己重要，表现优越，这样你便能更多地结交朋友，拓开自己人生事业之路。

第三十五计 借尸还魂

借尸还魂，原意是指已经消亡或没落了的实体，借用另一种形式出现。在作为计谋运用时，它的实质是借用已没有作为或不能有所作为的实体而加以控制。“借尸还魂”计的出发点，就是自己缺乏强大的实力，并且处在不利的境地，必须借助其他力量来充实自己，并把这些力量迅速转化为自己的力量。“借尸还魂”，要找好适当的时机和适当的环境，不能急于“还魂”而草率为之。

古语云：“有用者，不可借；不能用者，求借。借不能用者而用之，匪我求童蒙，童蒙求我。”意思是，有所作为的人或某种势力，难以控制，不可借以利用；无所作为的，多依赖他人，会求助于我，完全可以加以控制和利用。利用无所作为的，不是我求助于他人，而是他人有求于我，受我支配。

楚项兴兵灭秦

秦始皇灭六国统一天下后，实施暴政，苛刑峻法，赋役繁重，人民苦不堪言，怨声载道，因而在秦始皇死后秦二世即位的第二年，便爆发了大规模的农民起义。

秦灭六国时，秦与楚国之间的争战最为激烈，因而楚人对秦的怨愤最深，反抗也最为激烈。当陈胜、吴广农民军揭竿而起建立张楚政权时，最先起而响应的便是楚将之后项梁、项羽叔侄，他们杀了会稽郡守殷通，举兵反秦。时有广陵人召平，假传张楚王陈胜之命，拜项梁为张楚政权的上柱国（相当于丞相之位），要他领兵过长江参战。于是项梁、项羽便率江东子弟八千，转战于江淮之间，并先后收编了陈婴、黥布、薄将军等义军，部队迅速发展到六七万人。

公元前209年，当项梁、项羽部队进驻薛城不久，传来了陈胜被秦将章邯打败、为车夫所杀的消息，便有部将、谋士极力怂恿项梁自立为楚王。项梁一时拿不定主意。这时，一位年已七十、颇有计谋的长者范增求见。项梁便向他征询意见，范增说：“我本是一老朽，但听说上柱国礼贤下士，从谏如流，所以特来献上自己的浅陋见解。依我看，陈胜的失败是必然，原不足惜。陈胜本来不是出身名门大族，声望不高，又没有特别的才能，虽然首举义旗，但骤然据地自称张楚王，而不立楚国王室的后裔为王。暴秦吞灭六国，楚国方面最无罪过，楚怀王与秦通好而入到秦国，却被秦王扣留，三年后客死秦国。楚国百姓哀思至今。上柱国从江东起兵，渡江击秦，楚地豪杰将士之所以争相趋附，是因为上柱国之身家世为楚将之后，相信上柱国必定会拥立楚国王室的后裔，大家共同效力，以图恢复楚国。上柱国如能顺应民心，扶植楚国的后裔，楚地百姓自然会闻风而至，齐聚麾下，天下便一举可定了。”

项梁采纳了范增的建议，便派人四处访寻楚国王室的后裔。不久，便在民间寻访到一个叫熊心的牧童，系客死于秦的楚怀王之孙。于是，项梁立即派部属备上王车王服，将牧童迎来薛城，奉为楚怀王，定盱眙（今江苏洪泽湖畔）为国都，项梁自称为武信君。之后，楚项部队迅速扩大到数十万人。

公元前 208 年，项梁战死。第二年，项羽在巨鹿城以破釜沉舟的决心和胆气，击溃秦军主力章邯统率的四十万大军，项羽自称西楚霸王。而楚怀王熊心，由于已经再无利用价值，便被项羽改其号为义帝，流放到长沙郡，随后又令九江王英布追杀于今湖南郴州。

自古军队出师要有名，如果无名而出师，虽劳师动众，也必定无功而返。这正如老子所说的“得道者多助，失道者寡助”，得道者才得天下，而要得道，必先得“名”，就是要有个好名义，好名头。楚项兴兵，正如前来求见的长者范增所分析，他们之所以能够得到豪杰将士的争相趋附，乃因为他们是楚将之后；但当义军发展到一定规模时，仅仅是楚将之后，便难以号令天下，在这种情况下，就很有必要拥立楚国王室的后裔，打着恢复楚国的旗号，名正言顺地带领一众将士南征北战，求得更大的发展。

因此，要做一番事情，有心人都善于在“名”字上下功夫。已有“名”者大张旗鼓；本无“名”者想尽办法也要借一个“名”头来，然后便可名正言顺地向目标挺进。

高洋乘势而起

北齐开国皇帝高洋，其父亲高欢本是东魏大臣，因在镇压尔朱荣残余势力中掌握了东魏的实权，独专朝政长达十六年之久。高欢死后，长子高

澄继立，袭爵为渤海文襄王。高澄心狠手辣，猜忌刻薄，因高洋年轻，阴有戒心。

高洋颇有心计，遇事明断而有见识。他还小的时候，高欢为试验几个儿子的才器智能，让小哥儿几个拆理乱线，高洋独抽刀断之，说："乱者须斩。"高洋在这件事上的表现，深得高欢的喜欢和重视，后封为太原公。

高洋"深自晦匿，言不出口，常自贬退，与澄言无不顺从"，给人一种软弱无能的印象。高澄有些瞧不起他，常对人说："这样的人也能得到富贵，相书还怎么能解释呢？"

高洋妻子李氏貌美，高洋为妻子购买首饰服玩，稍有好一点的，高澄就派人去要。李氏很生气，不愿意给，高洋却说："这些东西并不难求，兄长需要怎能不给呢？"高澄听到这些话，也觉得不好意思，以后就不去索取了。有时，高澄还给高洋家送些东西来，高洋也照收不误，绝不虚情掩饰，因此兄弟之间还相安无事。

每次退朝还家，高洋就关上宅院之门，深居独坐，对妻子亦很少言谈，竟能终日不发一言。高兴时，竟光着脚奔跑跳跃，李氏看到不觉诧异地问他在干什么，高洋则笑着说："没啥事儿，逗你玩的！"正因如此，高澄及文武公卿等都把高洋看成一个痴人，丝毫没有放在眼中。其实他终日不言谈，是怕言多有失，如此跑跳更有深意，一则可以彻底使政敌放松对自己的警惕，一个经常在家逗媳妇玩的人能有什么大志呢？二则借经常光脚跑跳之机，锻炼身体，磨练意志，一举多得。

公元549年，渤海文襄王高澄在与几人密谋篡位自立的时候，被膳奴即负责做饭进餐的兰京所杀，重要谋士陈元康以身掩护高澄，身负重伤，肠子都流了出来。当时事起仓促，高府内外十分震惊，高洋听说事故猝发，兄长高澄已被杀死，脸色不变，毫不惊慌，忙调集家中可指挥的武装力量前去讨贼，他部署得当，有条不紊。兰京等几人本是乌合之众，出于气愤才杀死高澄，并没有任何预谋的政治目的，故不堪一击，片刻之间全被斩首。

高洋下令，剖其尸以泄杀兄之忿。接着，就在其兄府中办公，召集内外知情人训话，说膳奴造反，大将军受伤，但伤势不重，对外不准走漏任何消息。众人听了，都大惊失色。想不到这位痴人在危急时刻来这么一手。夜里，陈元康断气而亡。高洋命人在后院僻静处挖个坑埋掉，却诈言他奉命出使，并虚授一个中书令的官衔给他。

以前，高澄手握大权，高欢的许多宿将都死心踏地地保高氏，所以，高洋的这些应急措施果然奏效。外人都不知高澄已死，更不知高澄的重要谋士陈元康也被埋在土里，所以马上就稳住了局面。高洋直接控制了高澄的府第和在邺都的武装力量后，当夜又召大将军都护太原唐巴，命他分派部署军队，迅速控制各要害部门，镇守四方。高澄的宿将故吏都倾心佩服高洋的处事果断和用人得当，人心大悦，真心拥护并辅佐高洋。

高洋左右的人认为重兵都在晋阳，劝高洋早日去晋阳全部接管高澄的武装力量方可真正无忧。高洋以为有理，遂安排好心腹控制住邺都的整个局面。

高澄已死的消息渐渐被孝静帝元善知道了，暗自高兴，私下里和左右幸臣说："大将军已死，好像是天意，政权应当复归帝室了。"没料到高洋进朝面见魏主时，带领八千名全副武装的甲士进入昭阳殿，随同登阶的就有两百多人，都手持利刃，如临大敌。孝静帝一看这种情形，心中恐惧。高洋只叩两个头，对魏主说："臣有家事，须诣晋阳。"然后下殿转身就走，随从侍卫也跟着扬长而去。魏主以目送之，说："这又是个不能相容的人，我不知死在什么时候了。"

晋阳的老将宿臣，从来轻视高洋，当时尚不知高澄死信。高洋到晋阳后，立刻召集全体文武官员开会。会上，高洋英姿勃发，侃侃而谈，分析事理，处理事情全都恰如其分，且才思敏捷，口齿流利，与往常判若两人。晋阳这些老将宿臣都大为震惊，即时刮目相看而倾心拥戴。一切安排妥当后，高洋才返回邺都为高澄发丧。

高洋就此全面接收掌管了兄长高澄的职位和军权。半年后，也就是公元 550 年 5 月，高洋代东魏自立，建立了北齐政权。

高洋早有夺取政权的想法，一直在窥测风向蠢蠢欲动，但他不是明目张胆死打硬拼，或拉帮结派打击异己。这样自然民愤大、目标大而且容易为人所制，而是善于韬晦，知进知退。平日里自贬自谦，与兄长融洽相处。但其居安思危，养尊处优时不忘锻炼自己，且能注意时局之变化，注意人才，确是有心计之人。当时十八岁的高洋，已通晓政事，走上了政治舞台，对高澄的地位隐隐构成了威胁。如果他精明强干、才华外露的话，必然受到乃兄的猜忌防范，也会引起其属下僚佐的注意。

乃兄高澄之死，他临事不慌，秘不发丧，很快控制了局面。且观其隐瞒陈元康之死而虚授中书令之职的做法，可见他胆识过人。高澄死后不到三天，便果断前往晋阳先发制人，能谋善断，凭着自己真正的实力，控制高澄的全部武装，从而接管了一大批军事力量，为自己进一步控制军权政权打下了坚实的基础。

赵眘登基力主抗金

公元 1162 年，赵构因年老体弱，让出帝位，由赵眘继位，是为宋孝宗，南宋第二代皇帝。赵构是一个有名的软弱皇帝，他对金朝女真族的入侵，一味妥协乞和，重用主降的秦桧，而打击、迫害力主抗金的爱国将领张浚、韩世忠等，民族英雄岳飞，便是在他的怂恿之下，由秦桧出面，以“莫须有”的罪名加害，酿成历史上著名的冤案。同时被害死的，还有岳飞的长子岳云，女婿张宪，岳飞的妻子儿女都被流放到遥远的岭南。赵构还下令，对岳飞及其一家，永不赦免。因此，在赵构当政的年代，对岳飞的冤案，没有人敢提出非议，更不用说为其翻案了。在此冤案笼罩下，主降派主持朝政，主战派一直不得抬头，全国人民都活在乞降受辱的阴影之中。

赵眘即位之后，便一心想摆脱父皇的阴影，一改朝政积弱之现状，以积极抗金的姿态，带领全国人民走出屈辱之境。因此，赵眘决定从重用主战派大臣、为岳飞翻案入手，坚持走抗金之路。登基才几十天，赵眘便召回了因主张抗金而被贬在外的大臣张浚，向他咨询朝廷的大政方针，同时召回一些遭贬的主战派大臣。张浚仍是矢志抗金，坚决反对议和，劝赵眘坚定抗金的决心。赵眘对张浚大加褒奖，赐他以少傅的头衔，晋封为魏国公，负责江淮边防的守卫及军马的调动，谋图收复失地。赵眘冀图以此向天下表明，他积极抗战的决心。

紧接着，赵眘又着手为岳飞平反昭雪，他恢复了岳飞原来的官职，并下令寻访岳飞的后代，以便朝廷录用。直到此时，这桩沉冤达二十年之久的天大冤案，才终于得到了彻底的翻案。岳飞的平反，符合举国人民的心声，沉在人们心底的石头终于落地，在很大程度上鼓舞了全国人民的热忱，将他们又团结起来。

后来，赵眘又将秦桧的心腹党羽全都驱逐出国都临安，不许他们进京城。京城百姓无不拍手称快。

赵眘的这些措施，以及由此表现出来的积极抗战的姿态，无疑深得人心，赢得了朝野中爱国臣民的好感，赵眘登基之初力图加强自己的统治，稳定天下局势的目的也顺利实现了。不无遗憾的是，赵眘的主要目的不在抗金收复失地，而在于稳固其统治，因此其抗战的决心只能维持一时，却不能长久。不久，张浚因在抗金作战中受到了挫折，便又被降职，朝中主降派抬头，赵昚只得又起用秦桧一派的人为宰相，与金人讲和，从此再不言抗金了。

克罗克打理麦当劳

1937 年，狄克·麦当劳与兄弟迈克·麦当劳在洛杉矶东部的巴沙地那开始经营简陋的汽车餐厅。由于他们制作的汉堡包味美价廉，深受顾客欢迎。虽然每个汉堡包只卖 15 美分，但年营业额仍超过了 25 万美元。这是相当可观的数目。但因为有利可图，效仿者很多，致使生意萧条。第二年，兄弟俩关闭了汽车餐厅，转营快餐，销售包括汉堡包在内的食品，很快就又生机勃勃。十多年后，麦当劳兄弟大胆进行特许经营，开始出售麦当劳的特许经营权。1953 年，一个名叫福斯的人仅向麦当劳兄弟付了 1000 美元便取得了麦当劳的特许经营权，在凤凰城开了一家麦当劳加盟快餐店。他得到的帮助除了新建筑的设计、一周货款和快捷服务的基本说明，其他什么都没有。由于加盟店无论在财务上还是在经营上都完全依靠自己，因此也就没有义务按照麦当劳的规定行事。继福斯之后，麦当劳兄弟先后又批准了十余家特许加盟店。由于这些加盟快餐店无义务遵循麦当劳的经营程序，造成了麦当劳管理上的混乱，因而严重损害了麦当劳的形象和声誉。十几家麦当劳加盟店的经营状况普遍笼罩在失败的阴影之中。

就在这时，一位名叫克罗克的商人出现在麦当劳兄弟面前。当时克罗克只是一位纸杯和混拌机的推销商，但是对于麦当劳的巨大的发展潜力，他比麦当劳兄弟看得还要清楚。当时美国小家庭日益普遍，家人一起出门的次数增多，生活节奏越来越快，因此，像麦当劳这样干净卫生、经济合算、品质优良、方便快捷的快餐店，一定会大受欢迎。克罗克看准了郊区年轻家庭巨大的市场潜力，当时为这一市场服务的餐馆很少，麦当劳快餐店正好可以填补这个空间。另外，开设一家麦当劳快餐店当时只需 7.5 万美元，用特许经营方式经营这个受人欢迎的麦当劳快餐店体系，最能发挥其潜力了。因此，只要能够得到麦当劳的特许经营权，他就可以在大小城镇开设麦当劳餐馆。克罗克马上找到了麦当劳兄弟，与他们一番详细的洽谈之后，得到了他们的允诺，从而成为麦当劳在全美唯一的特许经营代理商，为麦当劳兄弟处理特许经营权的转让事宜。

1955 年，克罗克成立了麦当劳特许经营公司，后改名为麦当劳公司，

规定特许转让费为950美元，并在芝加哥东北部开设了第一家真正意义上的现代麦当劳特许经营店。该店体现了克罗克对加盟快餐店的理解，那就是重视品质、服务、卫生和经济实惠，并给予受许人足够的支持，对受许人进行培训，使他们掌握经营秘诀，有利可图。由于一开始克罗克就打算把该店作为未来加盟店的样板，所以他创建了一套极其严格的经营制度。以后建立特许经营系统时，克罗克也严格执行这一制度。这就是著名的以QSCV（质优味美、服务周到、整洁卫生、价格实惠）为核心的统一经营系统。该系统规定每家麦当劳加盟店的汉堡包品种、质量、价格都必须一致，甚至店面装修与服务方式也完全一样。

1961年，麦当劳兄弟以270万美元的价格将麦当劳全部转让给克罗克，从此麦当劳走上了以特许经营方式快速发展的高速公路。在后来的30多年里，由于克罗克经营有方，麦当劳快餐店成为发展最快的世界性企业。麦当劳快餐店以其温馨的店堂气氛和特许加盟制度，被世界公认为名牌快餐店之一。

如果在麦当劳兄弟经营的十余家加盟店笼罩在失败的阴影之中时，克罗克没有及时出现，那么麦当劳快餐店前途迷茫，很可能就此夭折；而如果克罗克没有借麦当劳兄弟的既有成果，没能借麦当劳快餐店完善自己的经营理念，那么他充其量只是一个稍有名气的商人，而不会是麦当劳神话的创造者，不会是庞大的麦当劳王国的创始人及真正的拥有者。能者善于策划经营，智者善于借势借力，克罗克当是集大能、大智于一身之高人。

蒙牛盘活劣势企业

蒙牛公司刚成立的时候资金极度紧缺，只有几个创业者集资起来的100多万元。虽然公司注册五个月后，在各位亲朋好友、业务关系处共募集资金达1398万元，然而，尽管募集了一千多万创业资金，但要建立一个乳品公司又谈何容易：他们一无市场，二无工厂，三无奶源，奶业公司的三个不可缺少的环节一个也没有。按照一般创业企业的思路，首先建厂房，进设备，搞生产，然后花大力做广告，开拓市场。如果这么去做，这笔钱恐怕连建厂房、进设备都不够，哪里还有钱去开发市场？在这样极端艰难的创业条件下，该用什么样的办法才能让这三个环节迅速而良性地运转起来呢？

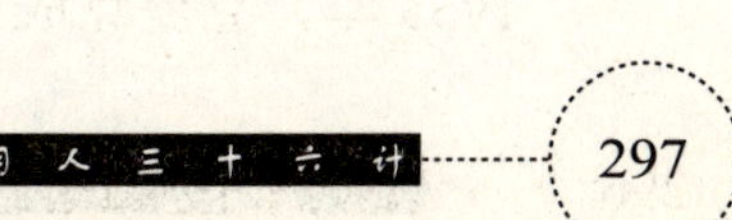

在这种情况下，总裁牛根生提出逆向经营的思路，那就是先建市场，再建工厂。牛根生考察了许多企业，发现人们观念中，企业就等于是生产车间。许多企业都是花巨资去盖厂房、买设备，大量的资金被消耗在固定资产投资中，这样的企业并不缺乏厂房和生产设备，然而他们大多缺少先进的市场开拓经验和规范的管理理念。而这些企业之劣势，却正是蒙牛创业者的优势。牛根生，以及与其一起创业的 8 位创业者，都在伊利集团从事了十多年乳品生产经营工作，熟谙乳品市场的脉络，熟悉企业的管理。正是在这样的情势下，牛根生提出了这样的计划，也就是把自己有限的资金用于市场的推广中，然后把各地的工厂变成自己的加工车间。

牛根生将这种现代企业资源整合的理念最大限度地发挥，开始了他的市场操作“三部曲”。

第一步，蒙牛先拿出 300 万元承包、租赁、托管内蒙古和其他地方的乳制品企业，进行技术改造和设备更新，用他人的固定资源、人力资源为自己生产产品。

1999 年 2 月，孙玉斌率 30 多人奔赴包头，跟包头一家厂商洽谈承包事宜。这家冰淇淋企业面临倒闭，连工资都发不出去，蒙牛团队的到来正好挽救了它。谈判历时半个月圆满完成。此后，蒙牛的自有品牌冰淇淋得以生产。时隔两个月，杨文俊一行奔赴哈尔滨，跟一家液体奶公司洽谈接管。这家企业因为经营不善，正缺人手管理，杨文俊等人顺水推舟，轻取液体奶品牌。

联手经营之后，牛根生等人利用自己在冰淇淋和奶制品行业的工作经验，及对市场、行业的了解，为这家企业引进了最好的设备、最好的奶源，同时，还带去了新的管理模式。从设备、生产、销售、供应等，都按照牛根生设计的模式重新运作。结果，这个企业成为了“蒙牛”牛奶的诞生地，第一年 2000 万元牛奶的销售额就完全是由这个企业完成的。牛根生不仅没有给这家企业任何投资，他们几个人每年还共挣这个企业几十万元的年薪。

就在这一年，蒙牛以类似的合作方式，与八家乳品企业联手，从而大大提升了自己的生产能力。

第二步，与此同时，蒙牛又拿出 300 多万元在呼和浩特进行广告宣传，因为城市不太大，300 多万元足以造成铺天盖地的广告效应。几乎在一夜之间，许多人都知道了“蒙牛”。

第三步，另外 300 多万元，则用来建自己的工厂。在与其他乳品企业

联手生产的同时，蒙牛在和林的生产基地开始筹建。

随着蒙牛对资源的整合，蒙牛的奶产品很快就推向了市场。1999年5月，第一个冰淇淋产品“蒙牛转转”上市了，借鉴当年央视春节联欢晚会后广为传唱的歌曲《常回家看看》，蒙牛打出了响亮的广告词：“蒙牛转转，回家看看”，朗朗顺口的广告词，随着传唱的歌曲迅速流传开来，“蒙牛转转”也很快就为广大群众所喜爱。头炮打响之后，蒙牛的一系列奶产品紧接着都顺利地推向了市场。

在蒙牛的创业之初，限于资金紧缺，牛根生采取了虚拟联合的方式，只与对方合作，不做资产转移。蒙牛出标准，出技术，出品牌，以全新的经营理念整合对方企业，在对方企业加工生产，把他人的工厂变成自己的加工车间，最终双方互惠互利。短短几个月内，蒙牛用这样的合作模式盘活了8家企业七八亿元的资产，并在整合这些企业的资产基础之上，迅速地打开了全国奶品市场，并最终建立了庞大的蒙牛集团。

第三十六计　对手可借

在你的成长、你的事业之路上，你的竞争对手始终是存在的。对手的存在不单证明你本人存在的价值，同时也是互相竞争互相刺激发展的一支重要力量。

永远不要轻视你的对手。一个真正相配的对手，是一种非常难得的资源。对手会给我们带来挑战，数不尽的挑战，也许你会厌恶这些挑战；但事实上，放开胸襟，正面较量，才是自信的表现。真正的成功者，更是善于化对手的攻势、竞争等压力为动力，有时候，他们还善于直接和间接借用对手的力量，来为自己的事业效力。

放俘最营乱军心

《魏书·侯渊传》载，北魏大都督侯渊，率领七百骑兵，疾奔袭击拥兵数万的葛荣部将韩楼。他孤军深入敌方腹地，带着一股锐气，在距韩楼大本营一百多里地之处，将韩楼的一支五千余人的部队一下子就打垮了，还抓了许多俘虏。侯渊没有将俘虏当“包袱”背，而是将他们放了，还把缴获的马匹口粮等都发还给他们。侯渊的部将都劝他不要放虎归山，以免增加敌人的实力。侯渊向身边的将士们解释道：“我军仅有七百骑，兵力十分单薄，敌众我寡，无论如何不能和对方拼实力、拼消耗。我将俘虏放归，用的是离间计，使韩楼对他们疑心，举棋不定，这样我军便能趁机攻克敌城。”将士们听了这番话，才恍然大悟。

侯渊估计那批被释放的俘虏快回到韩楼占领的蓟城了，便率领骑兵连夜跟进，拂晓前就去攻城。韩楼接纳曾被俘过的这批部下时，就有些不放心，当侯渊紧接着就来攻城时，便怀疑这些放回来的士兵是给侯渊当内应的。他由疑而惧，由惧而逃，弃城而去没多远，就被侯渊的骑兵部队追上去活捉了。

在自己处于不利地位的时候，借用对方部分力量，或者借对方营垒中的矛盾、漏洞，瓦解对方阵营，松懈对方士气，破坏对手团结，迷惑敌人，造成对方内部更大的矛盾和漏洞，动摇对方的军心，减弱对方的力量，乘势攻击，必能打败对方，取得最大的胜利。

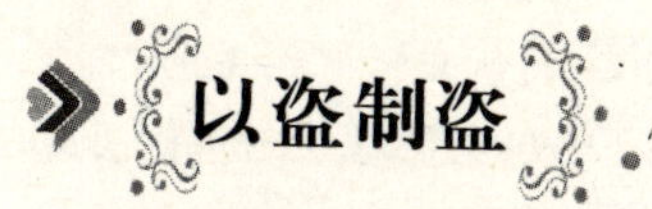

以盗制盗

成功的领导者，不单善于化对手的攻势、竞争等压力为动力，有时候，他们还善于直接和间接借用对手的力量，来为自己的事业效力。

北周文帝宇文泰时，韩褒为北雍州刺史。州中有许多盗匪，刺史韩褒来了后，对他们秘密访察，实际上都是州中的豪强大族。韩褒佯装不知，对他们都一律加以礼遇厚待，对他们说："我这个刺史不过是一介书生，怎么懂得督剿盗匪？要靠你们来共同为我分忧了。"

他又把其中那些强梁狡黠的年轻人全都召集来，都给他们封了主帅的职衔，划分了地界，如果有抢劫事件发生而未能破获，就以故意纵放论罪。于是这些被署以主帅之职的年轻人，一个个惶恐惧怕，伏身自首，并揭发说："前某次抢劫案实是某某人干的。"把所有盗匪的名字全都开列了出来。

韩褒把名册取过来收藏好，在州城门口发布榜文说："凡干过盗匪之事的人，要迅速来自首。超过本月不自首者，要抓来公开处决，并将其妻子、儿女籍没入官为奴，赏给前来自首者!"于是不满一个月，境中盗匪全部来自首了。韩褒取出名册核对无误，就全部宽恕了他们的罪行，允许他们改过自新，从此盗匪活动平息了下来。

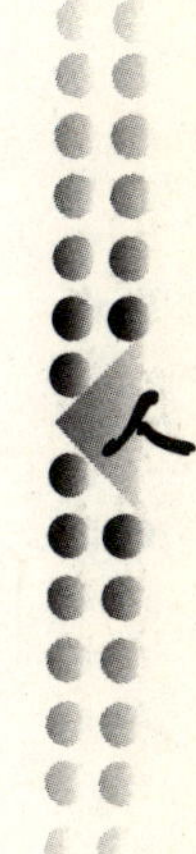

这大概是以盗制盗的最好方法了。礼遇厚待豪族盗匪，恩威并施，要他们共同分忧，这样一来他们一是有些不好意思再去做盗匪，二来也因形迹亲近而行事不便；而给那些强梁狡黠的年轻人，封主帅之职衔，划分地界，如果有抢劫事件发生而未能破获，就以故意纵放论罪，面子上做得好看，实则将责任交付，给他们施加巨大的压力，这样一来，不只借用了他们的力量为自己效力，同时还督促他们乖乖地坦白从宽，伏身自首。

不打不相识

诸葛亮一出祁山的时候，一开始时进展颇为顺利，凤鸣山一战，赵云奋勇当先，大败魏军，将魏都督夏侯楙围困于南安城。与此同时，诸葛亮采用诱敌之计，派人装扮成魏将裴绪，去安定和天水，以救夏侯楙为由，诱敌出城，然后趁虚取城。

安定太守崔琼中计，安定城被蜀将魏延占领。紧接着，南安城也失陷于蜀军。可是，假裴绪的诱敌之计却被天水城中的姜维识破。姜维将计就计，反将攻打天水的赵云包围起来，赵云虽然突围出来，但攻城的计划却破产了。这使诸葛亮大为震惊。他派人去打听是谁识破了他的计策，南安人告诉他：“这人姓姜，名维，字伯约，天水冀县人。事母至孝，文武双全，智勇足备，是当世之英杰。”原来，姜维原是魏国的中郎将，任天水郡功曹，因羌人作乱，没于王事，靠母亲抚养，是个有名的大孝子。赵云也向诸葛亮夸奖姜维的枪法不同寻常，诸葛亮就想亲自见识见识这个人物，有心使他归顺，便亲自带兵来攻打天水城。

诸葛亮本想一鼓作气，大军一到，立即攻城，可是到得天水城下后，只见城上旗帜整齐，未敢轻攻。等到半夜，忽然四下火光冲天，喊声震地，正不知何处兵来，只见城上鼓噪呐喊相应，蜀兵被惊吓得到处乱窜。诸葛亮急忙上马，幸得有关兴、张苞二将保护，才得杀出重围。回头一看，正东面有一支军队，一带火光，势若长蛇。诸葛亮令关兴侦察，关兴回报说：“这是姜维的兵。”

诸葛亮不由得赞叹说：“这人真是将才!”更是定下了收降姜维的决心。为了收降姜维，诸葛亮煞费苦心，使用反间计，终于顺利招降了姜维。

诸葛亮见到姜维，慌忙下车相迎，并拉着姜维的手说：“我自出茅庐以来，遍求贤者，欲传授平生之学，可恨一直未碰到可传的人。今天遇伯约，我的心愿也了了啊。”

此后，姜维就一直追随诸葛亮北伐，在征战中不断得到诸葛亮的指点。临终之际，诸葛亮将自己以毕生所学撰述的兵书传给姜维，同时将“恢复中原，重兴汉室”的宏愿交给了他。姜维投蜀后，他的母亲曾给他寄来一封书信，向他求“当归”。姜维回信说：“良田百顷，不在一亩；但有远志，不在当归。”姜母得书，知道儿子志向远大，便不再挂心了。

诸葛亮死后，姜维遵奉诸葛亮遗愿，抱着“恢复中原，重兴汉室”的理想，十四年中，九伐中原，威震华夏。

对手可借。对手阵营从来就不是铁板一块，因此，善于用人者，对方内部的人才也可借用过来化为自己的力量。毕竟，忠孝有忠孝之道，人才有人才发展之道，“当今君择臣，臣亦择君”，“良禽择木而栖，贤士择主而从”，能够发挥自己才能实现自己远大抱负的地方，才是人才真正的归宿。项羽、刘邦争夺天下，刘邦招降、重用项羽阵营过来的将士，壮大自己的队伍，最终打败了一代名将、自称霸王的项羽；白手创业的蒙牛，也

是凡伊利过来的员工一概大加重用，终得平起平坐，共享天下。自古以来，天下、事业之争战，就是人才之间的争战，也就是善用人才、善得人心上的争战。

李渊恭维李密

隋朝末年，由于炀帝的暴虐，引发了全国农民大起义，一时群雄四起，天下大乱。屯据山西太原的李渊起兵太原后，首先将目标指向了关中。关中地势险要，易守难攻，向来为兵家必争之地，为了顺利地抢占关中并避免李密瓦岗军前来争夺，李渊西征动身之后，立即向李密言辞谦卑地写了一封要求结盟的书信。

李密接信后，狂妄自大起来，在给李渊的复信中，更是自命群雄盟主，自然也就疏忽了对李渊的防备，同时也放松了对关中的重视。李渊读了李密的复信，对身边侍从说："李密自称天命，夸口大言，我正好利用他给我抵挡隋军的逼压，让他在关外与群雄厮杀，以便我顺利夺取关中，经营基业。"于是又给李密回上一封极其谦卑的书信，信中推戴李密为天下盟主，眼下能攻克东都，安抚天下者，非李密莫属。李密合当有天下，但希望他坐了天下之后，不要忘了我李渊，到时给个关中小官做做。言辞之间，极尽恭维吹捧，直把李密吹得心花怒放，忘乎所以，率大军去关外大会群雄去了。而李渊自己，则轻松地进驻关中，整顿兵马，经营自己夺取天下的大好基业。待自己努力经营关中，兵精粮广，羽翼丰满之后，便挥师出关，南征北战，横扫四方，最后终于建立自己的李唐天下。

李密的瓦岗军虽然声势浩大，但毕竟是农民起义军，谋划难以长远，李密本人也容易骄傲自大，得意忘形，这便给势单力薄的李渊结盟李密，排除竞争对手，自己顺利进驻关中提供了可乘之机，并为李渊经营关中、膨胀势力，客观上贡献出巨大的力量。

请个"天敌"作搭档

海湾战争之后，美军提出一个全新的理念：战争状态下士兵的"生存能力"比"作战能力"更为重要。于是，研制世界上最坚固的MIA2坦克

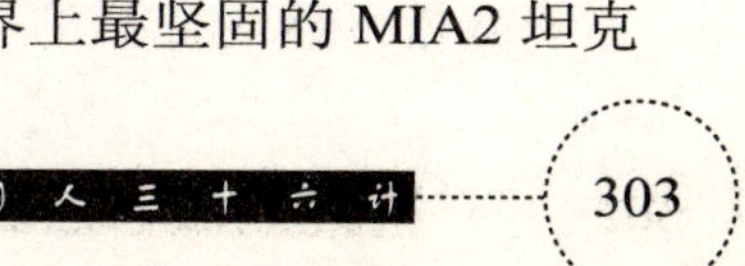

防护装甲，被列为改进美军装备的当务之急。

乔治·巴顿中校，是美国陆军中最优秀的坦克防护装甲专家之一。他接受研制MIA2型坦克装甲的任务后，立即请来一位“天敌”做搭档，毕业于麻省理工学院的著名破坏力专家迈克·马茨工程师。两人各带一个研究小组开始工作，所不同的是，巴顿带的研究小组，负责研制防护装甲；迈克·马茨带的则是破坏小组，专门负责摧毁巴顿研制的新型防护装甲。

刚开始的时候，马茨总能轻易举地将巴顿研制的新型防护装甲炸个稀巴烂。随着时间的推移，巴顿一次次地更换材料，修改设计方案，终于有一天，马茨使尽浑身解数也没能奏效。这样，一种世界上最坚固的坦克防护装甲，在这种近乎疯狂的“破坏”与“反破坏”的反复试验、反复较量中诞生了。

这种被称之为“艾布拉姆”式的MIA2型坦克，其防护装甲可以承受时速超过4500公里、单位破坏力超过1.35万公斤的打击力量。因此，巴顿与马茨这两个技术上的“冤家”对手，同时荣获了紫心勋章。

事后，巴顿深有感触地说：“事实上，有问题并不可怕，可怕的是不知道问题在那里。我们请马茨做‘天敌’就是请他做我们的冤家对手，就是请他帮我们找到问题，从而更加好地解决问题。这方面他做得真是很好，帮了我们大忙。一句话，我们之所以成功，是因为请到了一个好的‘天敌’做搭档。”

在你的成长、你的事业之路上，你的竞争对手始终是存在的。对手的存在不单证明你本人存在的价值，同时也是互相竞争、互相刺激发展的一支重要力量。

一个真正相配的对手，是一种非常难得的资源。对手会给我们带来挑战，数不尽的挑战，也许你会厌恶这些挑战；但事实上，放开胸襟，正面较量，才是自信的表现，而善于处世者，更是善于化对手的攻势、竞争等压力为动力，有时候，他们还善于直接和间接借用对手的力量，来为自己的事业效力。

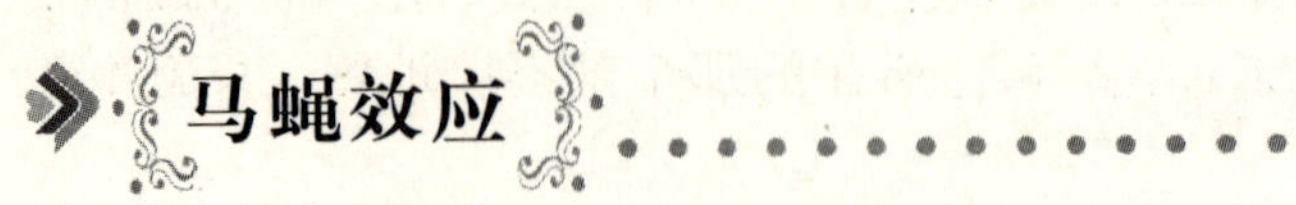

马蝇效应

这里，让我们来看看有关林肯的两个故事。

当林肯还是一个青年律师的时候，因为一个非常重要的案件来到了

芝加哥，但是那儿没有人理会他。在芝加哥，那些颇有名望的律师，很看不起这些初出茅庐的外地律师，生怕和他们在一起会降低了自己的身份。他们自以为自己的地位很高，看不起他们之外的任何人。他们把林肯全抛在了一边——无论到什么地方，总是不愿意和他同在一处，也不和他一起吃饭。

面对这种情况，林肯又是怎么办的呢？他是否把不屑的眼光到处抛洒，蔑视的神情比蔑视他的那些人更明显，以此来报复他们呢？如果是的话，他就不是林肯了。事情办完之后，林肯回到了斯普林菲尔德，回想起这段经历，他是这样想的："我到了芝加哥，才知道我自己所懂得的是多么少，我要学的东西是多么多。"

芝加哥同行的蔑视，对于林肯来说是一种刺激，促使他奋发进取，提升自己。后来，经过他自己的不懈努力，取得了很高的地位时，那些蔑视过他的人还是不见得有多少成就；再后来，等到他做了美国的总统时，那些律师，绝大部分也还是些无名的律师。

1860 年，美国总统大选结束后，林肯当选为总统。上任之后，他很快就任命参议员萨蒙·蔡斯为财政部长。

在林肯的阵营内，有许多人反对这一任命。因为蔡斯虽然能干，但十分狂妄自大，他本想入主白宫，却输给了林肯，他认为自己比林肯要强得多，对林肯也非常不满，并且颇有点不达目的不罢休地追求总统之位，成为白宫的主人。

这一点，林肯自然比谁都清楚，但他还是对关心他的朋友讲了这样一个故事："在农村长大的朋友们一定知道什么是马蝇了。有一次，我们兄弟俩在肯塔基老家的一个农场犁玉米地，我吆马，他扶犁。这匹马很懒，但有一段时间它却在地里跑得飞快，连我这双长腿都差点跟不上。到了地头，我发现有一只很大的马蝇叮在它身上，便随手就把马蝇打落了。我兄弟问我为什么要打落它，我说我不忍心看着这匹马那样被咬。我兄弟便说：'哎呀，正是这家伙才使马跑得快嘛。'"

讲完故事，林肯接着说："如果现在有一只叫'总统欲'的马蝇正叮着蔡斯先生，那么只要它能使蔡斯和他所在的那个部不停地跑，我就不想去打落它。"

其实，对于林肯而言，芝加哥那些蔑视他的当地有名望的律师，不过是在林肯的面前搭起一座高耸的山峰；而有着强烈"总统欲"的财政部长蔡斯又何尝不是一个"马蝇"式的人物。正确地看待自己事业路上的对手，看待他们的轻视，他们的压迫，并用好不断刺激自己的“刺头”，这样有着激烈竞争的对手，会有意想不到的好结果。没有对手的英雄是孤独的，没有敌人的将军也是慵懒而颓废的，甚至于可能自己败在自己手上。

不要对蔑视你的人怀有抱复之心，也不要对紧盯着你的竞争对手一味打压，那样不只会刺激他们，还会毁了自己。请记住，最有力的还击莫过于使自己变得比你的敌人更强大，使你的事业发展得更为壮大出色。

超越你的对手

寻找你真正的竞争对手。知道了你的竞争对手在做什么，你就可以想办法去超越他们。知道了对手的漏洞或失败，自己可以想办法克服或避免；而对手做得非常好的地方，自己可以先模仿再超越；知道了目标与方法，你就可以全力以赴去赶超你的对手，力图跑在对手的前面。

在市场竞争过程中，有意识地锁定一个目标竞争对手，对本公司的发展将起着重要的作用。让员工专注于打败一个特定的竞争对手，而不是仅仅要做得比以前更好。一对一的竞争将促使整个公司变得更大胆，敢于冒更多的风险，同时也比那些没有为创新设立具体目标的公司变革得更快。这也使公司成为更有协作精神、更有效率的竞争者，因为它的创新努力就是为了削弱某个特定对手当前的竞争优势。百事可乐的发展壮大就是得益于瞄准了一个具体的目标可口可乐公司。

在 20 世纪 60 年代和 70 年代早期，百事公司为了安身立命，为自己找到了真正的竞争对手——可口可乐公司，同时给自己定下了确实的目标，那就是击败可口可乐公司。很快，可口可乐公司失去自己的市场领导地位后，如梦初醒，也进行了一次出色的创新。为什么呢？因为可口可乐公司新的管理层开始集中精力打败百事公司，而不仅仅是争取比过去做得更好。与可口可乐的进攻针锋相对，百事公司的管理层进一步强化了业已形成的积极进取的企业文化。两家公司你争我斗，结果创造了历史记录：在接下来的 5 年中，软饮料业中的创新比以前 20 年间的创新还要多，整个行业增长了 1 倍，而且两家公司的市场份额都达到了历史最高水平。

对手是一座山。你只有努力地翻越这一座山峰，你才能爬得更高，看得更远，你的世界才可能越加精彩。多年来，可口可乐和百事可乐，麦当劳和肯德基，柯达和富士，这些世界上最著名的公司，似乎一刻也没有停

止过争斗。争斗的客观效果之一，就是把全世界的眼球都吸引到他们那里去了。不管饮料业还有多少种色香味俱全、可口可眼的品牌，不管快餐业还有多少个肯德基、麦当劳，也不管摄影爱好者手中握有多少种五花八门的摄影器材，他们都只能在角落里发出嘶哑的声音，而舞台的正中，永远只有两个主角，在光明正大、你来我往地发出铿铿锵锵的声音，唱着激烈而精彩的对手戏。在这个世界上，只有像他们这样的竞争者，才配称为真正的对手。

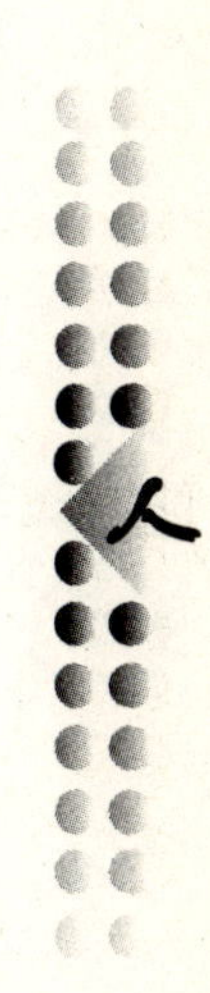